近代による超克㊤

近代による超克

戦間期日本の歴史・文化・共同体

上

ハリー・ハルトゥーニアン
梅森直之訳

岩波書店

OVERCOME BY MODERNITY

History, Culture, and Community in Interwar Japan

by Harry Harootunian

First published 2000 by Princeton University Press, Princeton.

This Japanese edition published 2007
by Iwanami Shoten, Publishers, Tokyo
by arrangement with the author.

凡　例

一、日本語テクストの引用に関しては、可能な限り原著にあたり確認した。

一、著者が日本語テクストを引用する場合、当該部分を英語に翻訳してそのまま引用する方法と、原テクスト中の特定の単語やフレーズのみを翻訳し、当該部分の内容を要約して示す手法とが使い分けられている。可能な限りオリジナルの形式を尊重したが、日本語に移すに際してそれが困難な場合は、要約された部分を原テクストそのままの引用に、原テクストそのままの引用を要約に、置き換えた箇所がある。

一、著者が参照した日本語テクストには、いくつかの異なった版の存在するものがある。出典注の翻訳にあたっては、現在入手しやすい版にあらためた場合がある。

一、原著では、引用された日本語テクストの出典・頁数を本文内に記す場合と、後注に記す場合とがある。翻訳にあたってはオリジナルの形式をそのまま踏襲した。ただし、本文内注記に限り、補足の説明を加えた場合がある。

一、翻訳にあたり、明らかな誤りと思われるものは、特にその旨を明記せず訂正した箇所がある。

日本語版への序文

政治的美学──近代のアポリア

作家や思想家、批評家や学者が、一九四二年の七月、東京に集まり、太平洋とアジア大陸において進展中の戦争の意味を議論した。その時彼らは、その戦争を、ある語りを通して屈折させた。一九世紀後半から、日本が近代社会へと変貌していったという語りである。戦争という切迫した事態が、近代の超克の必要性を劇的に示していた。西洋において生みだされたものに超克されてしまう前に、それを超克しなければならない。すでに多くの人々が、一九三〇年代においてこのように論じていた。実際に、この有名な近代の超克の会議は、資本主義というレジームを問題化し、それを欧米の産業社会の文化と見なした。このシンポジウムは、日本社会が経験した巨大な変貌の年月を回顧し、とりわけ戦間期に凝縮された、めまいを覚えるほどの資本主義的近代化の進展に焦点をあてた。しかしそこで示されたのは、単にどのように国が変わってしまったのかということだけではなかった。むしろその経験の本質を、より正確に理解することが求められたのである。戦争は、西洋近代への依存状態を超克するために必要な手段であると考えられたが、それは同時に、西洋近代を超えるための条件を経験的に考察する契機でもあった。このシンポジウムは、多様な方法で、超克への道筋を描こうと努力し、過去数十年にわたるたえまない闘争に言及し、芸術・文化と政治を別のかたちで結びつけようと試みた。近代的であると同時に日本的でもあること、すなわち、新しい環境において、この二つの要件を満足させるように文化と政治の関係を適切に再定式化することが、目ざされたのであった。

フランスの哲学者、ジャック・ランシエールは、このような情況を再定式化して、「認識の配分(distribution of the sensible)」と呼んだ。その際彼が意図していたのは、「自明な認識の事実のシステム」のことであり、それは、「共通の何か」の存在を開示すると同時に、「システム内部における個々の部分や位置を定義する境界画定」をも示す。したがって認識の配分を、ランシエールは芸術の美学的レジームとも呼ぶのだが、それは、特定の言説の型を伴った固有の歴史的情況を満たす「意味作用の論理関係」を指し示すものとなる(J. Ranciere, *The Politics of Aesthetics : The Distribution of the Sensible*, trans. with an Introduction by Gabriel Rockhill [London, New York, Continuum, 2006 (2004)], pp. 12, 103.)。芸術や文化の美学的レジームとは、広い意味で、行動や生産、知覚や思想の諸形式を分節する様式を決定するような、通常は共通の言語によって与えられる認識の配分のことである。こう考えれば、美学という概念を、芸術の領域を越えて拡張することが可能となる。つまり、政治的領域で作り出される可視性の様式もそこに含まれるのである(p. 82)。しかしそれは、この活動のふたつの領域のあいだに因果関係の決定論を打ち立てるものではない。実際のところそれは、認識の領域のなかで、お互いに独立で自律的であり続けることを要求する。このような見地からみれば、近代という用語は不恰好かつ不正確であり、資本主義の役割を変位したり、偽ったりするものである。それは近代という用語が、芸術、文化、政治的なレジームの固有性を覆い隠そうとするものであり、結局のところそれらのレジームを、推定上の古いものから新しいものへの移行、あるいは古いものと新しいものとの間の分断にしてしまうからだ。しかし日本の経験は、本書で取り上げたように、文化の美学的レジームが分断を導かなかったことを示している。むしろそれは、芸術と文化を作るもの、レジーム自身を生みだすものを再解釈しようとしたのであった。戸坂潤が日常生活を理論化し、三木清が技術(*techne*)を考察する際に、念頭に置き、解決をめざしたのも、このような課題であった。しかしそれは、後の近代の超克のシンポジウムにおいて、完全なる失敗に終わる。その過程を追うことでわれわれは、戦間期という危機の時代にあって、どのように日本人が、過去との関係を思い描いたのかを知ることができる。異なった歴史のレジームを対立させ、もしくは並置し、さらに排除された過去を現在に戻すことがめざされたのである。近代は、それを生みだしたコンテクスト、すなわち歴史、解釈、主要な再生産の形態から、みずからを分離することによって分断の形式を保持したいという欲望にほかならないのであって(p. 26)、それは同時に、歴史の中にたったひとつの意味と方向を追求する努力でもあった。しかしながら、一九二〇年代と三〇年代の議論のなかで、日本の思想家や作家たちは、芸術と文化のレジームに固有な時間が、異質な時間性の同時的共存という情況を生みだしていることを認識していた。加速度的に進展する日本の資本主義的近代化の経験や、新しい認識の配分の説明を探求する芸術と文化のレジームの確立は、時間的な不均等の光景を開示した。異なった時間が隣り合わせに共存し、厚い時間、すなわち垂直に重なるような時間の歴史的レジームが形成され、過去がつねに現在と交渉することになった。実際のところ、近代という用語で拭い去ろうとしていたのは、この厚い時間という形象なのである。それは、平板な歴史の水平性つまり薄い時間の効果を確保せよという、国民国家や資本からの要請でもあった。国民国家も資本も、歴史における意味と方向の単一性に依拠するものだからである。近代のような概念に訴えることで、芸術は自律的な領域となり、ある歴史的な瞬間の集合的経験を構成する他の領域から分離された(p. 26)。結局、小林秀雄のようなモダニズムのイデオローグは、他の集合的経験にかかわっている芸術と文化についての理解を変容させてしまうことになった。なぜなら、芸術のレジームが、他の集合的領域を独立な生の形式へと変換することに成功し、それらは再び芸術の導きによって統合されなければならなくなったからである。この否応ない強制のもとで、近代は芸術の自律もしくは純粋形式と結び付けられることになり、政治的近代とは遠い関係しか認められなくなった。こうして、芸術や文化の形式は、近代に特有の運命や使命を果たす仕事と手を結ぶことになった。すなわち近代の完成であり、日本においては、近代の超克であった。

本書が、日本の資本主義的近代化の経験に関して論じているのは、近代は資本主義のためのものだと認めること、もっといえば、近代を資本主義でおきかえることが、モダニズムとファシズムとの破滅的な血縁関係を生み出し、「危機」の表象にたいして、重層的に決定された不信を生みだしたということである。しかしこうした激しい応戦の真に持続的な効果は、分断の契機を保持しようとするモダニズムのパラダイムを屈折させたことではない。むしろ、近代を、一定の時間と空間に特殊化された場所、すなわち、私が別の場所で歴史的現在と呼んだものの上演舞台と見なすような主張を日本人が行なうようになったことにある。この歴史的現在は、過去からの異質な時間で満ち溢れ、時間それ自体のヴァーチャルな厚みを生みだすものであった。そこを満たすのは、いまや歴史の忘却された堆積のなかから呼び起こされたさまざまな契機である。不幸なことに、超克のシンポジウムは、意味と歴史の方向を西洋から日本へと逆転させ、それを物象化することができただけであった。

目次

（下巻目次）

目次

序

すべては歴史の名の下に

フリードリッヒ・ニーチェが、「私が歴史のなかのあらゆる名前である」という宣言(Letter to Jacob Burckhardt, Turin, January, 1889)により何を意図していたにせよ、あらゆるものは、異なった道のりであるにせよ、必ず現代《モダニティ》に行き着くと考えられる。[1] モダニズム、すなわち現代のイデオロギーは、それに先立つあらゆる歴史を、すでに越えられてしまった契機の予兆として包摂する。現代の特徴についての合意は現実には存在していないが、それでも、この点はかなりの程度同意を得られるものと考えられる。実際、モダニズムとは、強大な力であり、それに先立つあらゆる歴史を、単にそこへいたるまでの前歴に過ぎないものとして示す。資本主義の形成に先行する過去を、資本主義的生産様式への前奏曲と見なすマルクスの見解はそのようなものであった。[2] こうした見解のもとでは、歴史は、単に現代へといたる、重層決定された前例に過ぎなくなるし、また、現代は、「歴史のすべて」となる。ニーチェにとって現代《モダニティ》は、一九世紀ヨーロッパを苦しめていた「歴史の病」に対する治療であり、「歴史意識の過剰」に対する解決としてあらわれた。ニーチェは、「歴史意識の過剰」こそが創造性を抑圧するものであり、社会は、「演劇用の仮面と衣装の巨大な倉庫」と化した過去から、自分たちの文化を選び出すほかなくなったと考えたのである。[3] ニーチェより先に、われわれは、マルクスの一八世紀後半の政治革命についての憂鬱な判断を思い起こすべきかもしれない。「生きている者たちは、自分自身と事態を根本的に変革し、いままでになかったものを創造する仕事に携わっているように見えるちょうどそのとき、まさにそのような革命的危機の時期に、不安そうに過去の亡霊を呼び出して自分たちの役に立てようとし、その名前、鬨の声、衣装を借用して、これらの由緒ある衣装に身を包み、借り物の言葉で新しい世界史の場面を演じようとするのである。こうしてルターは使徒パウロに仮装し、一七八九—一八四一年の革命はローマ共和国に扮したりローマ帝国に扮したりし、そして一八四八年の革命は、せいぜいここでは一七八九年の、もしくは一七九三—九五年の革命的伝説のパロディとして演じられることしかできなかった」[4]。

ニーチェに関していえば、解決策は、文化の中に、「超歴史的」もしくは「永劫的」な力を発見することに求められるはずであった。それは、創造力を窒息させる歴史の過剰を抑え、新しい始まりの「回帰」を告げるものとされた。高山樗牛が、『美的生活を論ず』(一九〇二年)において、明治の文明を激しく非難する際に、ニーチェが、ヨーロッパのブルジョア文化を批判した際の陰鬱な語彙を用いたことは驚くにあたらない[5]。ニーチェこそが、こうした歴史とその歴史によって権威づけられた偽りの文明に対するモダニスト的な反感の先駆的な唱道者だったからである。高山は、明治末期を生きた多くの同時代人と同じく、日本の新しい文明が浅薄であり、機械や金銭や物質にのみ関心を向けていること、そして日本が、明らかに他国の歴史的経験から派生してきたような文化や芸術や建築やファッションに耽溺していることを攻撃した。凡庸さや創造力の貧困、文化的な模倣に対する高山の非難は、一九三〇年代に展開された文化精神の防衛や、明治文明の全面的な拒絶を予見させるものであった。こうした動きは、結局のところ、文化の正統性や独創性・創造性の源泉を確かめるような社会的言説を組織することになる。しかし、それもまた、モダニズムのひとつのあらわれに過ぎないものであった。「歴史の超克」によって、すなわち社会から、新しいもの、新奇なものに対するたえまのない誘惑(絶えざる同一性のなかの絶えざるあたらしさ)を取り除き、現代社会の原動力となっている継続的な変化を終わらせ、歴史的な文化の支配を特徴づける不確実性という、決して成仏することのない亡霊を追い払うことによって、価値を安定させ、永続させようという試みそのものが、モダニズムだからである。

ニーチェは、ヨーロッパの文化的な創造力が、同じものの時間的経過を忠実に記録する歴史意識の過剰によって袋小路に入り込んでいるとし、過去が提供する仮面と衣装をあてにする同時代人たちを批判した。そうであるならば、日本の批評家たちは、彼らの採用した文化が、模倣の模倣、物象化の物象化、仮面の仮面であることを認識していたことになろう。これは、いわゆる後発型の工業国が、必ず直面しなければならない問題であった。後発国が資本主義文化に参入するのは、常に資本主義文化そのものが、すでに進歩の価値を空しくしつつあるそのときであり、この結果、超克の論理への接近がおこなわれるのである。日本を「後発国」や「後発工業社会」と位置づけることの問題性については後に論ずることとして、ここでは、両大戦間期の日本人の感性を支配した語りのなかに、現代によって征服されるという危機の認識と、それを超克せよという不可能な命令との両極を激しく揺れ動く意識がはっきりとあらわれているということを強調しておきたい。両大戦間期において、日本社会は、大規模な産業的変化を経験した。電力や機械という新しい動力源によって動かされる絢爛たる新しいテクノロジーが、全面的に導入された。一九一八年にはすでに、都市は大規模な工業地帯へと変貌しつつあり、農村からその労働力を吸引しつつあった(その移住のスピードは、記録的なものであったに違いない)。大量消費のための商品生産の開始が、国を挙げて宣言されたのである。その経験は、日本人が「モダンライフ」と呼んだものを、およそ二〇年間という短期間に実現することになり、肯定的に論ぜられたが、それは日本が近代によって圧倒された瞬間でもあった。そして、この同じ期間に、日本は、第一次世界大戦においてはともに戦った工業国家と戦争をするはめに陥った。そして、一九四二年に、京都で、当時のもっとも優秀な思想家、批評家、芸術家が集まって、シンポジウム(近代の超克)が開かれたが、それは近代化という近年の経験の意味を評価し、どのようにしてその近代を超克することができるのかを体系的に討論したものであった。

この本が扱うのは、以下のような問題である――日本は、どのように資本主義的膨張の段階(柴田勝衛が、一九一八年に、「時代の民心に投ずる、もつと本質的な何物か」と表現したもの)へと入っていったのか、そして、日本人は、両大戦間期という重要な時期において、どのように「モダンライフ」の経験を省察したのであろうか。本書の課題は、日本人によって生きられたこの時代の近代の経験を、社会史的な語りの中で透明によみがえらせることではない。むしろ、そうした経験が、どのように考えられ、論じられたか、そして、同時代人たちが、自らが生き抜いた当のものを、どのように追想したのかを扱おうとするものである。

この時期は、歴史的にいえば、資本主義的な近代化のプロセスの強化によって特徴づけられる。それは、よく知られているように、一九世紀において、改良主義的な明治新政府の指導の下でいち早くはじめられていた。しかしながら、軽工業とそのインフラの整備をもともとの特徴としていた近代化のプロセスが、新しい動力を源とする重工業・資本主義的工業へと転換したのは、第一次大戦時、日本が連合国の一員として参戦する決定を下した時のことである。戦争の結果、新しい生産品目へのシフトが生じ、日本は、フランス、イギリス、ドイツなどのヨーロッパ諸国と肩を並べる産業強国へと変貌した。発展の主要な指標で見る限り、日本はイタリアやソ連を凌駕し、合衆国を追い上げていたのである。澤田謙が、一九二三年に『中央公論』に発表した論説によれば、日本の都市化は、産業構造の変化を反映し、世界の主要な国々に匹敵しうるほどのものであった。澤田は、人口統計と人口移動を基準として用いながら、日本が、すでに他の先進工業社会に匹敵するほどの規模の経済を備えつつあると論じた。異なっているのは、拡大の様式に過ぎなかった。つまり、日本の都市化は、より水平的に拡がっていくのに対し、西洋社会における都市は、垂直に成長する傾向を持ったというのである。マンハッタンに林立する摩天楼を訪れた人は、こういうであろう。「欧米の都市は立体的に発達し、日本の都市は平面的に発達する」[6]。

澤田の見解は、多くの同時代の観察者に共有されていた常識であったが、それは後年の歴史学もしくは社会科学の説明と著しい対照をみせている。そうした説明では、「後発国」というカテゴリーに依拠することにより、日本が一九三〇年代後半に行なった軍国主義とファシズムへの最終的な転換が説明されているからである。日本は、ドイツやイタリアの猿まねをしたとされ、フランスやイギリスなどと対照された。フランスやイギリスなどでは、近代化が、いち早く、そしてゆっくりしたスピードで生じていたために、成熟した自由で民主主義的な諸制度が発展したと考えられた。マルクス主義者も非マルクス主義者も、「後発国」や「後発工業社会」の経験を、経済的なタイムラグが「政治的に」ゆがんだ発展をもたらす例として説明した(そこにはファシズムと現存する社会主義が含まれる)。量的な時間の差異を質的な差異へと変換することにより、(リベラルな社会科学のうぬぼれた視点から見れば)政治的な全体主義への地滑りを抑止するのに必要な制度を欠いた、「もうひとつの近代」なるものが生みだされたという説明である。しかし「後発国」という説明は、常に以下の事実を無視している。一九二〇―三〇年代の間に、アメリカを含むほとんどすべての西洋諸国が、ファシズム運動や、ファシズムと結びつく明白な特徴を備えた知的・文化的な衝動を経験していた[7]という点である。マルクス主義も非マルクス主義も、ともに経済の支配的で特権的な役割を強調し他の要因を排除する、一種の経済主義を推進していることは興味深い。第三インターナショナルのマルクス主義者の場合、こうした議論は、帝国主義自体の評価へと引き継がれている。非マルクス主義者、特に近代化論やネオ近代化論(現在ではグローバリゼーションと呼ばれている)の支持者の場合、タイムラグの理論が、経済的・政治的な一つの発展モデルを強調させることになった。そのモデルは、アメリカやフランス、イギリスのような西洋の歴史的経験を規範とし、これらの社会がたどった近代への道が、大規模な革命的蜂起を回避しつつ国家や市民社会の諸制度を進化させるもっとも確実な方法であると主張した。マルクス主義者(私は、そこに「世界システム」論のような変種も含めている)といえば、「後発国」を、「帝国主義の連鎖」(その言葉はニコス・プーランツァスに由来する)の結果と見なす。周辺(アジア、アフリカ、ラテンアメリカ)は、主要な工業国によって構成される中心のなすがままにされ、その中心の発展は、新規市場の開拓や、豊富な原材料や、安価で豊富な労働力に依存すると考えられたのである。しかし、第三インターのマルクス主義者は、帝国主義を、単に経済的現象として、すなわち独占金融資本主義の段階と見なす点で、レーニン的な帝国主義概念からははなれていた。それに対して、例えばプーランツァスのような人々は、修正されたレーニン主義的理解に回帰しつつ、ファシズムは、実際には、資本主義の帝国主義段階に属し、その主要な原因が、後発経験でも経済危機でもないということを示そうとした。プーランツァスによればたしかに、これらの要因は、帝国主義の全体像を説明する上で、「この段階に起こりうる情況の要素として」重要である。しかし、ファシズムを、それのみに還元することはできない[8]。「実際、帝国主義は、独占の集中や、銀行資本と産業資本の金融資本への融合や、資本の輸出や、純粋に〈経済的〉な理由に基づく植民地の獲得といったような、経済的領域に現れるさまざまな修正にとどまるような問題ではない。これらの〈経済的〉要素は、現実に、資本主義システムの新しい分節化を決定し、政治とイデオロギーにおいて、深い変化を生み出す[9]」。この観点からすれば、ファシズムは、ブルジョア自由主義国家の単線的な後継者として発達したのではない(そのことに、戸坂潤は、プーランツァスよりはるかに前に気づいていた)。むしろ複雑で移ろいやすい階級連合の初期の段階で調達される大衆の曖昧な支持、さまざまな階級の願望や幻想のための「妥協策」、そして究極的には、たとえそれが大企業と結託するものであるにせよ、自らの階級的起源、ひいては階級そのものを消し去ろうとする運動のなかから、発展したものなのである。[10] 後に見ていくように、こうした運動とともに、ファシズムは、ひとつのイデオロギーを生みだした。それは、青野季吉(一八九〇―一九六一)が、一九三〇年に観察したように、「権力の物神化、強い国家、国民文化への強い関心、コーポラティズム、権威主義、テクノクラシー、そして軍国主義」(プーランツァス)といったプチ・ブルジョアジーの願望と一致するものであり、帝国主義とも両立可能なものであった。[11]

経済を特権化することによって、マルクス主義者の語りも非マルクス主義者の語りも、以下の点では一致を見ている。すなわち、ドイツ、イタリア、日本などの国々では、後発性が急激な経済発展を促し、それは国家権力の肩入れによって実現した。しかし媒介的な社会的諸制度や政治的諸制度の発展が犠牲にされたため、市民社会や、通常見られる公的・私的領域の分離が実現せず、国家の過剰を抑制することが困難になった。近代化論者は、進化的・単線的な「成長」のモデルが示すように、資本主義的発展と個人の権利が再調整されることによって、自由主義的‐民主主義的な秩序が確立すると考えた。この進化論的な成長という語りは、古い文化的な価値の存続を新しい社会編成への自然な移行を助けるものとみなす。このシナリオでは、伝統的な諸価値は、新しく発展した条件に適応する能力を基準に評価される。すなわち、それらの価値が、存続の適性を示しうるのか、あるいは、必要な適応をおこなうことができないのか。そして後者の場合、それらの価値は社会がより高次の段階に移行する時に、消滅することになる。これに対して、マルクス主義者は、その細部の違いにかかわらず、不均等性、すなわち近代化途上の社会における封建遺制の残存を、社会的諸矛盾――それは革命の潜在的可能性に満たされたものなのだが――の悲惨な兆候であると見なす。どちらの語りも、タイムラグの重要性を強調し、それは一九五〇年代以降、社会科学において、実質的に物神化されるまでに至ったが、それは単一で規範的な時間を前提としたものであった。どちらの語りにおいても、それぞれの国の経験の特異性は、このように論じられたのである。私がここで言いたいのは、単一で規範的な時間という前提が、発展の軌跡のどこにひとつの社会があるかを示し、さらにどれだけの遅れをとりもどさなければならないかを示す、ということである。しかしながら、こうした距離の意識はまた、後発社会のなかに、イギリスやフランスやアメリカ合衆国のような成熟した近代社会への発展を促してきた西洋的な価値に匹敵しうる、文化的な価値を探求するように誘う。単一で規範的な時間が、常に比較というパースペクティヴを要求する。距離を埋めることができた後発国は、ユニークで例外的であり、発展できなかった他の国は、追いつくための文化的手段を欠いていて、時間のない世界に閉じこめられた存在と見なされる。進化的な成長を特権化する近代化論者は、常に「伝統的」な文化的諸価値や制度や実践の重要性を強調することになる。それらは過去を生き延び、今や新しい方向づけを与える助けとなっているとされるのである。一九六〇年代と七〇年代に、日本研究の分野には、ひとつの強力な学問的コンセンサスが存在した。それは、日本が、中国やロシアの歩んだ暴力革命を回避したということであり、それは、存続する伝統的諸価値が、媒介的・改良的な役割を演じたために、新しい状況へおだやかに適応しえたからだと説明された。旧い価値が新しい状況で示した弾力的な適応能力は、それらが適合的であったことの証であった(12)。

マルクス主義者の側では、そうした残存物は、封建遺制という名で呼ばれてきた。それらは近代社会のただなかで深刻な社会的諸矛盾を引き起こす。そしてそれは、残存する旧秩序の諸要素と新しい政治形態が結びついている現在の権威によっては、抑止不能であると考えられた。[13] しかし、近代化論者に劣らず、マルクス主義者もまた、伝統的形態と近代的形態の共存は、近代の経験の例外であり、他の歴史から導かれるモデルにいたるものではないと主張する。こうした見解の問題は、ヴァルター・ベンヤミンやエルンスト・ブロッホのようなマルクス主義者が戦間期ヨーロッパの近代的経験ないしは近代化していく経験に関して述べたことから明らかとなる。ブロッホがそこに見たものは、資本主義が、それが広まるところではどこでも、究極的な均等発展を約束するにもかかわらず、不可避的に不均等発展を生みだしていくという兆候であった。絶対主義の影を濃くしつつあった一九三〇年代の政治文化の中で、日本のマルクス主義者は、日本の近代を説明する場合、国民の性格が独特で例外的なものであることを躍起になって示そうとしていた超国家主義者の解釈に接近する危険を冒すことになった。彼らが注目したのは、資本主義の世界的な発展過程ではなく、日本国内における資本主義の形成であった。彼らはこうして、最新の歴史的形態である資本主義の導入に先立って国家が存在していたことを暗示し、人種化された国民を分析の単位として特権化したのである。

こうした二つの語りは、ともにわれわれが日本の近代を理解するうえで、大きな貢献をなしたものであるが、それは一方で、歴史的探求のある種の形態、すなわち、経済的に動機づけられた社会史と政治史を特権化し、その他の形態を脇に押しやるという代償をともなっていた。それは、思想や経験よりも、構造や制度や運動が重要であることを強調し、あたかもそれらが、別々に生きられたものであるかのように論じるものであった。この本において、私ははっきりと、戦間期における政治と文化、そしてそれら相互の重なり合いの問題に焦点を合わせた。私が説明したいのは、なぜ、ヴァルター・ベンヤミンや、三木清、ジョルジュ・バタイユのような、全く異なった場所で著述をおこなった思想家たちが、ともに、みずからの時代を適切に理解するための条件として、政治と文化、経験と可能性、モダニズムとファシズムとの間のアポリア的な関係を説明しようと試みたのか、そしてそうした状況において、彼らは、どのように行動しえたのかということである。ベンヤミンのあまりに有名な、「審美化された政治」というファシスト・スローガンの反転から、ほとんど同時期におこなわれた三木の宣言、「今日世界が直面する最も重要な問題は、常なる「文化の政治化」にある」までを視野に入れることにより、今まで多くの歴史が単純に無視したり、見落としてきたある経験を、開示することができるのではないかと、私は考えている。

　こうした問題構成を念頭において、私は、広く受け入れられている語りのロジック、すなわち、日本の近代史と西洋の工業社会との差異を説明する場合に飽くことなく引き合いに出されるあの後発経済発展という経験の比較可能性のロジックを避けようと試みてきた。このロジックの前提を理解することは重要である。近代化論の戦略は、すでに述べたように、西洋社会に帰せられる基本的な経験に従って、日本のような後発諸国を様々に位置づけ、遅れてスタートしたことによって負った政治的・社会的なコストを評価することによって、発展を比較可能なものとみなす。このシナリオでは、資本主義は、いつどこでそれを開始しても、その社会の内部で、最終的には均質な発展へと行き着き、均等な土台をつくり出すということが前提とされている。この説明戦略の要点は、相対的な発展の指標として、社会のあいだの不均等のみに注目し、社会の内部での不均等のあらわれには注意を払わない点にあった。そうすることによって、こうした説明は、常に資本主義につきまとっている巨大な構造的不均等、その「もっとも矛盾に満ちた性格」、その常なる危機へ向かう不可避的な性向を、隠蔽するものとなった[14]。さらに、こうした説明戦略は、政治経済的領域の不平等を説明することをめざしているために、文化的な領域における不均等の目に見える指標を、しばしば全く見すごしてしまうのだ。

実際のところ、資本主義は、常なる拡張の状態以外に、決して定常状態というものをもたない。拡張は、資本主義が継続するために、過剰や余剰を永久的に生み出す。継続的な拡張のために支払われる対価が、社会編成のさまざまなセクター間における恒久的な不均等の発生である。その過程で、あるエリアは、他のエリアの発展のための犠牲となる。柳田国男（一八七五―一九六二）が注目したように、日本の変容の初期段階において、農村は都市の犠牲になった。また、植民地は本国のために、ある都市は別の都市のために犠牲になる。資本主義とは、ドゥルーズとガタリの言葉では、「一度脱領域化したものを、再び領域化していく継続的営み」である。均等発展という必要な幻想が概念化され、最後の審判においてすら決して届けられることのない、一種の約束手形が振り出されるのは、まさにこの点においてである。マルクス主義者たちは、階級対立や社会的矛盾のなかで表現される社会内部の不均等性に幾分かは敏感であるが、彼らもまた、非マルクス主義的な近代化論者と同じく、不均等を世界的文脈に置き換え、発展の比較の指標としてもちいた。そしてそれは、社会主義的なものであれ、資本主義的なものであれ、完全で均等な発展によって究極的には除去されうると見なされていたのである。産湯とともに赤子を流す愚を避けながら、本書では、近代化する政治経済との相互作用のなかで、不均等が文化の生産に及ぼす影響を評価するために、こうした不均等を国内社会のなかへもう一度位置づけ直すことを試みる。

しかし、タイムラグの説明戦略のもっとも重大な帰結は、異なった時間のイメージを、異なった地域に投影してしまうことである。この筋書きにおいて、時間は、常に、ひとつの基礎となる時間軸によって測られる。なぜならば、基礎となるその真なる時間というものは、現代の西洋によって刻まれていると信じられているからである。日本や他のあらゆる植民化された社会のような、世界中のいわゆる後発国は、現代とは異なる時間のなかに存在し、完全なる成熟も時宜にかなった発展もない、成長の中断状態にあるとされた。まさにこのタイムラグこそが、さまざまな近代を、十分に近代的ではない――「十分に白くはない」ということの婉曲な言い方――ものとして想像させるというスキャンダルを生みだす。新しくはあるが、時に荒唐無稽な「もうひとつの近代」という分類や、近代西洋の時間とは異なった遡及的な近代なるものもこうして生み出され、日本のような社会を、他の発展から引き出された歴史的軌道の中に、安全に位置づけることが可能となる。

この本で、私は、日本の近代というものを、あたかも発展におけるアルキメデスの点が存在するがごとくに、真なる時間を達成する方向へと進んだもの(結局のところ、近代化理論とはそれ以外の何であろう!)と示すことはしない。むしろ私は日本が、近代の共存もしくは並存と呼ぶことができるような事態を構成する、地球規模のプロセスのひとつの屈曲点であったことを示したいと思う。それは、ヨーロッパやアメリカ合衆国などの他の地域においても見られた近代という同じ歴史的時間を、(歴史的に全体化する形式として)共有している。私の考えは、最近の「もうひとつの近代」や「遡及的な近代」と異なる。それは近代の並存が、同じ時間を共有しているという経験に注意を喚起するからである。すなわち、ある社会が、どの程度そしてどのように発展しようとも、それは単に他の近代と同じ時間に起きているということである。たしかに経験はまた、ある差異を必然的に刻印する。しかしその際に用いられる「もうひとつの近代」という定式化の問題は、例外主義と唯一性が、暗黙の前提とされていることである。「もうひとつの」という形容詞は、単なる差異ではなく、よりよい選択を構成するような差異を意味する。これに対して並存が意味するものは、差異の可能性を含んだ、同時代性である。(15) この意味における差異は、他の地域、すなわち、帝国主義の周辺という地位をもつ中国、ブラジルのような後発国、インドのような植民地社会においても、近代の経験を特徴づけるものであり、地域で受け入れられてきた文化的慣習――準拠となる文化――と資本主義的な拡張という新しいグローバルな過程の要求との間の交渉を反映している。多くの点で、戦間期日本の「モダンライフ」は、近代化のプロセスを歴史的に繰り返すという論理を通しての一種の二重化、改訂の作業であり、それは、ブラジルや、インドや、中国のような場所においても疑いなく生じていた。多くの思想家や作家は、日本の近代を、二重性と表現してきた。それは、資本主義と市場の新しい要求と、歴史と文化的範型の受容された力の間との差異を刻印するものであった。こうした二重性の概念は、日本の近代的経験に特有のしるしと見なされているが、そのロジックが示すのは、近代というものは、どこにおいても、この本で主に取り上げる和辻哲郎や他の人々が「二重生活」と呼んだものを帰結するということであった。それは、エルンスト・ブロッホが、一九三〇年代の初めのドイツの生活について、「非同期性の同期的存在、非同時性の同時的存在」と述べたところのものでもある。戦間期の一群の思想家にとって、こうした文化分析の方法は、自らの眼前で生じている近代生活の光景を眺めるための視角を提供した。そして和辻もブロッホも、日常生活のいまにおいてさまざまな部分がきしみつつ共存していることを、不均等との関係において指摘した[16]。その時彼らは、資本と資本主義的な社会編成が受容された準拠システムへ浸透してゆく際のあらゆる文化的経験を論ずることができたはずなのである。

日本社会は、第一次大戦の終結までに、大量消費財を生産しうる重工業・資本産業への移行の結果として、物理的に変化し、激しい質的・量的変化を経験しつつあった。それらによって作り出された日本の「モダンライフ」は、別のかたちで読みとくことが可能である。つまり多くの歴史家が信じてきたのとは異なって、近代性というものを、必ずしも経験主義的な領域にのみ還元されない、ひとつの特有な経験の様式と見なすことである。社会的なものという実体的な概念(それこそがまさに社会史・政治史の主題でもあり実体でもあった)の審級として、日本社会の物質的変容を吟味するのでなく、そのような歴史的な語りによって権威づけられたなじみ深い語りから離れて、むしろ、移ろいゆく現在(ボードレールは、現代の今を「浮動的で分散的」であると述べている)をつかまえて、それに意味と方向性を与えようとする経験のはじまりとしてこの時期を読みとくことが必要なのである。同様に、以下についても説明がなされねばならない。なぜ、この時期、日本人は、このような物質的な変容の体験を、単に社会学的もしくは経験主義的にではなく、哲学的に把握しようとする思想を、かくも大量に生み出したのであろうか。そしてなぜ、その理解と解釈のために、圧倒的に哲学的な用語が使われ、社会 - 文化的な用語は二次的な重要性しかもたなかったのか。さらになぜ、「日常性」が、戸坂潤がそうであったように、「モダンライフ」を理解するための、哲学的な概念と見なされなければならなかったのか。戸坂が、どれほど現代における解釈学の実践(特に彼のかつての師である西田幾多郎)を、ブルジョア哲学と非難しようとも、彼自身の近代的経験に対する接近方法は、まさに哲学的であり、解釈学的であった。

この問いへ向かう前に、加速する日本の資本主義的近代化と、それが生みだしたコンテクストを特徴づける歴史的情況について概観しておくことが重要であろう。一九二〇年代から一九三〇年代の間(通常、その時代の天皇の名前をとって、大正時代、昭和時代と呼ばれる)に、日本の社会は、都市化の進展、工業の拡大、資本の蓄積を経験し、その結果、主要な指標で見る限り、最も工業化された社会にきわめて接近することになった[17]。歴史的に見ると、日本社会は、戦争と、それにともなう急速な重工業化によって変化した。戦争と巨大な工業的成長は、アルノ・メイアーやペリー・アンダーソンによれば、「異なったさまざまの歴史的な時間が集まって、ひとつの重層決定の領野を構成する」地球規模の歴史的情況の開始を告げるものであった[18]。この情況は、戦争とそれに引き続く大量消費・大量生産のための変容を誘発した平和な時代にもたらされた(ドイツや日本のような国において、それは、戦争によって加速された。日本は、戦争では副次的役割を演じたにすぎなかったが、同盟国への主要な物資提供者として貢献した)。政治的にいえば、こうした情況は、資本主義的な近代化のスピードや、財閥のような新しい階級の形成にもかかわらず、メイアーが、古い秩序——土地支配に基づいた準貴族的な政治的階級の支配——の「存続」と定義したものによって特徴づけられている。第一次大戦中とその後に、社会の新しい構成要素(ジェンダー、地位に基づく集団、性的アイデンティティ)や階級が登場し、自分たちの権利が剝奪されているという意識を募らせ、またそれを糧としながら、既存の権威や秩序の編成に激しく挑戦し、改良と革命を要求しはじめた。日本において、この運動は、「大正デモクラシー」の時期に一致する。労働運動や農村での小作人組合の組織、新しく急進的な、あるいは穏健なさまざまな政治運動は、社会主義者、マルクス主義的共産主義者、無政府主義者、社会民主主義者などに指導されつつ、選挙権の拡大や広範な政治参加と社会改造を要求した。しかし、日本におけるこの情況を最も際だたせているのは(あらゆるところでそうであるように)、資本主義の到来によっても消え去らない先行する過去と、都市の大部分の人間によって生きられている不確かな産業化する現在と、すでに生じた変化をもとに思想家たちが構想した未来との共存であった⑲。

急激に工業化していく過程のなかに、きわめて農業的な政治秩序が、準貴族的な支配階級(日本では、天皇や宮中、元老によって特徴づけられる)とともに存続し、産業資本主義のシステムが、労働運動をともないつつ出現する。それがこの地球規模の情況の編成であった。日本でも他の地域でも、とりわけ拡大しつつある東京、大阪のような大都市(ベルリン、ロンドン、パリ、ニューヨークも同様である)において、「モダンライフ」の誕生が、この時期を特徴づけている。それは、日常性の経験と同一視され、第一次世界大戦及びそれ以後の政治経済の大規模な変容によって可能となったものである。日常性の経験すなわちモダニティは、日本でも他の地域でも、たえまのない変化(歴史的進歩の語りと資本主義的拡張の法則)の光景として見られ、確固とした価値にではなく、幻想と欲望に基礎を置くような歴史文化の支配によってもたらされた、救われることのない不確実性の亡霊と見なされた。この観察が、ドイツにおいて当てはまることは、ゲオルク・ジンメルやジークフリート・クラカウアーのような思想家にみられる通りであるし、戦間期に「アメリカニゼーション」の誘惑を経験したフランスもまた同様である。日本もその例外ではない。そこでは、モダンライフへの関心は、その時代の鋭敏な思想家、作家、学者が、近代の光景——止むことのない変化の流れの中での「新しさ」の経験——を理解し、その不安定化する力の意味を把握しようと試みるにつれて、ますます重層的に決定されていった。これら思想家・作家の注意を惹いたのは、「新しさ」の経験であった。それが、既存の社会関係や、新しい諸階級、諸主体、ジェンダーそしてセクシュアリティに対してどのような結果をもたらすのか、さらに、生産された欲望が、どのようにして既存の準拠文化を浸食していくかということが問題とされたのである。クラカウアーが、『サラリーマン』(*Die Angestellten*, 1930)において、ドイツの「ホワイトカラー階級」の説明をおこない、彼らの故郷喪失の感覚や「避難所」への渇望の増大による志気の低下や拡大する不安を記録したその時に、日本の作家・批評家である青野季吉は、『サラリーマン恐怖時代』を出版していたのである。青野のテクストはクラカウアーの本と同じ時期に登場し、同様のテーマを扱ったものであった。また両者とも、マルクス主義への共感を共有していた。しかし、青野のテクストは、クラカウアーに依拠しているわけではない。青野が提示しようとしたのは、あくまでも日本の中産階級労働者によって生きられた恐怖であった。

戦間期の言説は、均質化と同質化の支配するこの世界の中で、変化の浸食に抵抗し、安定したアイデンティティ(すなわち差異)を供給しうるような経験の足場を確保することを歴史的問題とした。言説は、歴史的な余剰もしくは過剰の光景と変転極まりない風景の中に、本来的で安定した地盤を見つける必要に焦点をあてた。そして「モダンライフ」という体制が誕生し、それが、商品文化の大量消費に根ざしたひとつの経験を生産しているということを明らかにしたのである。別言すれば、大戦後の世界が歓迎した(テオドール・アドルノに従えば、「祝福した」)条件そのもの、すなわち一九二〇年代の幸福の約束を祝福した手段そのものが、「萎縮」と「中立主義」そして「死という罪悪」を生み出し、後に大規模な恐怖や抑圧が生じた際に、それを食い止める責任を放棄するという結果を招いたのである。アドルノの観察によると、「これらの現象は、自由主義ヨーロッパ社会の内部で形成された」[20]。しかし、同じことは、この同じ時期の日本についてもいうことができる。この時期日本では、関東大震災とそれに続く無政府主義者や多くの朝鮮人の虐殺、大陸への帝国主義的侵略の深化、天皇の正統性を装った軍国主義者の登場といった事態が生じた。加速度的な産業資本主義の進行と、目をみはるような自由主義の高まりとが、明治維新によって実行し残されていた社会革命の負債を埋め合わせようとしていた。しかし、戸坂潤によれば、そのような社会革命が失敗に終わることは、明治日本が開始した資本主義(私有財産制)と、それが認めた自由主義の構造のなかにすでに刻印されていたのである。水門が開かれるのは必然であった。その保護主義的、多元主義的な傘の下で、あらゆる種類の愛国主義やファシズムが供給された[21]。したがって、モダニズムの爆発を説明する資本主義的近代化の文脈そのものが、「ファシズムの集合体」の準備的な土壌であった[22]。

私が本書でモダニズムやモダニストという場合、それは、美学的に限定された徴ではなく、芸術や文学はもちろんのこと、哲学、宗教、社会思想、政治思想も含む、幅広い内容を意味している。私はまた、モダニズムを、日本人が経験し、把握しようとしていた資本主義的近代化とその変質のプロセスのイデオロギーという意味で使用する。日本のモダニズムは、より広い地球規模の情況と連動したものであり、かつそれを異なったパターンで反映するものでもあった。そのパターンには、産業がそれぞれの地域の過去と共存するさいの特徴が刻印されている。この意味において、モダニズムは、単数で言及されるよりも複数で言及されるほうがより正確である。それはファシズムを、すべてを包括するモデルとして単数で考えるよりも、複数で考える方が有益であるのと同様である。ファシズムと同じく、モダニズムに関しても、それについて語る人の数ほど多くの定義と説明が存在する。「学問的」に確認された古い文化のモデルは、今なお生きている過去と結びついて、モダニズムの目標となり、安定した形態がたえまのない変化によって掘り崩されていることを告げた。そのモデルは、資本主義的近代化や市場化によって引き起こされた破滅や物象化を食い止めるために動員される資源の貯蔵庫でもあった。それらは、当時、すでに新しい社会関係やアイデンティティや価値を組織化する原理として機能しはじめていたのである。アルノ・メイアーは、一九世紀後期のヨーロッパにおけるモダニズムの登場について記し、新興ブルジョアジーが、近代的な欲求を「推進」したり「占有」したりするよりもむしろ、「クラシック」な芸術を蒐集し、「田舎や都市の「歴史的な」邸宅を買ったり建て直したり、伝統的なパフォーミング・アートを後援したりすることを好む」という興味深い矛盾に注意をうながしている。古い文化のモデルは、こうして横領され、「産業化以前の、ブルジョア化以前の世界へとバランスを失するほどに、方向づけられ[23]」、「支配階級と公的な文化を再確認する」ものとなった。アヴァンギャルドといえば、歴史の蔑視や軽蔑を通常連想するが、過去、とりわけ前資本主義的な過去は、モダニストが物象化の廃墟に対抗して試みる再表現のための修辞の貯蔵庫となったのである。レイモンド・ウィリアムスが近代に反対するモダニストと呼んだこれらの人々は、逆説的なかたちで、歴史的な表象のなかに、日常的なモダンライフの疎外の力に対抗する避難所を求め、広い意味での芸術と文化に、市場と政治的な世界における評価の変動に影響をうけない絶対的な価値を割り当てようとした。日本においてモダニズムは、資本主義の文化(アンダーソンは、多くのモダニストが、市場に対する反感を共有していることを示唆しているが、彼らが周期的な危機をともなわないような資本主義を信奉していたということには言及していない)とモダンライフの登場に抵抗することを試みた。モダンライフは、革命的な生産プロセスや慢性的なもめごと、社会的・経済的な不安定によって、つねにもてあそばれる存在であったからである。結局のところ、戦間期日本のモダニズムは、経済的・文化的な不均等の広大な領域が存在することを認めざるをえず、その超克や抑圧が促されてゆくような情況のなかで生みだされたものであった。すなわちモダニズムは、歴史から逃れようとしながら、同時に生活の抽象化や断片化を、具体性や全体性で置き換える方法として、正統な文化的目標という古い歴史表象に訴えたのである。

モダニズムは、たとえ、どれほど自らの誕生の歴史的条件を消し去り、抑圧しようと試みても、不均等発展の歴史的刻印にほかならない。資本主義には、たとえその主張にしたがって遠い未来に目を向けたところで、真に正常な、バランスのとれた状態などというものは存在しない。たとえ明治政府が、市場の自由な発展を許さず、経済の動きを支配する強力な力として市場メカニズムへのコントロールを強化し、経済に対する政治的な規制を優先し、企業を統制しようとしたことが事実であったにせよ、日本の資本主義も、やはりその例外ではない。市場を国家で代用しようとする、すなわち、下(市場)からの経済を上からの政治で抑えようとする努力にもかかわらず、日本社会は、システムそれ自体に埋め込まれた構造的な不均等の影響を、完全に回避することはできなかった。このことは、とりわけ第一次世界大戦以後の時代に当てはまる。この時期日本社会が経験したのは、まるでジェットコースターに乗っているかのような経済の乱高下であり、それは結局、世界恐慌というクライマックスに向かって突き進んでいくものであった(24)。資本主義は、無限の拡張と過剰生産に向かうものであるから、それはつねに蓄積の危機に直面している。その存在条件は、常なる革新であり、その結果、不均等が持続的に生みだされる。成長とは、結局のところ、ある領域が、他の領域の発展のために犠牲にされることを承認することである。確かに不均等の経験は、日本においても、またその他の地域においても不可避ではあるが、一時的な段階であると見なされていた。それはやがて、あらゆるセクターやあらゆる社会の均等な発展へ至ると考えられていたのである。しかし、そういった主張は、際限のない拡張と過剰な欲望の産出を正当化するイデオロギーであり、周期的に訪れる危機を、資本主義という大きな物語のなかの警告音として説明するものであった。正常でバランスのとれた状態という前提は、無限の将来において果たされることになっている一つのフィクションである。戦間期に製造業の世界的な中心となった先進国は、国内的な不均等を輸出することができた。これらの国々は、不均等こそが、資本主義の永続的な、したがって正常な状態であり、単なる歴史の一段階でないということを十分に理解したうえで、植民地や、日本やラテンアメリカのような工業化が遅れて始まった周辺の国々に、国内の不平等を転嫁しえたのである(今日、幾人かの著者が第三世界にみているのも、このいつまでたっても成仏しない不均等の亡霊である。しかし、注意深く見てみれば、それは国内にも存在することがわかるはずである)。

政治経済ならびに社会文化的な領域において生きられた不均等の光景が、モダニズムの形成をうながした。そしてモダニズムは、そうした経験のあらゆる痕跡を抑圧するだけではなく、進歩した近代社会の達成を待望する。そこにおいては、古い時代のあらゆる残余や、「歴史的な感覚」さえもが一掃されるか、効果的に消し去られる。フレドリック・ジェイムソンは、モダニズムと「同時的な非同時性」(ブロッホ)との関係を取り上げ、モダニズムをポストモダンの到来とともに歴史的に超克された一つの段階であると考えた。ポストモダンこそが、モダニズムよりもよりモダンなものだと彼は考えたのである。[25] しかし、それは、不均等発展に適合的であった初期のモダニズムを、より完全な、そしておそらくはより均等な発展によってひきつがれる歴史の一段階と見なすことである。日本では、こうした形態のモダニズムは、まず、政治経済的(時間的)ならびに社会文化的(空間的)領域において不均等の痕跡を抑圧するために形成された。そして一九三〇年代の終わりには、近代、すなわち、不平等な近代という「歴史的段階」の超克への呼びかけへと転生したが、不均等な近代こそが、そもそもモダニズムというイデオロギーの生産を可能としたものなのだ。ここかしこに見られる不均等の悲惨なあらわれに目をつむり、真に近代化された社会では、そうしたことがらは最終的になくなってしまうといくら強調したところで、モダニズムのイデオロギーは、文化的・美学的領域を、政治的・経済的領域に関係させるその方法によって不均等の継続を示している。モダニズムは、日本において、文化を、政治や経済の領域から切り離し、自立化させ、商品化によっては侵されえない存在であると宣言することにより、文化を特権化した(valorize)。こうした動きによって、モダニズムは、文化(空間)と政治経済(時間)との異なった種類の不均等な関係を示すことになり、商品形態から自由な領域、現存の政治的・社会的秩序に対する批評が可能となるような空間の成立を宣言した。しかし、こうした文化と共同体(communitarianism)への訴えは、のちに見るように、単に商品形態の裏返しに過ぎない。あるレベルにおいて、こうした空間的・文化的ないし美学的なものへの接近は、ユートピアへの渇望を表象しており、商品によって侵されない領域を確保する努力であった。しかし、別の面からいえばそれは、すでにイデオロギー的・社会的な抽象となり果てたもののユートピア的な影に過ぎない。このようにして、ファシズムは、モダニズムに対して一種の裏地を提供したのである。

しかし、こうした文化や共同体への訴えかけはまた、分業や、疎外や、半自律的で仕切られた領域の成立によって引き起こされた社会的断片化によってもたらされたものでもある。それこそが、一九四二年の近代の超克に関するシンポジウムにおいて、知識の断絶と領域の専門化として位置づけられたものであった。社会生活がますます断片化するにつれて、「生きられた時間」と、時計で計られる商品化された時間やお金で計算される時間との差異が、あるいは決りきった日常生活のなかにいまだその姿を保っている古きものへの追想が、はっきりと感じられるようになる。柳田国男が、『明治大正史 世相篇』において、「世間を見る目」の重要性を認めたときに見ていた感覚の分離も、そうしたもののひとつであった[26]。そこで柳田が報告しているのは、長い間ハリウッドで暮らした俳優の上山草人が帰国し、東京の人の目つきが、「大へんに怖くなっている」と語った話である。ここで述べられているのは、都会で暮らすという実践が、常に現実を「じろじろと」見ることを要求するということだ。なぜなら都会では、個人の場所は、常に変わりゆくものであるから。こうした目の動きは、村の生活と対比される。そこで人々は、お互い道で行き会っても、ほとんど相手を見たり、目で挨拶することがない。なぜなら、誰とすれ違っているか、よく分かっているからである。こうしたことを確認するために、柳田は、かつて当たり前だと思われていた昔の色や音をもう一度考えてみるように呼びかけている[27]。この点に関してジェイムソンは、新しさの認識が可能となるのは、近代的な実践が、常により古い習慣と対比されているような環境においてのみであると論じている。そこでは新しいものが、古いもの、受け入れられているもの、習慣化したものの反対物として、容易に認定されるのである(柳田の『明治大正史 世相篇』を貫く見解である)。一方そこでは、過去は現在と不格好に混じり合う。たえまのない変化が、静止したものと混在するのである。[28] ゲオルク・ジンメルは、「廃墟」に関する透徹したエッセイにおいて、次のような指摘を行なった。どれほど風景のなかに、さまざまな過去の残余が、新しい近代的なビルや街路や用地と隣り合って存在していることか。どれほどそのコントラストが、新しいものと古いものに対する先鋭な感覚を生みだし、それを際立たせることか。新しいものが近代的なものとして経験されるのは、いまだそれが古いもの、むかしからずっとあるものによってとりまかれているからである。社会関係のレベルにおいていえば、たとえば江戸川乱歩の推理小説は、一九二〇年代と三〇年代にわたって、三角関係にまつわる恋愛のテーマを描き続けた。それはたいてい女性の悲劇で終わる。彼女たちは、民法や因習によって与えられた役割を逸脱してしまったつけを、払わされることになるのである。この世界において女性は、古いもの、伝統的なものの残余として生き続けることを余儀なくされている。モダンライフは女性に、もっと自律的に生きることの可能性を開いたのであったが。その一方で男性は、あたかもそれが自然であるかのように、新しさを生きることが常に許されていたのである。[29] 徳永直《すなお》は、一九二〇年代に、日本人によって生きられた不均等というジレンマを、もっともうまく描き出した小説家であった。彼が描いたのは、社会の矛盾が、どれほど「モダンライフ」の永遠の刻印となっているかということである。『太陽のない街』のなかで、徳永は、物質的にもイデオロギーの面でも、新しいものと古いものとが深く混じり合っているような舞台を設定した。街――それこそが一九二〇年代日本のモダンライフの確固たるサインである――の重要さを描き出しながら、彼は生きられた不均等の瞬間と異なった諸時間の衝突を捉えた。それは日本の近代的な経験の中心に存在するものであった。

電車が停った。自動車が停った。――自転車も、トラックも、サイドカアも、まっしぐらに飛んで来ては、次から、次へと繫がって停った。

——どうした？

——何だ、何が起ったんだ？

密集した人々の、至極単純な顔と顔を、黄色っぽい十月の太陽が、ひどい砂埃りの中から、粗っぽくつまみ出していた。

人波は、水溜りのお玉じゃくしの群のように、後から後から押して来ては揺れうごいた。

——御通過だ——摂政宮《せっしょうのみや》殿下の高師行啓《こうしぎょうけい》だ！

最前列の囁きは、一瞬の間に、後方へ拡がって行った。自動車は爆音をとめ、人は帽子を脱《と》った。


この光景に描かれているのは、近代の徴表である街の激しい運動と、そして絶えることのない人々の群と騒音と混乱が、天皇の一行が通過するために、突然、ピタリと停止する瞬間である。それは直ちに、天皇制という形態における古きもの、太古の農業社会からの遺物が、まさに今、近代的な交差点の真ん中にさしかかるという強烈な共存を描き出す。(30) 別言すれば、新しいものは、常に古いものとわたりあっている。それぞれの異なる要求の間の調和を求めながら。しかし、そうした出会いは、直ちに歴史の瞬間を凍りつかせて、生きられた時間を無時間的な商品の行列によって置き換えてしまう市場の能力へと注意を向けさせる。ベンヤミンが、「流行は新しきものの永劫回帰」と観察したのは、こうした状況であった。(31)

モダニズムのプロジェクトを実行する上で、日本人は、さまざまな過去を横領した。それは、遺風や遺産として特徴づけられ、また異なった時間と経験についての沈黙の思い出として存在した。それらは全体的で一貫性があり、市場や「流行癖」の腐食作用から免れていると彼らが信じた、生きられた瞬間の「無意識」の想起として、たえず変わり続けてゆく新しさとあざやかに対比されたものであった。生き残る残余によって特徴づけられた過去は、ジンメルの「廃墟」同様に、異なった形式の生活や経験についての見通しを与えるものであった。作品や習慣や古い寺院のなかに存在する過去は、前資本主義的な起源を証明し、「新しいものの永劫回帰」という不安定に抗しうる力を、すなわち商品形態の世界や交換価値という資本主義システムによって必然化される社会的な抽象の王国に抗しうる力を証明するものであった。同時に、生きられた経験と過去の記憶は、見かけ上、あらゆる不均等が存在しない国民文化のイメージを構築するための素材を提供した。そのイメージにおいて国民文化は、資本主義的近代化という変容以前に作り上げられた、永続的な完成品として描かれたのである。広い意味でのモダニズムが、不均等の存在の徴候であるとするならば、記憶の構築は、モダニズム的な認識の最も主要で永続的な形態となるであろう。こうした記憶の特権化は、政治経済的な領域に対して文化的・美学的な領域を安定させることの帰結であった。こうした記憶への訴えかけは、文化的な空想の内容を特権化するようにみえたが、それが真に開示したのは、モダニズムが直面する問題が、形式と表象についての問題であるということであった。

モダニズムの言説が、日本やその他の地域においてとりくんだのは、表象の諸形態の安定性と信頼性についての危機であった。この危機は、近代化しつつあった世界(そこには、インドのような植民地や中国やブラジルのような建設の途上にあった国民国家も含まれる)を通じて現れていたが、日本においてそれは、次のように屈折した形であらわれた。すなわち、永遠に同じものの永遠の新しさが支配する社会環境において、生きられた経験を表象するのに最も適した形式をめぐる議論として(小林秀雄、今和次郎、戸坂潤)、文化的記憶へのアウラの付与として(和辻哲郎、九鬼周造、三木清)、そして共同体の経験として(柳田国男、折口信夫、高田保馬のような民俗学者たち、さらにここにも三木を加えることができるだろう)。この危機は、生きられた経験、すなわち、真正な差異の経験をもっともよく伝えることができ、またスピードとショックとセンセーションによってばらばらにされつつある記憶にもっともよく接近することができるような形式にかかわるものであった。「現在」は、伝統が衝突する場として前景に押し出され、経験の伝達や、記憶や歴史的な想起の危機をもたらすものとなった。こうした問題が認識されると、発展論的性格をもった通常の著作は、もはや適当なものとはみなされなくなった。日本においては、他の近代化しつつあった地域と同様に、発展的な語りの形式(とその素材)に対する嫌悪は、古い時代の文化的(宗教的、美学的、文学的、言語的)実践を想起する膨大な努力をもたらした。そうした実践は、近代の資本主義的な社会が確立する前の時代から引きだされたものであり、人々(歴史的変化によっては乱されることのない人種や民族)の真正な経験(三木の「基礎経験」)を伝える力がいまだにあると信じられたのである。失われた真正さを取り戻そうとするこうした努力は、例外なく、起源を保存し、現在にアウラを与えることを目標としていた。こうした動きは、ヴァルター・ベンヤミンが、語り手を特権化し、逸話のために歴史の語りを拒絶したことを想起させる。われわれは同様の反応を、小林秀雄の私小説論(私小説とは小林にとって、志賀直哉において完成をみた小説の雑種的形式である)にみることができる。小林は、私小説を、生きられた日常的な経験の単独性を伝えるものと評価する一方で、歴史的な語りについては、経験的なるものに存在する共通性と永続性の感覚を表現できないとして批判したのであった。折口信夫は、祝詞の霊気《アウラ》に満ちた詠唱をその後のあらゆる芸術の源としたが、それは、現在においてさえも霊気《アウラ》が文学の生産のなかに刻み込まれているのだということを、同時代の人々に印象づけようとしたからであった(こうした身振りはまた、モダンライフにおける日常性の発見やその確認が、なぜ時間ではなく、空間の語りに位置づけられていたのかを説明するものである）。（発展という形態に依拠する）歴史的な語りが記憶の形式として、モダンライフの場である現在と生き生きした関係を喪失しているということをはっきりと示したのが私小説であり、歴史を放逐しようとするさまざまな言説的努力であった。また今和次郎や権田保之助、戸坂潤や青野季吉などの著述家は、別の戦略に訴えた。それは、行為されている現在との生き生きとした関係を実現するために、記憶された過去と、それをある固定された時代の存在として語ることから距離をとるということであった。こうすることにより、資本主義の抽象的な空間は、行為されている現在のための現場へと姿を変え、不確定な過去に属するとされることで賦与される場所の特殊性に対抗することが可能となる。これに対し、九鬼周造、和辻哲郎、三木清、谷崎潤一郎、さらに民俗学者たちは、過去のなかのいくつかの契機を、また過去それ自体を、無限定の契機として、あるいは共同体や文化の場として、探し求めた。それが、日本の民衆の本来の条件であると考えたのである。ここで重要なのは、このような文化や共同体のイメージが、商品形態それ自体と同様に、無時間的で凍結されたものであったということである。

　このようなかたちで、危機は、真正な文化への呼びかけや歴史の外にある（したがって資本主義の社会的抽象化に汚されていない）共同体の永遠なる形態を呼び起こそうとする多様な努力へと屈折した。しかし、このような表象の危機への特別な屈折は、例外なく、（表象《レプレゼンテーション》の問題の解決をめざした）モダニズムを、（政治的代表《レプレゼンテーション》の問題の解決をめざした）ファシズムに連結させた。一九三〇年代後半になって、国民動員と戦争のために国家が選択的に横領したイデオロギー素が結びついてしまったのである。私は、戦間期におけるファシズムという問題と、当時の文化的な議論におけるその位置を改めて考えることが重要であると考える。近代に関するあらゆる文化的考察は、地球的規模での経済危機と政治的闘争のはじまりによって特徴づけられる歴史の瞬間にありえた政治的な可能性へとつながってゆくだろう。私がいいたいのは、苦痛に満ちた近代の経験によって開始された文化分析(およびそれを把握したいという欲望)と、その危機を解決するという試みが、そうした分析の性質にふさわしい一つの政治的解決に帰着するであろうということである。あるモダニストたちが、表現の進歩的な諸形式にコミットし、来るべきものごとの形態を告げるアヴァンギャルドとして未来に目を向けていたとすれば、彼らは、シュールレアリストたちと同じく、何らかの形態の「文化的ボルシェヴィズム」を選ぶであろう。それはちょうど、「近代に反対するモダニスト」たちが、文化的保守主義とコミュニタリアニズムに立脚した政治的構成を好むのと同様である。政治を美学に再び結びつけようとしたベンヤミン、文化の政治化と、文化の自律性の「喪失」(われわれは、おしなべて文化と政治とを関係させるなんらかの様式を選択しているのではあるが)に心を痛めた三木清、そのどちらかを選ぶ必要はない。一九三〇年代の白熱した空気のなかでは、こうした二つの要求を歴史的に区別することは現実にはきわめて困難だからである。どちらの解決方法も、問題を誇張したプログラムであり、複雑な歴史的特性を単純化する傾向がある。しかしどちらの定式化も、近代化しつつある社会において、文化と政治を新しく永続力のあるかたちで結びつけ、危機の時代においてどのように行動するべきかを知るための条件として、表象の問題を解決しようとするものであった。そのことが意味しているのは、われわれがもはや、一九三〇年代のファシズムという問題とその多様な屈折を、無視することができないということである。

文化的・政治的な危機に直面し、ファシズムを地球的規模での解決方法の一つと信じた同時代人の証言や経験を単純に無視することはできない。こうした無視は、いまだ「社会科学的」な説明(や日本人による否認)の中に見られるものであるが、私には、ピエール・ブルデューの「現地人の証言者を決して信じるな」というアドヴァイスを必要以上に重く受けとめたもののように思われる。われわれは、津久井龍雄のような、同時代の観察者の言を、真剣に受けとめねばならない。彼は、「天皇は、日本国民にとって、最初であり、最後である。一切は、天皇に出で〻、天皇に還るべきだ」と主張していたのであった[32]。たしかに彼は、一九三〇年代の後半の極端な日本主義者であったけれども、「ファッショが、イタリーにおいてムッソリーニの政治となり、日本において、天皇政治となるのは、ファッショ理論の極めて正当なる適応」であるというような感情に賛同したものは多い[33])。高田保馬、戸田貞三、鈴木栄太郎のような、有力な社会思想家たちも、かなりはっきりしたファシズム的形態を受け入れ、こうした動きを民族の名において擁護しようとさえしたのである。われわれは、ドイツやイタリアに見られる真のファシズムと、日本で発展した軍国主義とを区別しようとする、安直でまったく擁護しえない議論を避けなければならない。たしかに日本においても他国においても、日本人が一九三〇年代に発展させた何ものかを、ファシズムというよりも軍国主義に近いものであると主張する傾向は、昔からある。しかしこうした区別は、ファシズムと軍国主義が緊密に織り合わさっていたナチス・ドイツを生きた人々にとって、もしくは、「ファシスト的な男らしさ」が暴力と軍国主義の諸形態と結びついていたイタリアにおいて、意味のある区別であろうか(実際のところ、こうした区別は、数年前になされた、ジーン・カークパトリックの全体主義体制と権威主義体制を区別しようとする驚くべき試みの残響にすぎないのだ)。おそらく、差異を分類し、ドイツのような国をファシズム的軍国主義、日本を軍国主義的ファシズムと分類することは可能であろうが、そのようなはっきりした区分に意味はないであろう。ドゥルーズとガタリは、ファシズムをミクロ・ポリティクスと同一視し、その力を、分子状の形態としてとらえることによって、問題を明瞭化する。ファシズムは、全体主義国家を発明する一方、「相互作用における分子的な焦点」を増殖させることによってその限界を超える。「ファシズムを危険なものとするのは、その分子的もしくはミクロ・ポリティクス的な権力なのである」[34]。それは、「広がりゆく癌」のようなものである。彼らはこのように論じた。ファシズムはまた、世木鹿吉のような思想家が提案した意味における一つの大衆運動であった。天皇は、全体であり、単なる部分ではない。それは社会のあらゆる部分を包摂するのだと彼は論じたのである。さらにいえば、われわれは、ギルバート・アラダイスのような歴史家に同意する必要もない。彼は数年前に、ファシズムが、イタリアのような特定の歴史的経験の外では意味をもたないということ、そしてファシズムが実際には何も意味しない抜け殻のような概念であることを高らかに宣言したのである[35]。しかし、アラダイスや、こうした議論を展開する人々が見落としているのは、ファシズムとモダニズム、あるいは政治と文化との複雑な関係である。日本の内や外で、唯名論的な方法によって、ファシズムという用語の効用を狭い政治的範囲に限定したり、滅びたものと定義しようと試みている無数の歴史家も同様である。こうした見解が行き着くのは、われわれがもはやファシズムへの回帰を憂う必要がないという自信に満ちた宣言である。数年前に、後に歴史家論争の主要な参加者となるエルンスト・ノルテは、ファシズムの決定的な死を宣告したのであるが、それは、ファシズムを可能とする条件が二度と生じないと考えたからであった。近年、彼は、ドイツのファシズムが、共産主義の拡大に対抗する最後の努力であるという考えを推進しているが、これは、一九三〇年代後半に、左翼を抑圧するために、日本を含む多くの国家によって用いられ流行した古い考えの反映である。より最近の事例では、左翼の歴史家ペリー・アンダーソンが、「ファシズムの新たな危険を呪文のように唱えること」を、「今日の右翼・左翼に通底する怠惰な行為」として警告を発した[36]。

歴史家の自由を奪ってきた問題のひとつは、ファシズムの運動や体制と、ファシズムのイデオロギーとを区別しなかったこと、もしくは、文化的・政治的な衝動と制度的なパフォーマンスとを区別しなかったことである。政治的秩序を構想した文化分析は、共通のイデオロギー素を有する場合でさえ、運動を起こしたり体制を確立したりする力と、常に同じというわけではない。日本において、文化的もしくは共同体的な理論家が、常に自覚的なもしくは札付きのファシストであったわけではないし、また軍国主義者ですらないこともあった。しかし、すべてのファシストが、ブラウンのシャツを着る(もしくは軍司令部の高級将校である)必要もない。文化的もしくは共同体的な理論によって生みだされた思考の多くが、国家によって横領された。国家は、階級闘争の帰結や、疎外、不安定さや文化的・経済的不平等のすべてを、簡潔に言えば、市民社会に付随する諸制度を抹消して、資本主義の保存をもくろんだのである。この点に関して重要なのは、戸坂潤やヘルベルト・マルクーゼをはじめ、資本主義と自由主義とファシズムの間に等号を発見した戦間期のすべての思想家のテクストを再読することである。戸坂は、「日本主義」の堕落した諸形態への道を開いたのは、自由主義であると信じていたが、それは、いつも根をもった本来性というオブセッションに基礎を置くものであり、そしてそのオブセッションは、和辻や三木、柳田のような真剣な思想家たちをも動機づけていたのであった。戸坂の議論は、マルクーゼがリベラリズムによる歴史の拒絶を「文化の肯定」であるとし、究極的には「歴史の剝奪」へいたると説明したことを思い出させる。二人が示そうとしたのは、全体主義国家が、自由主義との闘争を、世界観をめぐる闘争にしようという戦略をとったにもかかわらず、それが、自由主義の基底をなす社会構造を迂回し、大わくでそれと合意していたということである。両者はまた、ファシズムへと滑り落ちていった三木清がそうであったように、民俗主義的な主張が、表面的な「啓蒙」や合理性への非難にもかかわらず、テクノロジーの優越と密接な関係をもつことを認識していた。スラヴォイ・ジジェクによれば、ファシズムとは、自由民主主義に対する外的な反対物、つまり敵であるどころか、みずからの力とその重要性を、自由民主主義それ自体の内部対立から得ているものなのである。失敗や解体のさし迫った見通しに直面し、資本主義は生き延びるために、みずからをその「内部から」否定しなければならないが、それこそが、ファシズムへの道を意味する。ジジェクは、レトリカルに問いかける。「ファシズムとは、一種の資本主義の自己否定、すなわち、経済をイデオロギー的政治的領域に従属させるようなひとつのイデオロギーによって、なにものをも本当には変えないために、なにかを変えようとする試みではないのか[37]」。この意味において経済は否定され、本来性や民俗主義、共同体主義を主張するイデオロギー的な文化秩序へ従属せしめられるが、経済それ自体と、その高度なテクノロジーへのコミットメントは、手を着けられないままなのである。それは、戸坂が一九三五年の『日本イデオロギー論』において展開した批判ときわめて似ている。戸坂の批判は、一九三〇年代という重要な時期についてのその後の分析において、たいていの歴史家に無視されてきた。それは、戦後の議論においてもほとんど顧みられることはなかった。戦争と現代を忘れ、アメリカの占領による近代化論的な改革と一致する新しいリベラルな政治的主体(と合意形成)の確立が急がれたのである。ある意味において、私の著作は、戸坂の強力なファシズム批判を救い出し、ファシズムの文化や共同体へのイデオロギー的なアピールが、どのように自由主義によって承認されたのかをもう一度真剣に考えてみようとする試みである。戸坂の著作は、マルクスの『ドイツ・イデオロギー』の自覚的な焼き直しであり、いかにして観念論が自由主義と結びつき、古えの稠密な修辞をまとい、歴史的実践の物質性を抑圧したのかを示した。本書の目的のひとつは、この強力な批判を忘却から救い出し、同じ問題を、異なった時代や場所から検討し、一九三〇年代においてモダニズムとファシズムの問題に取り組んだ日本と西洋の思想のより広い文脈のなかに置き直してみることである。私は、彼の日常性や空間性の哲学に関して、長い一節をあててはいるが、戸坂の特定のテクストの分析に集中するつもりはない。私のねらいは、日本イデオロギーについてのテクストが現在のわれわれの見地からどのように書かれうるかを想像してみることである。

日本におけるファシズムは、他の地域と同様に、「ゲマインシャフト」資本主義とでも呼びうるような相貌であらわれ、疎外された市民社会の不確実性や不確定性とは無縁な社会秩序を要求した。そこでは永遠化された不変の文化的・共同体的な秩序が、「資本主義なき資本主義」を確立するために、資本主義的生産様式のために利用された。柳田国男のような思想家が、過去と近代化された現在が混合した「合いの子」を礼賛したとき、彼はまた、不均等そのものの永続性を認め、したがって、変わりゆく現在を係留しうる安定した表象の形態を見つける必要をも承認したのである。「資本主義なき資本主義」への希求は、彼のプロジェクトの根幹に存在し、(現在のなかの)果てしない過去の固定された契機へ、唯一無比の経験へと回帰したいという欲望に駆られたものであった。それは、階級やジェンダー、地域的な差異さえも取り払い、物や慣習、「生活文化」、宗教的信条など――アドルノのいう「凍結された溢出」と同様に、内容が欠けている――を通じて、到達不可能なアウラにもう一度結びつこうとする衝動であった。一九三〇年代の言説には、安定したひとつの社会有機体を打ち立てるために、過剰と不均等を排除できるような共同的な構造を想像しようという努力が広範に見られる。そのような調整のもと、誰もが再び、ジジェクが「支配的主体」とよぶ形象によって導かれつつ、自分自身の場所を占め直すことになるだろう。逆説的にも、思想家たちが生き返らせようとした「凍結された溢出」は、アウラの解体の産物であり、いまや主体なき行為という形式をとるにいたった近代的日常性と格闘する、文化的・共同体的な理論によって救済されたものであった。しかしながら、きわめて不確実な現実――それこそが遂行の場なのであるが――と、不在の過去――記憶の欲望の対象――が日本(や他の場所)においてつくり出したのは、近代的なるものへの抵抗というよりも、近代化の主要な条件であった。戦前の日本においては、同時代性や時間をこえた記憶への訴えかけが延期と欲望の構造を明るみに出した。それらは反復に訴えることによって解決が(実際には「超克」が)図られたのであったが、結局より大きな不安を掻き立てたばかりであった。現在にはもはや過去は存在せず、共同体的秩序も消え去っているという主張によって特徴づけられるこの不完全さそれ自体が、実際のところ、近代そのものの証なのである。ベンヤミンが観察し、日本人が確認したように、「歴史以前を呼び出すのは、まぎれもなく近代的なもの」なのである。

最後にこの本を書くにあたり、私が三つの考察によって導かれていたということを記しておきたい。モダニズムとともに始まり、ファシズムで終わるというような単線的な語りのかたちをとってはいるが、私の意図は、モダニズムとファシズムがお互いにとって同時代的であり、同じ時間性を共有し、互いに結びつきながら、間テクスト的な密なネットワークを構成していたということである。私は、各章を、独立の研究ではあるがゆるやかに連結したものと考えているが、それは、それぞれの章が、近代という時間的地平を共有し、同じ空間を占めているからである。第二に、継続的な対話を一つの交響曲にまとめ上げるために、私は、同時代の産物ではあるが、いままでお互いに直接の関係をもたないとみなされてきた著述家やテクストを、日本のものであろうとそうでなかろうと、並列することを試みた。それらは、きわめて狭い言説的もしくは学問的領域に押し込められてきたので、異なった空間や時には異なった時代に属するものとしてさえ扱われてきたのである。それらのものを、近代の問題に対する関心という理由により、直接的な関係のもとに置き直してみると、近代それ自体が、われわれの主要な時間認識のカテゴリーであるという前提を再確認することができる。第三に、私は、戦略的に書かれたテクストを読解するにあたり、いろいろな立場の注解に多くを費やしたが、それは、単に思考の豊かなきめを示そうとしたからだけではない。それはまた、これらの思想家やテクストが、（少数の例外を除いて）翻訳もされていなければ、日本人や日本語を知る人びとによってもたいして読まれてはいないからである。しかしながら、私がこの研究によって示そうとしたように、戦間期日本における近代についてのテクストの産出は、どの産業社会においてもみられる関心と感情を共有しており、一方通行の影響ではなく、共通の歴史的情況を反映する劇的な屈折をあらわしている。私は第一章で、戦間期における日本の急速な近代化に付随する政治・経済的条件の説明をおこなう。その目的は、日本人が、一九二〇年代と一九三〇年代にモダンライフを造形し、夢想しはじめた、その諸条件を示すことである。彼らはこの時期、モダンライフを実際に生きはじめたとまではいえないものの、それについて広く語ったり、書いたりしはじめた。第二章では、一九四二年の七月、合衆国との戦争が開始されて六カ月後に開催された近代の超克に関する有名な（また悪名高い）会議を分析することにより、討論の主題であった過去の未来を考察する。それは、つまり未来の事前性というひとつの形式を構成するものである。この会議は、のちに見るように、過去二〇年以上に及ぶ経験に関するものであり、多くの参加者が、西洋に対する攻撃であると信じた戦争に照らして、日本の近代の意味を評価しようとしたものである。第三章で私は、もう一度、一九二〇年代と一九三〇年代初頭のモダンライフの現場へ、すなわち、近代の超克の会議で表象されていた未来の過去へと立ち返り、モダンライフと、それがもたらした未来への約束を理解することによって、モダンライフの挑戦に応答しようとした一連の思想家を検討する。こうした作家や思想家の多くは、進歩的であったが、彼らは、遂行的な現在にコミットすることを第一とするという特質を共有していた。第四章と第五章において、私は、社会体の言説と私が名付けるものの検討をおこなう。それは、モダンライフとそれを将来にわたって推進しようとした人びとによって提起された挑戦に反応する一種の二次的な議論であった。こうした言説は、たえまのない時間的な変化という環境のなかで、真に本来的な不動性の徴となるような日本のアイデンティティをつなぎとめる文化的・共同体的な資産を考えるために、無窮の過去へと向かったのである。第六章は、ある意味で、結論とも目される章であるが、三木清のいくつかのテクストを考察する。三木は、きわめて有能なモダニストの思想家として、近代のさまざまな主張とその批判を統合することを試み、制作と技術、政治と文化を論ずることで、民衆とモダニズムの文化の統合を試みたのである。三木は、しばしば、ファシスト的な全体化に接近しつつも、かれ自身と日本がファシズムに同一化することは、避けようとした。それにもかかわらず、三木の思考には、民俗的な全体主義(totalism)がかなりの程度存在しており、それは、軽率な書き手や、高田保馬のような、確信的な思想家の場合、容易にファシズムへと転化した。戦争とその敗北は、こうした特殊な経験に幕を引くことになったが、それらが、モダニズムやファシズムを終わらせたと論ずることは誤りであろう。それは、戦争後もまた、異なった形態や名前で、日本でもまた他の場所においても、ふたたび現れてくるものだからである。こうした理由から、日本やそのほかの場所で、いまだに演じ尽くされていないものについて結論を下すことは、尚早であろう。

謝辞

本書は、シカゴ大学でのナジタ・テツオとの共同作業から生まれた、ケンブリッジ・ヒストリー・オブ・ジャパンのための長い論文「西洋への反逆」から発展したものである。ナジタの協力と、本書の原稿に対する速やかで深い読解、洞察力に満ちたコメントに感謝する。もっともそのコメントを、私はつねにうまく本書に取り入れることができたという自信はないのであるが。

ウィリアム・ヘイヴァーとキャロル・グラックの、本書の原稿への徹底した読解と数え切れないほどの示唆に感謝する。それらもまた、取り入れるようにつとめてきた積りであるが、彼らに満足してもらえる程度にはなっていることをのぞんでいる。また、マサオ・ミヨシと、大学の同僚、ツドン・チャンの読みにも感謝したい。それらは、きわめて有益なものであった。

まる一年間の完全な調査期間を提供してくれた、スタンフォード大学のヒューマニティ・センターにも感謝したい。センター長やスタッフのご厚意のおかげで、私の滞在はとても快適なものになった。資料の利用を許してくれたコロンビア大学、スター・ライブラリーのスタッフにも感謝したい。また、遠藤克彦とケン・カワシマには、私の説明にとって重要な多くのテクストをともに読み、議論してくれたことを感謝したい。また、原稿段階から出版まで、私を勇気づけ、支援してくれたプリンストン大学出版局のブリジッタ・ヴァン・ラインバーグの親切にも、私の感謝を公にしておきたい。ビル・ミハロポウスには索引を、ジュディ・ゲイブとサブ・コウソには、表紙のデザインを感謝したい。

最後にもう一度、クリスティン・ロスに感謝する。彼女は、私自身の複雑で、しばしば理解不可能な議論を解きほぐす手助けを、そして、時にそれ自身の生命を持とうとする始末に負えない文章たちを御するという仕事を、倦むことなくおこなってくれた。私は、この本を彼女に捧げたい。

第一章

モダンライフという幻想

明治国家は、近代資本主義的政治経済のインフラを整えはしたが、経済それ自体が、一八八九年から一九二〇年の間、一定の速度で成長を続けたというわけではない。この時代は、成長過程それ自体や、日清戦争（一八九四―九五）や日露戦争（一九〇四―〇五）のような特別の出来事によって生み出される景気循環や景気変動によって区分される。つまり、かなり不安定な景気の拡大と縮小の繰り返しがあり、一八八〇年代のデフレはそれに続く紡績や伝統的手工業、鉄道建設や日清戦争による景気の刺激によって回復した。一八九七年の金本位制への転換は、経済の拡大をかなり抑制したが、日露戦争は、重工業の発展を加速させた。それが終わると日本は不況となり、再び低成長の時代となった。第一次世界大戦の結果、先進産業における日本の競争相手は、国内市場からも世界市場からもほとんど姿を消すことになり、その結果、この国は、先進産業における相対的な遅れにもかかわらず、輸入品を国産品に切り替え、工業製品の輸出を増大させることができた。第一次世界大戦はまた、軽工業から重工業への産業基盤の変化と、工業生産の拠点となる都市への農村人口移動の兆しとなるものでもあった。

日本は参戦の結果、経済のすべての部門、特に土木、造船、機械、電気に関係する部門に、未曾有の刺激を受けることになった。戦後においても成長と不景気の繰り返しは続いたが、戦争によって刺激された拡張の結果、経済は近代的工業の段階にまで上昇した。農業や小規模の伝統的な部門も大量の生産物を生みだし、雇用を創出するうえで大きな役割を演じたが、一九二〇年代までに、経済の未来は工業・金融部門の成長にしっかりと根ざすことになった。批評家たちは、新しい近代的な資本産業と、いわゆる伝統的な諸部門の間に、はっきりした不均等を認めた。それらは、明治期において、競合的というよりは、同時的にかつ補完的に成長してきたものである。しかし、一九二〇年をすぎると、文字通り一夜にして変貌をとげた東京や横浜、大阪や神戸といった大都市と、その都市に労働力と資本を供給し、何の見返りも受け取らない(柳田国男)農村との間の不均等な関係が、くっきりとした対比として広く観察されるようになった。第一次世界大戦までに、近代的な部門が急激に成長した結果、なお消費者のニーズの多くを満たしていた伝統的な経済の需要との対立がはじまった。その関係は、共生的というよりは寄生的であり、資本主義的産業の継続的な拡張のための必要条件である永続的な不均等と不平等な発展の条件が生み出されていった。経済学者が経済の「二重構造」、もしくは「差異的な」経済構造と呼ぶもの(不均等の婉曲ないいかた)の確立には、新しいテクノロジー、生産性、賃金、生産規模、利潤率と剰余、経営管理、工業生産の諸形態などが含まれていた。さらに重要なのは、それがまた、新しい階級と新しいアイデンティティと主体意識を生みだし、それが労働市場における女性の可能性を拡げていったことである。近代資本主義産業は、仕事と、新しい生活の希望を求めて農村から新たにやってきた予備軍を含んだ都市の拡大を要求した。この過程は、さまざまな市場を生みだした。商品が売られ、多くの必要な資本や、労働や、新しい技術や、管理の工夫が供給されたのは、そうした市場においてであった。

明治の初期以来、政府諸機関はもてる力のすべてを尽くして、近代資本主義的工業の成長を、国民的必要として推進した。しかし、このような計画は、伝統的な経済部門を犠牲にするものであった。消費財よりも軍備、投資財、輸出を重視する国家政策によって、生活水準は低い状態にとどまった。一八八五年から一九二〇年までに、一人当たりの個人消費の伸びは、おおざっぱな指標ではあるが、六七%にとどまったのである。生活水準の上昇がきわめて緩慢であったことが、一九二〇年代のはじめに、政治的・社会的なさまざまの緊張を生みだした。それは、期待と欲望と能力との間の爆発的な闘争となったのである。大衆メディアによって造り出された日常的モダンライフという幻想のなかで、この闘争は、欲望と価値の間の、もしくは過剰の約束と欠乏の恐れとの葛藤として、徹底的に闘い抜かれたのである。(1)

一八八三年から一九一三年の三〇年以上にわたって、農業生産は国民純生産のおよそ二〇%を占め、その他の伝統的な活動は四〇%を占めていた。同時期に、近代的な部門は、伝統的諸部門の二倍から三倍の速さで成長していたが、相対的に、その規模は小さなままであった。一九〇〇年以降、農業生産は増大したが、それは主に、開墾や労働力・機械・肥料の改善による、土地の有効利用によるものであった。しかし、この時期、耕作可能な土地の増大にもかかわらず、農村人口は徐々にではあるが確実に減少していった。これに関連して従来から観察されていたことは、自作農の規模が小さいことである。土地の移転に対する法的な規制が取り除かれると、所有権は、少数の寄生地主へと移っていった。彼らは、自分が耕作することのできない土地を、必要な時に日雇いの農作業員を雇うよりも、小作人に貸し出す方が有利であることを理解していたのである。結果として小作人が増加し、その数字は、第一次世界大戦の頃までに、およそ農業人口の四五%を占めていたと推定される。一九〇〇年までに、地主たちは、日本の米生産量の四分の一に匹敵する小作料を徴収していた。第一次世界大戦の開始まで地主の占有率は増加し、その力も増大した。彼らは、資本(小作料)を地方の企業に投資することができたし、また、経済的な地位の向上により、国政における一大勢力になったのである。一九〇〇年から一九一三年の間に、農業生産は、年平均一・八%上昇したが、農業人口は減少した。いわゆる近代的な部門では、次のような順でその発展が示される。第一次大戦までの時期、繊維を主とする軽工業が始まり、鉱業が続き、冶金産業が確立され、そして鉄道がくる。蒸気から電力への変換にともなって、新しく重化学工業が導入され、自動車やその他、消費者向け製品などの大量生産が可能となった。一八八三年から一九一三年の三〇年間に、労働力人口は、二二〇〇万から二六〇〇万人へと増加した。農業雇用がわずかに減少したにもかかわらず、近代的部門の労働力は、一八八〇年代の二〇万人という小さな規模から、この時期四倍に増加した。しかし同時に、伝統的な職業に就く人の数も六〇％増大し、労働力の増加の四分の三以上を吸収していた。経済すべてにしめる伝統部門の役割は大きかったのである(2)。

第一次世界大戦は、あらゆる面で、財政崩壊と貿易収支の問題から日本を救った。一九一三年まで、重化学工業のような資本産業は、世界市場において利益をあげることができなかった。日本は、先進工業諸国と競争しうる地位にはなかったのである。また日本は、日露戦争の支出から立ち直ることができないでいた。日本は、(華北と南洋諸島での小規模な作戦行動を除いて)第一次大戦の戦場に華々しく登場することはなかったが、こうしたすべてのことは、日本が連合国の一員となることによって変化した。戦争の間、日本経済は好景気にわき繁栄をみたが、それは連合国に対する供給者としての役割のゆえであった。アジアにおいて日本は、貿易の競争相手から解放され、外国製品の国内市場への流入が止まった。成長率も、国際貿易の支払いの再編にともなって上昇し、投資にも拍車がかかった。日本の工業は、消費財の生産に力を入れていなかったために、消費率は戦争の期間を通じて低いままであり、賃金も抑制されていた。しかし、戦争景気を利用し、とくに投資と投機によって、膨大な利益をあげるものも出てきた。私企業は政府から独立しはじめたが、その新しいあらわれが、財閥の形成であり、一九一七年の日本工業倶楽部の設立であった。戦争の終結により、一九二〇年代までに経済は常態へ復したが、そののちは、成長と収縮のサイクルの両局面があらわれた。しかし、近代工業の基礎はすでに強固に確立されていた。一九二〇年代には景気の後退に苦しんだが、労働人口は増大を続け、女性もまた新しい産業へ大量に参加していった。一方、国内市場に消費財を供給してきた伝統的セクターは、はるかにゆっくりとしたペースで成長を続けたにすぎない。一九二〇年代の興味深い一面は、経済不況とともに始まり、より深刻な恐慌とともに終わったことである。一九二〇年代は、一九二三年の関東大震災によって区切りを与えられているが、この地震は、ちょうどこの国が経済不況から脱しかけたそのときに発生し、東京を中心とする一七の府県に影響を与えた大災害であった。二三〇万世帯のうち、約五五万四〇〇〇が家を失い、一〇万五〇〇〇人が死亡し、三万人が負傷し、二五万人が失業した。震災直後には、国民所得が減少し、金本位制への復帰が妨げられた。その四年後の一九二七年には深刻な金融恐慌が発生し、支払不能の企業へ貸し付けていた銀行への取り付け騒ぎが起こったが、それは、きたるべき一九二九年と三〇年の前兆をなすものであった。一九二九年に日本は、世界恐慌の魔の手にとらえられるが、そこからかろうじて立ち直るのは、一九三〇年代も半ば、中国への侵略を開始したときのことであった。

一九二〇年代の終わりまで、国民の半数は農業に従事していた。農業の生産性は、あたかも永遠の後退局面にあるかのように停滞しており、とくに一九二五年以後、生活の質と水準は低下しつづけた。農産物の価格は一九二〇年以後低下しつづけ、農業収入は他の職業に比べて低く、農家は、きわめて低利であるとはいえ、平均八〇〇円から九〇〇円の借金を背負っていた。この時期、農産物の価格も下落しつづけた。非農業人口は、一九二〇年代を通じて、都市でも農村でも、雇用人口の主要な部分を構成するまでになり、経済活動の伝統的もしくは二次的な部門に従事した。中村隆英によれば、日本は、近代的部門と伝統的部門の差異によって、巨大な資本主義国家となったのであり、巨大な力をもつ大企業や大工場が出現する一方、近代的労働力と非近代的労働力との人口比に関していえば、「伝統的社会の影響は強いままに止まりつづけた」[3]。

この時代に特徴的なのは、東京や大阪のような地域において経験された大規模な都市化である。都市の新しい力の象徴として、大正博覧会が一九一四年の三月に上野で開催された。この博覧会のねらいは、工業を発展させ、「新政府を祝福する」ことにあった。博覧会の初日、朝日新聞は次のように報じた。「観覧者の襲来余りに猛烈なるより定刻に先だつ十五分……入口を開きて入場せしめた」[4]。街から雇われてきた六〇〇人以上の芸者が、展示館でコンパニオンとして働き、半分以上の展示館が札止めとなった。大展示館に足を向けた人はみな、大正という新しい時代の始まりにおける日本経済と文化と権力の「トータルイメージ」にうたれた。東京市会議長であり東京商業会議所会頭でもある人物の次のような言葉は、この権力の新しいイメージをとらえている。「吾人の経済界には、人種の異同、国士の牆壁ある事なし。我等は国中の志ある諸士と共に、正気を振興し、世弊を矯正し、以て国家をして真個富強の域に達せしめん事を期せざるべからず」[5]。「富強」へのこうした言及は、あきらかに明治初期のスローガンの残響ではあったが、藩閥政府への批判は、国家が「真個富強」の実現からは隔たった存在であることを浮き彫りにした。博覧会の推進者は政府ではなく東京であった。東京はすでに、日本の異なったイメージを提示しはじめていた。

大博覧会が象徴したのは、経済や政治に生じた巨大な変化だけではない。それはまた、都市が新しい政治経済の現場となったことを示していた。このことは、人口の変化からもあきらかとなる。一八八〇年代、日本の人口は、三四〇〇万人であったが、一九一〇年までにおよそ、五六〇〇万人に増加した。労働人口に関していえば、この時期、その数は二〇〇〇万からおよそ二七〇〇万に増加した。総人口は年平均一・六%で増加したが、労働人口の増加は、それよりややゆっくりしたペースであった。二〇世紀の初頭から一九二〇年代にかけて、急速な工業化は、人口統計上の実質的な革命をもたらした。しかし、それに引き続く重工業・資本産業とサーヴィス産業における雇用人口の増加もまた顕著であり、それはもっぱら都市に集中した。この時期、都市へ移住した人々は、多くが富にありつける見込みのない農家の次男三男や女性、あるいはより高い賃金を望む人々であった(こうした要素は、伝統的部門と近代的部門のあいだの均等な発展なるものが破れ、近代的部門の賃金が伝統的部門の賃金をうわまわったときに、いっそう明らかとなった)。都市への絶え間のない人口の流入にもかかわらず、一九一九年においても、日本の全人口の三分の二が、いまだ人口一万人以下の村に居住していた⑥。

一九二〇年に、東京の人口は三三五万人をこえ、二〇年あまりの間に、二倍以上となった。大阪は八二万人から一二五万人へ、京都は三五万人から七〇万人へ、神戸は二一万人から六四万人へ、名古屋は二四万人から六一万人へ、横浜は一九万人から五七万人へと、それぞれ激増した。一八九八年には、これら六つの都市の外に、ただ二つの都市、広島と長崎のみが、一〇万人以上の人口を数えた。ところが一九二〇年までに、長崎一八万、広島一六万、函館一四万、呉一三万、金沢一三万、仙台一二万、小樽一一万、札幌、八幡、鹿児島が一〇万と、一〇の都市が一〇万以上の人口を擁するにいたったのである。一八九八年に人口五万をこえていた都市のうち、一九二〇年までに六つの都市が一〇万人を突破し(仙台、小樽、函館、金沢、鹿児島、呉)、堺、新潟、富山、和歌山、岡山、福島、福岡、熊本が、それに続いていた。こうした動きは、人口三万人以下の小都市においてもあてはまる。これらの数字は、澤田謙のような同時代の都市研究家に深い印象を与えた。彼は、一九二三年に、「都市の叛逆」を発表するが、それは、都市とその発展を、国家から解放することをめざす言説の形成でもあった。この論説で、澤田は、歴史の流れが都市への人口集中をはっきりと示しているということ、そして、都市こそがまごうことなき進歩の象徴であるということをはっきりと示した。彼を喜ばせたのは、日本の都市化が世界的にみてもうまく進行しているということであった。アメリカには、人口一〇〇万を超える都市が三つあった。ニューヨーク、シカゴ、フィラデルフィアである。ドイツはベルリンのみ、フランスはパリのみ、「産業主義の祖国」であるイギリスは、ロンドンとグラスゴーの二つの都市を有するのみであった。しかし、日本はこの面で完全に対等であった。[7]「日本が、東京と大阪の二大市を有することは、人口集中の程度において、決して文明国の人後におつるものでないといふことを、明瞭に物語るものである」。[8]五〇万以上の都市を比べても、同じことがいえると澤田は続ける。東京、大阪、京都、神戸、名古屋の人口は、すべて五〇万を超えていた。ヨーロッパの諸国と比較してみよう。イギリスでは、ロンドン、グラスゴー、バーミンガム、リバプール、マンチェスター、フランスでは、パリとマルセイユ、ドイツではベルリン、ハンブルク、ミュンヘン、ドレスデンを数えるのみである。澤田は、日本の近代都市を、「遜色あるもの」とする支配的な意見を退けた。たしかに「欧米の例を以つて、直ちに日本を律すべからず」と論ずるものもいる。[9]しかし澤田は、日本の都市の人口密度が、世界の都市より高いことを示し、東京が、ニューヨーク、パリやロンドンのような都市よりも決して小さくはないということを詳細に論じた。彼は、日本の都市の性質に不満を漏らすこともあったが、一九二〇年まで、日本の都市が他の世界的大都市と、人口の面で、決して劣ってはいないということを示す強力な証拠と論拠を与えた。同様の比較は、農村人口に対する都市人口の割合に関しても(合衆国とおそらくイギリスを除いて)なしうるであろうし、国民総生産に関しても同様である。都市の爆発的な成長が象徴したのは、日本における近代的な労働力の構築(と、そしてそれに付随して生じた女性の労働市場への参入)であり、農業部門と農業労働の相対的な減少であり、そのために農村の団結を強化し、共同体をより国家へと密接に結びつけようとする試みであった。一九三〇年代を通して、日本の農村人口は都市人口よりも多いままであったが、都市と農村の分割は、文化的な領域では極度に重層決定されていた。それらの領域において、都市は世界的というイメージが生み出される一方、農村の生活は、異質な時を刻みながら停滞する一種のよどみとしてあらわれることになったのである。

われわれの目的にとって、日本の都市の加速度的な成長の特徴を示す二つの要素がある。大規模な人口移動と、女性の労働力の形成である。人口統計上の動きは、本籍地を実際に去った人々を数えることで補完される。これらの数字が示すのは、農村から都市への大衆の移動の効果と、それが明治民法によって定義されてきた家制度にもたらした結果であった。一九二〇年代の都市化は、家の政治的・社会的連帯を、質的に掘り崩した。『明治大正史　世相篇』で柳田国男がはやくも観察していたように、都市への人々の止むことのない流れは、よそよそしい生活を生み出した。「初期の都市生活の心細さが、人を久しい間家を懐うの遊子にしていたのは頼もしいが、こうしてあまりにも故郷に重きを置き過ぎた結果は、都市はいつまでもどちら附かずの住民をもって充ちていたのである」[10]。彼の同時代人である江戸川乱歩は、これらの疎外された都市の新参者を主人公とし、奇怪な犯罪を社会的アノミーの経験に帰した。『D坂の殺人事件』は、街頭の重要性と、大都市に最近たどり着いた人間の孤独を示した。この話の始まりには、新しく、不慣れな環境について考える主人公が登場する。

それは九月初旬のある蒸し暑い晩のことであった。私は、D坂の大通りの中ほどにある、白梅軒という、行きつけの喫茶店で、冷しコーヒーを啜っていた。当時私は、学校を出たばかりで、まだこれという職業もなく、下宿にゴロゴロして本でも読んでいるか、それに飽きると、当てどもなく散歩に出て、あまり費用のかからぬ喫茶店廻りをやるくらいが、毎日の日課だった。この白梅軒というのは、下宿屋から近くもあり、どこへ散歩するにも必ずその前を通るような位置にあったので、したがって、いちばんよく出入りするわけであったが、私という男は悪い癖で、喫茶店にはいるとどうも長尻になる。(11)

なすこともなく、友達もないこの小説の主人公は、他の多くの人たちと同じように、はっきりとした目的も持たずに街をただきまよう都市の見知らぬ人たちの流れの中に、漂っていた。この小説で興味深いのは、乱歩が、その主人公を、以前からの顔見知りに突然出会わせていることである。

もし、柳田や乱歩のような作家たちが、都市への大規模な人口移動の質的な効果を報告したのだとしたら(柳田の『明治大正史　世相篇』とより分析的な『都市と農村』はそのような観察に充ちている)、その量的な分析は、『日本道徳統計要覧』における賀川豊彦や安藤政吉、一九二〇年におこなわれた最初の国勢調査の分析を一九三八年に出版した戸田貞三のようなさまざまの社会調査家によっておこなわれたといえるだろう。社会福音キリスト教徒である賀川と安藤という組み合わせに、統計と道徳の混在があらわれている。数字とデータの列挙は、この一〇年で都市に移動した農村女性の多くが歓楽街で働くようになったことを示しており、政府が、売春の無制限な拡張と伝統的な農村生活の破壊をもたらしているという道徳的非難を招いた。戸田の仕事は、それにくらべると、さほど道徳的ではないが、莫大な数の人が本籍地を離れることの社会的帰結を指摘していた。一九二〇年までに、人口分布の問題は政府の注目を集めていた。一九二〇年代には、約五六〇〇万人の全人口の中で、およそ一〇％が家族から離れて暮らしていた。しかし、二七〇〇万人という労働人口の数字に照らしてみれば、家族から離れている人の数字はもっと大きくなる。戸田にとって測定が困難であったのは、おそらく全国平均よりも高いと考えられる東京や大阪など大都市の数字であった。一九二〇年に、日本人の三人に二人が依然として一万人以下の田舎に住んでいたと仮定すると、その人々の大部分は本籍地に暮していたことになる。人口の三分の一、およそ一八〇〇万人が一万人以上の市に住んでおり、また全人口の一〇%が、本籍地の外で暮らしていたとすると、その大部分が都市に住んでいたと推測される。これが意味するのは、五七四万七〇〇〇人(全人口の約一〇%)の大部分は、都市の住人であり、それは一万人以上の市の人口のおよそ三分の一に上るのである。戸田によれば、全人口の一〇分の一とは相当な数字であり、今後の本籍地からの移動のペースに関しては、ほとんど想像もできないものである。人口一〇〇〇人あたり、一〇八人が家族と離れて暮らしている。東京では、六三万人、もしくは都市人口の二七%が実家から離れていた[12]。彼らは、サーヴィス業や住み込みの労働者として暮らしていた。年齢に関していえば、大多数が十代後半と二十代前半であった。

この現象のもう一つの尺度となりうるのは、世帯のサイズである。別居している人間を除いた通常の世帯の平均的なサイズが、日本全体では四・五人であったのに対し、東京では三・七人、大阪では三・五人であった。青森や岩手などの地方では、六〇%の世帯が、少なくとも五人の構成員を有していると戸田は述べている。大阪や東京などの都市では、この数字は低く、世帯が三人を超えることはあまりなかった。したがって、一九二〇年までに、家族の少人数化が進展していたのであり、そのことは、文化住宅に住む核家族向けに、新しい形態の消費と商品を売り込もうとするメディアのキャンペーンによっても証明されている。戸田の分析からわかることは、大家族の分解過程が始まったということであり、日本の大都市における核家族化が、加速度的に進行しているということである。同じく、彼の分析は、江戸川乱歩が社会関係の「希薄化」と呼んだ孤独と疎外が、ますますひろがりつつあることを示している。戦後好況のあとの成長を支えたのは貧しい農業世帯であり、彼らは、貪欲な工業機械の空腹を満たす、ほとんど尽きることのない安価な労働力の貯蔵庫となったのである。次男、三男そして娘たちの移住は、すでに述べたように、農村の世帯の規模を縮減し、都市における小世帯の形成をうながした。この移住のパターンは、相続を長男子に限定することで、家父長制を正当化するものであったけれども、都市における新しい生活は、男性にとっても女性にとっても、常にこれらの制約や慣習に対する明らかな挑戦であり、社会的緊張と生きられた矛盾を絶え間なく生み出してゆくこととなった。

このようにして女性は、第一次大戦後に労働力へ大規模に参入した。一九三〇年まで、工場の働き手は圧倒的に女性であり、一方で非マニュファクチュア部門は、大部分が男性であった。しかし、賀川と安藤の数字を信じるとすれば、何万という若い女性が歓楽街へと流れていき、演芸場、カフェ、コーヒーショップ、バー、ダンスホール、劇場、さらに性産業で働いていたのであった。マルクス主義批評家の平林初之輔は、一九二〇年代の中頃に、「文化の女性化」が進行しつつあると指摘したが、その指摘は、ほぼ真実であった。多くの女性が工場労働者となり、その多くが積極的に左翼労働運動に参加していることを意識しつつ、平林は、事務員、電話の交換手、銀行の窓口、バスの車掌など、東京中に女性の姿を見かけることができると述べた(13)。賀川と安藤は、一九二四年に、全国で五万人もの売春婦が存在しており、一日平均して二人から三人の男性を相手にしていると推定した。女性を買う人間の数は、年間およそ二二〇〇万人であり、売春婦一人が、一年間に相手をするのは、一九三三年に平均四四一人であった。この数字は、鑑札をもったもしくは登録済みの売春婦に関してであり、売春のほとんどが無許可でおこなわれていた大都市の場合には、この数字はさらに高くなるであろう。この推定を裏付けるように、賀川と安藤は「特殊飲食店」の存在と、それが一九二〇年代中葉以降急速に増加し、カフェバーやコーヒーショップ増加のパターンを踏襲していると指摘した。多くの女性が農村からも都市からもリクルートされていたが、そのなかには、青野季吉が賛辞を贈った「没落中産階級の子女」も含まれていた。[14]「結婚難に依り性欲難及職を求める婦人の要求を充たし、亦供給としてのカフェーの発展速度を早めるに至った」。[15]

女性は、日本の産業における全雇用のうちの、ほとんど三五%を占めていた。一九二〇年から一九三〇年のあいだ、全工場労働者のうち半分以上が女性であった。もっともこの比率は、次の一〇年で、熟練労働力を必要とする新しい産業の形成とともに逆転してしまったのではあるが。平恒次は、日本の経済的近代化、すなわち、大戦後の工場システムの導入は、「女性によってまかなわれた」と論じたが、それは重要な論点であり、また説得的でもあった。[16]彼の考えでは、資本主義的近代化の過程における経済的・技術的な進歩は、労働力の相対的な後進性と低賃金の持続によって維持されていたが、その大部分を占めていたのが女性であった。工場は、経済の新しい近代的な部門を代表し、資本主義的進歩の証として称揚されたが、この結果、工場の労働力構成はジェンダー化されるにいたった。しかし、平が言うように、女性労働者は、工業化のプロセスに参加することによって、若干の社会的な自律と経済的独立のほかには、格別の特権を享受したわけではない。サーヴィス部門へと流れていった女性や少女の量はきわめて大きなものであり、低賃金は明らかに女性労働者の独立の代償であった。彼女たちは、休息や休日もなく、長い労働日、低賃金、さまざまな健康被害を耐え忍ばねばならなかったのである(賀川と安藤は、売春という社会悪と、性産業従事者の健康被害との関係を指摘した。そうした危険は、女性の工場労働者の経験とも一致するものであった)。一九一一年に、女性と子供の労働条件を改善することをめざし、工場法が施行されたにもかかわらず、状況はほとんど変わらなかった。低賃金と不健康な労働条件という大きな問題は、女性労働者を苦しめつづけたのである。一九二〇年代の中頃までに、日本の工業は、高度な技術的熟練を要する工場によって特徴づけられる新しい発展の段階へと移行し始めた。熟練男性労働者の需要は増加し、男性と女性の賃金の差は広がった。平によれば、この新しい雇用慣行が制度化され、「日本的経営」の先駆となり、都市と農村で頻発した労働争議やストライキ、動員によって特徴づけられる歴史的状況において、資本と労働、経営者と労働者の関係を安定化させる努力がおこなわれた。(17) 男性労働力の需要が増大し、多くの女性が、小さな商店やカフェなどの非公式なサーヴィス部門へ追いやられはじめるのは、まさにこの時点においてであった。しかし、近代化のプロセスにおいて、女性が数量的に大きな役割を演じ、都市において経済的に独立し、社会的に自立し、政治的に活発な生活をおこなった結果、言説の中で、モダンガールという形象が重層決定されていった。(法律によって権威づけられた)家父長制の下での安定した諸関係に対する脅威が強調され、妻と母との伝統的な役割(たとえそれがどれほど物質的には近代化されたものであったにせよ)を強要することによって、家族の純粋さと安定性を再び打ち立てようと、マスメディアは躍起になった。平林は、こうした「モダンガール」が、新しく女性化された文化のヒーローとなったことを告げた。この新しいモダンな生活は、まず言説においてファンタジーとして形象化されたが、それは、この生活が広く経験として生きられるようになる以前のことであり、その主要な要素となったのが、自活する女性と、商品と、大量消費であった。このファンタジー化の言説は、意図せざる結果として、社会的な混乱や闘争の深まりに対する恐怖だけではなく、(生物学的な再生産を含めた)文化的な再生産を保証するプロセスが消滅の危機にさらされているという感覚の増大をもたらした。大衆文化の形成が、社会的な非決定性という危機の歴史的なサインとして、重層決定を生み出したとすれば、モダンガールはその同時代的な比喩形象であった。

東京や大阪のような拡張する大都市は、新しい生活形態を想像し形象化する言説に巨大な空間を供給し、誰にとってもいまだ生きられたことがないような現実をファンタジー化する場所となった。そうした場所では、たとえ「モダンライフ」というファンタジーとしてであれ、新しい商品、新しい社会関係、新しいアイデンティティ、新しい経験を約束する新しい生活に触発された欲望の生産が劇的にあらわれたのである。都市が産み出したのは、当時「文化生活」と呼ばれた日常的な近代生活についての社会的な言説であった。文化生活は、大衆雑誌、新聞、広告、ラジオ、映画といったマスメディアに登場し、新しい商品によって導入される物質的生活のたえまのない変化を指し示したが、その生活は、慣れ親しんだおきまりのリズムとはまったく異なるものであった。言説は、つねに出来事の継起を指し示し、未来の方向を向いていた。たえまない出来事の造出は、新聞や大衆雑誌、さらにはラジオの主要な商品となり、文化形式の断片化と不安定化が昂進することとなった。こうした反省的な言説は第一次大戦直後に形成されたが、国際的な平和の見通しと、新しい日常生活の形式によって触発された平時の工業生産と消費に結びついていた。この言説は、現実にどの程度近代的な生活が拡がっているかという問題にかかわらず重要であった。それは、歴史的な情況の変化を告げるものだったからである。それは、社会的実践において生じつつあるなにものかであり、今後ずっと続くはずのものであった。それは、日本における商品文化や新しい主体性や社会関係の確立を、あらかじめ指し示すものとなった。別言すれば、この言説は、一九二〇年代にすでに登場していた歴史的現実を反映するというよりも、満たされるべきひとつのファンタジーライフを形象化したのである。[18] 日常的なモダンライフ(日本語でもそのまま「モダンライフ」と言われた)に関する言説を、マルクス主義哲学者戸坂潤は、当時「思考の平凡化」と呼んだ。それは「民衆」「大衆」と呼ばれたあたらしい社会層の生きられた経験から発せられるメッセージであり、別種の未来社会を予見させるものとして、魅力的であると同時に怯えや不安をひきおこすものでもあると考えられたからである。後にみるように、新しい生活の商品化に不吉なものをみ、伝統文化という安全な隠れ家へと逃げ込んだ人々もいた。一九二〇年代、大衆政治という亡霊はいうにおよばず、大衆文化や大量消費に対するおそれ、そしてそれが昔ながらの固定化された社会関係や主体性をかき乱すことへの恐怖が、社会的なるものに関する二次的な言説の形成を促したのである。それは、社会の本質を表象し、日常生活を仮想的に詩化・美化することによって、日本社会が患っていた分裂や断片化や紛争を否定しようとしたのである。

マックス・ヴェーバーが、第一次大戦の直後に看取していたように、官僚主義的な合理性が日常生活を支配し、政治権力と生活世界の間を隙間なく覆っていたとするならば、日本の思想家や批評家が試みたのは、生活を芸術や文化と同一視する昔ながらの方程式に回帰することによって、こうした運命の意味を相殺することであった。左翼も右翼も、社会的なるものというこの二次的な言説へ参加し、日常生活の意味を定義するためにそれぞれの主張を展開した。左翼は、現在を現象学的に分析することで、近代の概念を構築しようと試みた。それは、あらゆる時代を資本に還元するのではなく、現在を、未完のより広い歴史的な――その帰結は未来にゆだねられるべき――過程のひとつの瞬間としてとらえることを可能にするものであった。いっぽう保守派は、近代に反対するモダニストの日本版よろしく、歴史の外部に、歴史的な文化モデルの回復を可能とするような空間を熱心に探し求めた。資本主義の非本来的な生活から逃れ、歴史的社会のただなかで歴史なき社会をうちたてるための本来的な知識の基盤が求められた。スラヴォイ・ジジェクは、のちに、こうした希求を、「資本主義なき資本主義」とよんだ。

新しい形態の消費、生活、経験の到来を告げる新しい「文化生活」は、第一次大戦直後、社会を支配するに至った。無数の雑誌、新聞、映画が、街頭で展開されているこの新しい生活の概念を描き出した。街頭は、単に物と物とを結びつける以上の場所となりつつあった。この新しい日常性の成立は、政府によってもはっきりと認識されていた。というのも、政府は、戦争直後に、「生活改善運動」、もしくは、フランスのベストセラー、*La vie simple* に触発された「シンプルライフ運動」を推進しはじめたからである。もっともこの本はアメリカの本からの翻訳であったのだが。こうした運動の目的は、政府が、大衆メディアにおいて想像された新しいモダンライフに対するコントロールを確保することであり、効率と経済性を強調しつつ、新しい商品文化に過度に浸ることを戒めることであった。一九二二年の平和博覧会の開催は、世界平和と協調の祈念を工業化の推進と結びつけただけではなく、新しい文化生活の生きたディスプレイとなった。それは、伝統的な軍需生産に対する平和的な消費文化の意味を強調したがゆえに、いっそう重要であった[19]。文化という言葉が生活という言葉の修飾語になったということは、いまや生活それ自体が文化と同一視されるようになったということであり、かつて見られなかったことである。それはまた、生産と生きられた経験とが乖離している程度を示してもいた。

商品に特化した生産の推進と、(すくなくとも中産階級に対して)新しい消費の可能性を政府が承認したのは、社会生活に、合理性、効率性、経済性を導入する必要があるという認識が広く共有されていたからであった。米騒動に浮き足立った文部省は、一九二〇年に、将来同様の紛争が生じることを避ける目的で、食事の多様化の推進をうたい、日本人の食事における米食中心主義を見直すことが重要であると論じた[20]。この主張は、低所得者層の保護と結びつくような、住宅や実用品の消費に関する新たな規制にまで拡張された。国家によって唱道された「シンプルライフ」は合理化を提唱し、新しい文化的な生きられた経験は、西洋の様式と同一視された。文化生活は、都市の「サラリーマン」とその家族を標的にしたものであった。それはまず家庭で使用される商品の生産と消費に焦点を合わせた。これら商品の展示場となったのが、この時期急速に発展し家庭用消費財を持続的に陳列しはじめていたデパートであった。三越のようなデパートは、常に高価で品質のよい商品のみを展示していたわけではなく、丸の内の別館では、「木綿デー」のようなかたちで、安い商品を供給した[21]。家庭生活の合理化が上から促進される一方で、消費の願望は、あらゆるコントロールや制約をこえて、日本社会のすべての部門に行き渡り、その促進者によって予見された限界効用という制約(合理化と節約)をも、最終的には乗り越えることとなった。デパートが、「モダンライフ」の持続的なディスプレイであったとしたら、大衆的な言説(と広告)は、人々の眼前で、終わりなき消費の光景を提示し続けるものであった。文化生活は、政治的にも社会的にも、最初は限定的であったが、それにもかかわらず、それは都市に生きる日本人の文化的な無意識となった。なによりもそれは、新しいものと古いものとの間の巨大な差異を、劇的に示したのである。当時このような説明がなされている。「旧時代の経済は生産が主であって労働者は是れがために其の生活を犠牲に供せざるを得なかった。新時代においては其の反対に消費が主で生産が副であるという事が次第に明らかになり、人類生活の向上がますます重視されるようになったのである[22]」。

家庭と住宅が、変化の核心であった。すこし後になるが、一九二四年の説明によれば、住宅こそが、家族全員の健康、道徳、調和、活動、精神的な安らぎを管理するのであった。住宅は、社会が進歩するにつれて進歩しなければならない。例えば、「封建時代その儘の住宅は今日の生活を容るるに難いのみならず社会の進化を阻害すること夥しい。……而して住宅は生活の質実剛健なる可きに一致してどこまでも質実剛健でなければならぬ[23]」。しかし、「文化生活」の推進や、家庭における商品の消費の強調は、(軍事的な)生産から(商品の)消費に移行しようと努力していた国家が、まず女性をその主要な主体として標的にしたことを示している。実際、消費は、その当初から、密接に女性に結びつけられており、こうしたジェンダー化のおかげで、モダンガールが一九二〇年代と一九三〇年代はじめにおいて、重要な人物像やイデオロギー素となりえたのである。こうした消費のジェンダー化は、近代的な女性像と、それが家父長制的な秩序と再生産の安定した形式に対して示す危険を重層的に決定した。しかしそれだけではなく、奇妙なことに、科学的な知識と合理性の推進は、文化の女性化と同一視される傾向にあった。「文化生活」の運動は、『女性』や『婦人公論』のような中間雑誌や、『主婦之友』や『科学知識』のような新しい雑誌の読者と目された女性消費者を近代そのものと見なした。彼女たちは、合理的で情報に通じた消費者となり、家庭の生活と健康を向上させることが期待された。その主な目標は、女性を家計の合理的な管理人にすることではあったが、このプロセスの効果は、単に家庭を社会の安定的単位として保存することに限られていたわけではない。一九二〇年代初頭における消費のジェンダー化は、大量の女性労働力の参入という現象と相まって、「女性文化」の確立を宣言する同時代の記述を支えてもいたのである。[24]

この新しい文化のしるしが、洋服や化粧品やビューティーサロンであった。家庭生活の合理化が要請したのは、「文化生活」の具体化であり、家庭における女性の立場の変化であった。それは、事実上の家の囚人として、女性がこうむってきた孤立と疎外の終わりであっただけでなく、多くの女性が、それまで男性の領分であった教育やスポーツのような領域に参入し、家庭生活外での女性の地位にも影響を及ぼしていった。この意味で、日常生活を、効率的で安価な消費財によって合理化する経験は、家庭生活をより堅固なものとすることであった。特に都市の新しい環境において、家のサイズは縮小し、女性の役割の変化と、私的な(閉ざされた)世界と公的な(開かれた)世界との関係が再組織された。効率と節約という新しい基準に従って、日常生活を再組織化するという責任を引き受けることで、女性は新しい主体性の感覚を獲得した。この感覚は、女性を家庭の外へと連れだし、モダニティをめぐるドラマの主要なアクターになった。「モダンガール」や「キッシングガール」という形象は、谷崎潤一郎の『痴人の愛』の主人公のナオミに代表されるフラッパー(おてんば)として表象された。ナオミは、映画女優であるメアリー・ピックフォードに似ているとされた。彼女は、ハリウッドの夢工場によって映像化された、独立した女性フラッパーの誇張された擬人化であり、女性がすでに経験していた変化と、彼女たちが実現しようとしていた願望の両方を示す重層的に決定された形象であった。しかし、この形象はまた、新しい女性たちが安定した社会秩序に対して示した脅威とジェンダーの争いの可能性を示していた。一九二〇年代と一九三〇年代の初期において、日本におけるモダニティの真の裏面は、労働者ではなく女性であった。ジェンダー間の鋭いギャップが表面化し、それとむすびついた要求が、左翼的な階級間の差異の認識とともに、既存の秩序に対する巨大な脅威を構成した。そしてそれこそが、ジェンダーに無関係であるようにみせかけられた、既存の(文化的、生物学的な)再生産の実践を支持する文化理論の生産を、ひそかに促したのである。九鬼周造は、江戸後期の女性の衣装やそのデザインを賞賛したが、彼の文化理論には、文化の女性化の時代としての一九二〇年代を特徴づける見解は見あたらない。同じく、折口信夫の古代の儀礼における巫女は、戦間期において女性が演じた新しい役割を承認するものではない。実際、ほとんどの文化理論は、意図的に、階級と同じくジェンダーの問題をも回避し、社会的分業も性別の違いも刻印されていないような日本のイメージを提示しようと試みた。ほとんどの文化理論・共同体理論が、ジェンダーに関して沈黙を守っていた。ジェンダーは、再生産の核心を撃つものであるがゆえに、社会秩序に対しては階級闘争の亡霊よりもより大きな危機とみなされていた。この新しくジェンダー化された欲求に対する恐怖が、国民生活を提示する努力の原動力となった。国民の生活は、分業によっては妨げられない、全体的で調和的なものであるとされた。それは、柳田が示したように、「常民」のみが存在する世界であった。

日本人にとって近代は、スピードとショックとたえまのないセンセーションの光景であった。大衆メディアの言説においては、こうした特質を象徴するものとして、モダンガールやマルクスボーイ、キッシングガールやカフェの女給といった、新しい主体が大々的にとりあげられた。それを広める力となったのが、アイロンや写真、ラジオや台所用品といった新しい家庭用品の広告であった。当時盛んに新製品の消費をあおっていた『国民日常大鏡』によると、「一家の経済は、この台所から出す節約高の如何で、非常な影響がある」[25]。消費者向けの製品のリストは、ほとんど無限であった。西洋風のスカートやズボン、西洋風の食事や調理法、新しい「文化住宅」や中産階級の子どものためのおもちゃなど、そのすべてが、「便利」、「効用」、「節約」を約束していた。これらの商品が登場し、その消費が要求されるとともに、階級やジェンダー、セクシュアリティを横断する新しい主体が登場した。もともと、商品消費のターゲットとなっていたのは、あきらかに女性であったのだが。第一次大戦後、こうしたモダンライフの爆発の現場は大都会であった。その主な住人は、特に一九二三年以降、都会の工場で働き、その商品を消費し、街頭に遊ぶ大衆であった。事実、日常的なモダンライフに関する言説は街頭の生活に関するものであった。一九二〇年代と三〇年代に多くの研究をおこなった都市民俗学者の今和次郎が観察したように、日常的に街角という街角で、無数のアイデンティティが演じられていた。人々は、街頭で、煙草、服装、髪型、歩き方、さらには銀座での遊び方、金の使い方によって、異なった主体を演出することができた。街頭での生活は、欲望をたえまなく外化し、人々があたかも大きな劇場の終わりなき舞台にたっているかのようなファンタジーを醸成した。岩波書店は、民衆を対象とする文庫の発売を予告し、

「生命ある不朽の書を少数者の書斎と研究室とより解放して街頭にくまなく立たしめ民衆に伍せしめる」という希望を宣言した(26)。

こうして街頭が新しく人々の地盤となったことは、日本の近代生活の証であった。街頭へ溢れ出した人々は、みずからが「民衆」であることを意識し、かれらの活動は、戸坂が明察したように、あらゆる思考を「平凡化」したのである。街頭という言葉は、一九二〇年代に一般化し、直ちに、街頭において提供される物品を植民地化し消費してゆく都市住民と結びつけられた。一九二〇年代に都市に生きた日本人にとって、「街頭」や「民衆」は、演説や大衆的なマスメディアで日常的に発せられる流行語となり、新しい商品や娯楽を消費する進歩的で活発な路上の人々と結びついていった。ある著述家が記しているように、犠牲と奮闘という東洋的な伝統は弱まり、人々はますます日常的な楽しみに目をむけるようになり、「娯楽は彼等の実生活の重要な一部分となつた(27)」。

日本においては、戦争の記憶が薄れ、清国やロシアとの戦争によって強いられた犠牲的精神が消え去りつつあった。フランス、ドイツ、イタリアといった工業社会と同様に、生産のヒロイズムは消費のヒロイズムによって置き換えられた。結果として現れたのは、新しい価値とすでに確立された価値との闘争ではなく、価値一般に対立する欲望の闘争であった。一九二〇年代のふつうの人々にとって、「明治の元気」と立身出世の妄執(アール・キンモンスは、この初期プチブル・イデオロギーを、適切にも making it と呼んでいる)は、富国強兵を実現した明治の進歩を具現化したものであり、終わりのない欠乏状態を余儀なくしてきたが、いまやそれは、安逸と快楽、余暇と遊びの探求に道を譲った。新しい消費文化によって提供された快楽(社会批評家の権田保之助はそれを「娯楽の哲学」と呼び、この言葉を多用した)と、街頭における近代的な日常生活を定義する社会的言説は、現実の拡がりよりも強調されすぎるきらいがあり、その経験が、（少なくとも関東大震災までは）都市の中産階級に限定されているという明白な事実を隠蔽するものではあった。それにもかかわらず、それは、社会的な実践と生きられた歴史の証でもあり、それこそが批評家を惑わせたのである。批評家は、社会的な非決定性、細分化、紛争の兆候に直面し、その意味を探し求めた。多くの批評家が、終わりなき消費を喚起し固定された価値観を無力化する欲望の力に、安定した関係に対する脅威を認めた。批判はただちに表面化し、物質的なものへの希求の不吉な結末、虚飾と放縦、とりわけ仕事と再生産への影響に対して注意が喚起され、日常生活における「精神的価値」の再興が要求された。大震災当時、「天譴」という考えが流布したという事実が示唆するのは、富裕と軽薄が反省されるべきものととらえられており、モダンな風俗が破滅の「予兆」を構成していたということである。「華麗なる大厦高楼も一個万金の調度品も、かかる天災の前に無価値なものでした。これからの生活は、なるべく簡素に質朴にといふ傾向がいちじるしくなつたと思ひます」(28)。坪内逍遥のいう精神的価値に満ちた日常生活に対する期待（一九〇六年）から、阿部次郎の教養に対する再評価にいたるまで、欲望の増大と精神性の減退に関する不安の例には事欠かない。あるものは都市と農村との不均等に直面し、都市においていかに人が混雑した文化の中で生活しているか、そして過去がいかに現在の新しいものにいまだに作用を及ぼしているかを示そうと、むなしい努力を試みた。彼らは、かつてウィリアム・フォークナーが述べたように、過去がいかにいまだに過去になっていないのかを示そうと試みたのである。

街頭は、江戸時代にも存在したし、他の都市にも存在した。しかしながら、いまやその街頭が、消費行動を演出し、新しいアイデンティティを実現する公共空間へと変貌した。家庭と比べるならば、街頭は活動と独立の場であった。男性にとって、家庭は静養と安逸の聖域、子どもを守り育てる家父長制の座とみなされた。こうした意味でのプライバシーと対局に、同じく妻や母を不可視にする職場があり、それはビジネスと生産の現場であった。公共空間のひとつとして、職場は、男性をその機構に組み込み、家庭という避難所を維持するためには働き続けるしかないということを思い知らせた。ただ、街頭のみが真にひらかれた存在であり、人々が自由になって、みずからの欲望を実現する舞台を提供した。この意味において、街頭は、(階段における)「おどり場」のように、家庭と職場の間をつなぐプラットフォームであり、自由の場であると意図的にみなされた。(29) かくいちど大規模なビジネスや生産の現場が確立されると、職場と家庭を兼ねることはきわめて困難となる。かくて多くの人々が、日常的に街頭に投げ出され、家庭と会社や工場の間を、サラリーマンとして彷徨することとなる。街頭を行きかう多くの人々の混交が、街頭生活という観念をつむぎ出し、混じりあったものと異質なものを結びつけていった。(30) ただ社会的な言説のみが、後に見るように、街頭の光景を全体化し、それを、人々のモダンライフのなかで生じることがら全体として眺めることを可能にした。街頭は、人々が当然だとみなしていた風景を、常に脱親和化し、また再親和化する機会を提供した。全体性もしくは社会全体という概念の中に再び置き直されるや、親密なるものは、生きられた経験という新しく異なった観念に道を譲った。いわば街頭が、社会的なるものの想像をうながしたのである。しかしながら、街頭が、正反対の意味において、商品形態に支配された場であることも、ここでつけ加えておく必要がある。街頭は、生活を習慣化された存在へと同質化・平準化し、街頭が可能としたその差異や異質性を、常に解体する存在でもあったのである。

それでもなお、ポルトガルの詩人であるフェルナンド・ペッソーアが描いたように、静かで見慣れた街頭が突如として不意に爆発し、その差異を示すことがあった。徳永が描いたように、喧噪にまみれた乱雑な大通りが、皇族のお出ましにより、突如動きをとめたように、一瞬前まで慣れ親しんでいたものが、いまやその姿を変え、その「不穏」さを開示する。東京の街頭の無数の通行人が、仕事を探す学生や、家庭に帰るサラリーマン、何かを求めている失業者、定まった居場所をもたないルンペン、お祭り騒ぎをする人たち、主婦などとして眺められるとき、その光景は、慣れ親しんで見たものとは違う何かに変貌する。ある意味で、まさにこのような階級、ジェンダー、セクシュアリティの差異と異質性こそが、街頭を特徴づけるものであった。それこそ、柳田が、「常民」、すなわち不確定で特徴のない普通で永遠の人々の概念によって消し去ろうと試みたものなのであった。

のちにモダニティについて議論することになる人たちが、それ以前の二〇年間を絶望とともにふりかえり、大衆文化の形成を、アメリカニゼーション、すなわち映画とフォード型生産方式の時代として回顧したことは興味深い。彼らはそれを「快楽主義的」で「愚かな」物質主義として退け、源であるヨーロッパの歴史に立脚した文化と比べると、絶望的なまでに皮相であるとみなした。すなわち、商品を流通させることと、消費を再生産することのほかに、何の目的も持たない唯物論とみなしたのである。マルクス主義的な批評家であった大宅壮一のような同時代人は、「モダン相」を浅薄で軽薄なものと非難したが、またその一方で、その活力と可能性を認めた人々も存在した。一九一八年という早い時点で、影響力のあるオピニオン・ジャーナル『中央公論』が、モダニティに関する特集号を発行し、「新時代流行の象徴」を「自動車」と「活動写真」と「カフエー」に確認する試みをおこなった。一〇年後、作家である菊池寛が主張したのは、「日本における真の近代はまだ始まりに過ぎない」いもので、その証拠が、「新しい人間の誕生」を宣言する「新しい男女」の登場であった。このような歴史的な情況の中で、批評家である柴田勝衛は、次のように述べた。「戦争でもデパアトメント・ストアでも活動写真でも、一番旨い汁を吸つて居るのは、亜米利加のキヤピタリズムです」。彼はそれを、

「時代の民心に投ずる、もつと本質的な何物か」と述べた。[31] ここで重要なのは、日本に入ってきたアメリカンライフの光景のすべてが、眼によって把握されるものであったことである。アメリカ映画の人気が示すとおり、アメリカンライフは、直接視覚に訴えかけるものであった。[32] マルクス主義的な文芸批評家、平林初之輔がおこなった観察は、次のようなものであった。

「日本も亦、映画に於ては完全にホリウッドの属国である。どんな田舎の常設館へ行つてもアメリカ映画の一本位プログラムにのつてゐないところはなく、大都市には西洋物(その大部分はアメリカ物)の上映を専門とする常設館と、西洋物以外に映画を見ないことに決めてゐる多数のファンとが見られる。(中略)このアメリカ映画の本領とする活劇と喜劇とは、日本人の生活を、今現に、急激に変化しつつある。カフェのウエートレスの服装から、ボーイ・スカウトの服装に至るまで、映画の影響のあとをとどめぬものはなく、チェス縞のズボンや、ロイド眼鏡や、断髪の流行等も映画と直接の関係がある。そしてそのもっとも端的な産物は、モダン・ガールとモダン・ボーイの徒であらう。カフェも洋酒も、ダンスも亦映画と無関係であるとは言へない[33]」。

ヨーロッパ文化という古い輸入品が、印刷メディアを通じて入ってきたのに対し、アメリカのライフスタイルは、直接映画の中で示された。それは、第一次大戦後、とくに震災後に支配的となり、大量生産と大量消費の加速度的進行を予兆させながら、ショッピングやエンターテイメント、スポーツの快楽を強調した。内田魯庵の注意をひいたのは、アメリカ資本主義が、その主要な生産物を通してアメリカンライフの強力なイメージを提供することにより、日本の日常生活を支配するようになったということである。柳沢健は、一九一八年に、同時代の人々に西洋の重要性を指摘し、「活動写真こそ、日本文化史に於ける写真の『開港』でなくて何であらうか」と述べた。[34] アメリカン・ライフスタイルと呼ばれるようになったこのイメージは、しだいに新聞や雑誌にあらわれるようになった。菊池寛は、一九三〇年に『モダン日本』に掲載された座談会で、「ぼくらの若い時のモダンは思想的だつたでせう。ところが今は生活様式に就いてモダンと云ふんですから」と述べた。[35] ここにいう「思想的にモダン」とは、明らかにユートピア主義的な新しい表象の形態、抽象芸術、機能主義を意味している。しかし、モダンライフを構成する最も重要な要因がアメリカニズムであり、それが高等な芸術や思想の要求を圧倒していることもまた明白であった。消費の弧が大きく振れて、大衆を飲み込むにつれ、観念はものによって置き換えられた。しかしながら、柳沢健のように、映画は「表面の「西洋」がある許りでなく、裏面の「西洋」がある」がゆえに、日本社会に巨大な文化的影響を与えたのだと考えるものもいた。[36] 作家夏目漱石の不安を、ちょうど逆転させたかたちである。漱石は、一九一六年に、日本が急いで輸入しようとしている表面的な西洋文化を激烈に批判し、それが近い将来この国に、神経衰弱をもたらすと予見した。しかしながら、柳沢によると、今や人々は、映画館での大笑いに時間を費やしながら、「「西洋」といふものを実によく理解し得る」[37] のである。詩人佐藤春夫は記す。「(モダンのシンボルのなかで)、私は活動写真が一番好きです。私はあれを考へる時、今の時代に生きて居ることの恩沢を、初めて少々感じます」[38]。当時の風景のおそらくもっとも明敏な記録者であった菊池寛は、次のように告白している。「活動写真は四五時間見続けても快く見続けることが出来る」[39]。彼は、日本物の映画に座り通すよりも、西洋物の映画を好み、西洋物であれば、何でも喜んで見た。後に映画評論家の津村秀夫は、アメリカ映画がアジアを席巻し、九州や四国の僻地のみならず、東南アジアの「原住民」まで捉えていると観察することになる。こうした圧倒的な成功は、そこに「文化生活」――すなわち商品世界が提示されているからだと説明された。またアメリカ映画が、通常は西部劇とスラップスティック・コメディであり、会話がほとんどないがゆえに多くの人々に理解されやすいという事情もあった。主要輸出産業として、映画は単に資本主義の記号であるにとどまらなかった。それはまた、アメリカの資本主義によって生産された商品文化を誇示した。そうした文化は、主要な登場人物である近代的な男女によって生きられ経験されたものとして、提示されたのである。

資本主義は、脱領域化するその能力において、単純に「固定化されたあらゆる社会的アイデンティティを掘り崩し」、無数の新しい主体の位置を生み出す。それらすべてが、既存の伝統的な役割に挑戦するのである。[40] 谷崎潤一郎や、(とりわけ『浅草紅団』における)川端康成、さらに江戸川乱歩のような作家は、新しい性的アイデンティティと、それが既存の社会関係に対してもたらす結果を探求した。言説の中では、「髪容、服装、態度、表情、身振、歩行振等、総てがモダーン・ガールを魅了して其の顰みに倣はしめた」[41]。モダンガールという形象は、膝上のミニスカート、ルイーズ・ブルックス風の髪型に口紅で象徴された。群衆の中を颯爽と歩くモダンガールは、性的にも経済的にも独立した存在であることを示していた。確かに誇張されたイメージではあったが、それはまた、新しい行動の限界・極限を示すことができたし、また、モダンガールが呼び出した新しい興奮や危険をもはっきりと示したのである。『婦人公論』の特別号「モダーン・ガール雑観」(一九二七年一月号)は、モダンガールのイメージが、アメリカ映画の影響を受けた完全なコピーであると断じた。「『モダン・ガール』は思想の上のモダンではなく、ただ感覚の上のみのモダンだと思はれます」[42]。座談会の参加者の一人はこのようにのべた。あるものは、このイメージを、衰亡の兆候、「お化粧の濃厚な偽物づくめのこしらへ」として批判した。しかし、モダンガールを危険な存在とみなすこうした大勢の批判にもかかわらず、菊池寛のような作家は、一九二七年に、これらの「新しい女性」が、新しい性的な目覚めの代表であることを指摘し、彼女らの登場が、近代の始まりを告げるものであると宣言した。彼は書いている。「若い女性は、とても強くなった。彼女たちは、恋愛において、男と「剣を交える」ことができる」。菊池寛は、そのような女性を、すでにみずからの小説に登場させていたが、かつては家父長制の牙城であった仕事や性の分野で、これら解放された女性の活動が目立ちはじめていることを認めた。内田魯庵は、モダンガールの仕草や言葉遣いが、実にエロティックであると感じた。すねる仕草ににらむ仕草、みながそれを模倣したのである。彼はまた、「亜米利加物の映画を見ないで、モダーン・ガールやボーイを理解する事は困難である」とも感じていた。北沢秀一は、一九二五年八月の『女性』において次のように述べた。「弱者の権利を濫用して勝たうとする女より、男と同じやうに人間である事を自覚して、精神的に独立してゐる女を、ヤング・ジェネレーションは尊敬する。もし、新しい時代の若者が、こんな傾向と態度とを持つた女性を求むるならば、モダーン・ガールの群へ行つてさがすより外はない[43]」。このように述べながら、北沢は、モダンガールの特質として、以下の点を挙げた。一、自己に対する敬意と、男性と対等であるという意識、伝統的な道徳観や因果観から解放された女性としての感覚。二、彼女らは生まれながらに自由であり、とくに知的な目覚めのプロセスを必要としない。こうした意味において、彼女らは、すでに行動力を付与されており、既存の道徳性を超えていくことができたのであった。

このように重層的に決定された女性の形象は、確かに理念的な性質のものであったが、まったくの幻想であったというわけではない。平林初之輔や千葉亀雄のような批評家は、理念化された議論のなかに、モダンガールの出現をうながした真の物質的・社会的力と変革の兆候を認めた。たとえば千葉は、モダンガールのみならず、現代女性全体の気質の変化を観察し、個人的な所得の獲得と経済的な独立によって促された女性のライフスタイルの変容を、重大な社会的事件とみなし、それがすでに根本的な構造的切断を意味していると考えた。

「(イギリスでは)職業に就いて給料を取る若い女が非常に、何でも七百万人からも俄に殖ゑた。それらが自分で給料を取るから、芝居なんかも自由に見るようになつて来たからだといふのです。つまりモダンガールが非常に贅沢であるとか何とかいふのは、つまり贅沢な傾向……贅沢といふよりも頽廃した傾向に投じるものが、非常に殖ゑて来たから」[44]。ブルジョアの子女にモダンガールの支持者が多いという発見は、モダンガールの成長を労働力における女性の増大と結びつける「貴重な指標」なのである。この点に関して、平林は、機械化の進展とテクノロジーの革命的発展を、モダンガールの形成という文脈で論じた。テクノロジーの発展の賞揚者である平林は、映画こそが「モダニズム」の発展にもっとも重要な影響を及ぼしたもので、新しいテクノロジーの兆候を構成するものであると信じた。しかしながら、彼は次のようにも論じている。機械は、単に文化的生産の可能性を拡大し、生活をより便利にしただけではない。それはまた、人々の精神的レベルを変容させる原因ともなっている。その主要な結果のひとつがモダンガールの登場である。テクノロジーに象徴されるスピードは、精神的なレベルにおいても急速に、人々の学習や経験に浸透していった。「年長者は、今日では、必ずしも生れた時間の長さに比例して多くの知識や経験をもつてゐるとは限らない。して見れば、ただ先に生れたといふだけで尊敬されなくなつて来たのは当然と言はねばならぬ。新聞雑誌を見ても、市井の輿論をきいても、又一般生活の実際に於ても、今日ほど年長者が敬はれなかつた時代はない。彼等は事毎に、嘲笑と反感と憐憫との標的となつてさへゐる。年少子女はかくして年長者の権威から解放される。モダン・ガール発生の社会的根拠はここにも見出されるのである」[45]。

おそらくこの観察のなかには、事実というよりも予測が、現実というよりも欲望が、より多く含まれている。しかし、私が思うに、平林がモダンガールの発生を、「権威崩壊期の婦人の特色」と論じたことは正しかった。[46]

こうした観察において重要なのは、モダンガールという形象が、単に空虚なシンボル、映画や大衆の言説における想像物でなく、より深い根をもった社会的・物質的な変化のあらわれであると認めた点にある。こうした過程は、日本社会の構造を変え、道徳の伝統的な形式と権威の主張の地位を疑わしいものとする危険をはらむものであった。モダンガールの魅惑的な形象に埋め込まれていたのは、女性の新しい意識の形成であった。それこそが、既存の権威の予期しないことがらであった。文化的イデオロギーが、社会的矛盾と不均等発展の悲惨な兆候として、消し去ったり置き換えたり抑圧しようと試みたのは、この女性の新しい意識であった。

大震災以後の物質的変化は、こうした形象のイメージや力を確認しただけであった。映画文化は、新しい日常生活をその物質的な手触りにおいて把握する方法として好まれた。また日常生活は、新聞や大衆雑誌、さらにアメリカから輸入されたポピュラーミュージックにおいて、具体的にそして全体的にとらえられていった。雑誌『モダン日本』は、その創刊号において、人々がやがて目にすることになる近代的な習慣や物事のイメージをくどいほど謳歌した。たとえば、「水洗便所」「ペーブメント」「洋装」「椅子」「アパート」「背広」など。さらにそれは、生活がより「スポーティ」で「スピーディ」になること、「女尊男卑の時代がくること」、人々がますます「ジャズ」を聞き、さらに「女の足」や「乳房」を見るようになることであった。別の号では、講談社の『キング』と同様に、「ヤンキー気質」を賞揚し、「アメリカンデイリーライフ」の日本への訪れを歓迎した。輝くネオン文化や、ダンスホールからジャズバーやカフェに急ぐ人々の足どり、バーで深酒をする人々の群れ、一九二三年の大震災以後に建設された「大通り」を円タクで疾走する人々について報じた雑誌もあった。『主婦之友』のような雑誌では、サラリーマンの「文化住宅」や都市に居住する核家族の登場、彼らの家計や、遊園地やベビーゴルフといった屋外のレクリエーション、家族とともに過ごす余暇、カメラやラジオやアイロンなどのお手頃な商品にあふれたデパートでの彷徨などについての社会的言語が語られていた。『婦人公論』は、一九三〇年代初頭に、座談会をおこなって、主だった男性・女性の批評家に、新しい文化生活の評価を行わせた。ある座談会では、畳の部屋とふとんがベッドとベッドルームの効用と比較されていた。ほぼ同じ頃、詩人萩原朔太郎は、詩のなかで、「日本回帰」の欲望を表明する一方で、西洋式のベッドの快適さが好きだと告白していた。そしてその詩は、ほとんど一世代にわたって表明されてきた近代化や西洋化のための対価としてのあらゆる苦しみを凝縮したものであったのだが。一九二〇年代にはまた、中産階級の子どもをねらった新製品によって、子ども文化が爆発的にひろがっていった。レコード、模型列車や望遠鏡のようなおもちゃ、明治や森永の新しいキャンディ。「ママ」という言葉(『主婦之友』においては)このころから使われはじめた(47)。子どもたちですら、自分たちの雑誌を持っていた。それは、『主婦之友』や『女性』といったポピュラーな女性雑誌をまねて、健康や教育について、有益な情報を提供しようとするものであった。こうした華やかな物質文化の多くは、中産階級をねらったものであり、労働者階級はいまだに日常生活の受動的な形式のなかにはめ込まれていた。しかし、物質文化は、そこからしたたり落ち、遠い田舎の農村にまでとはいわないものの、都市のさまざまな社会階層に確実にしみこんでいった。

しかしながら、日常生活に関する言説は、表面の記述であり、文字どおり新しい現実の確立を宣伝し、あとづけ、形象化するものであった。したがってそれはまた、こうした商品文化による征服への疑問や、生きられた不均等や社会的諸矛盾に対する不満をも明るみに出しはじめた。陸軍が満州を武力で占領し、世界大恐慌の最初の影響が日本に押し寄せつつあった時代に、青野季吉は、後に見るように、一九三〇年代のサラリーマンが、「心理的な不幸」の兆候をあらわしはじめたと報じている。彼らは、消費に対する欲望を満たすことができず、社会階級としての欲求を実現できなくなっていた。『キング』のような雑誌は、「ストリート・ライフ」を衛生化するメッセージをふりまいた。それは、美を賞賛する広告において、また、健全な家庭を維持し、収入内で生活する方法をすすめる議論において展開された。実際、すべての号は、新しい知識、講談社が「常識の科学」と呼ぶものの利点を強調していた（常識の科学とは、戸坂潤が現状維持のイデオロギーと見なしたものである）。それは毎号直接に郵送されるという方法で、大衆に届けられたのであった。この時期の逆説のひとつは、大衆の間に雑誌が流通することで、家族の復権や社会関係の確立というイデオロギーが広められる一方、社会的連帯を蝕みかねない消費の新たな可能性もいぜんとして流入し続けたことである。新聞は、消費を標的にした広告においても、けばけばしいスキャンダルにおいても、雑誌の先をいくものであった。そうした広告やスキャンダルは例外なく、読者の目に新しい（性的）関係のイメージを、提示したのである。

しかし近代に熱狂した人びとですら、多くの変化が都市に限定され、その噂のみが農村に到達したということは認めざるをえなかった。新しい人間の誕生を言祝いだ菊池寛のような作家は、都会を普遍的なものとみなすイメージを繰り返し確認した。彼は、「日本に来た近代思想も今頃始めて、本当の近代人を生み始めたのかも知れない」と熱っぽくかつ楽観的に『文藝春秋』に書いた[48]（一九二七年二月号）。彼の楽観主義は、その四年後に陸軍が満州を帝国主義的に強奪すること、そしてその後「近代思想」が禁圧されることを予想できなかった。事実、菊池のような作家たちは、自らの注意を日本全体に向けることはせずに、単にその一部である東京が全体を代表すると仮定し、都市と農村の差異がはっきりと示していた不均等、さらに、本国と植民地の間に存在していた不均等を抑圧したのである。彼の注意は、ストリート・ライフや都市に生じたライフスタイルや態度の変化に引きつけられ、彼の沈黙は、日本のもう一つの側面、すなわち、大多数の人々がいまだにそこで生活していた農村や、小商人たちの世界を見えにくいものにした。彼らは、中流階級の「頼れる」バックボーンであったが、新しい消費の形態からえられる利益を享受するにはいたらない人々であった。新しい人間の誕生を言祝ぐモダニズム、菊池のいう「てらいのないモダニズム」は、東京のような大都市において示された巨大な不均等性を抑圧する効果をもったが、それはちょうど、後にみるように、文化や共同体への訴えかけが、その両者を永遠に凍結することによって、モダンライフによって導入された差異を消去するように働いたのと同様であった。農村に広く流通していた月刊誌『家の光』では、新しい商品の宣伝や、洋服や洋食の利点の紹介記事はほとんどなかった。かわりにそれは、人々が現在手にしているものを活用する情報を供給し、「客に出して喜ばれる卵料理」や、「自家用醤油のつくり方」のような役立つヒントを提供した。それはいつも、女性の文化のぜいたくな側面を避けて、「女中」や「店員」や「車掌」や「仲居」や「工場」(といっても田舎の小規模なもの)などのような、「直接的な雇用」の広告を掲載した。山川均は、一九三四年に、すでに不況の影響を受けていた東北での生活条件を調査し、以下のようにレポートした。「蒲団のある家は、まず一軒もないといっていいだろう。……でなければ鼠の巣のようにボロ屑が積んである」。また、同じ年の大阪府の調査は、各家庭に平均して一・八燈しか電燈がなく、しかもその電球は、平均一六燭光であった。批評家の生田葵山は、近代的な男性と女性(菊池のいう新しい人間)を「内容の無いモダーンの化物行列」として退け、「東京の新味とか、銀座の雰囲気とか」の議論はもうやめるべきだと主張した[49]。田舎の小さな町と村は、資本主義の欲望機械のエンジンを維持することこそ期待されてはいたが、都市の資本化にとり残されていたのであった。

柳田国男がみごとに書きとめ、羽仁五郎が「郷土研究」に対する批判のなかで確証したのは、こうした意味における疎外であった。それは、共同体主義の発展、農村の協同・自助の高唱へと道を開いた。一九三一年二月に『家の光』に掲載されたある記事では、農業、漁業、林業が一国の産業の基礎であり、「経済の核心」であることが書き手によって主張されていた。もし、これらの基礎的な経済活動が崩壊するにまかされ、産業化と消費の犠牲に供せられるとすれば、その国自体崩壊に瀕することになる。ひとつの産業の生死は他のすべての産業の生死を制する。この不幸な運命を避けるためには、贅沢品の消費をやめ、道徳的な規律を刷新し、都市と農村の浪費を克服しなければならないと、その書き手は主張した。軽薄な西洋の影響の結果、若い男女は、格好ばかりを気にして、ひらすら「新しさ」を追求していると言う。書き手が主張していたのは、社会の精神的な基盤へ回帰することであり、「共存共栄」の原理を再び明確にすること、すなわち、隣人と調和のとれた関係を維持し、共同体内部や農村間の協力を促進することであった[50]。この目的のために、書き手が薦めるのは、以下のことである。①倹約体制を確立すること。②農村の資本蓄積を増加させるために大いに努力すること。③農業生産における効率性を増加させること。④生産コストを切り下げること、そして農村を救済する唯一の解答として、市場を注意深く拡張すること。重要なのは、この時点で、村の協同という考えが、都市と一体化した消費文化への対抗策として描かれたことである。やがて村は、都市の浪費に対抗する避難所とみなされ、都市は、農村の貧困や苦しみの原因とみなされるようになる。生田葵山は、古さと新しさの共存に、何の根拠もみいだせなかった。なぜなら、新しいものは表面的であるのに対し、古いものはそうではないからである。賀川と安藤は、すでに述べたように、多くの若い女性が都市の大きな歓楽街にリクルートされるさまを量的に示した。新興宗教である「ひとのみち教団」は、都市に出現し、青野季吉が「心理的に不幸」と分類した人々に奉仕した。信者を都市の階級から幅広く集めながら、この新興宗教は組織化をとげ、不幸な男女にカウンセリングを提供し、夫婦の和合の重要性を神の仕事として強調した。それは、精神的なストア主義、家庭における性的節制などを主張するものではあったが、金銭と支出を必要とするモダンライフの習慣と商品の中で、よりよい生活を実現する可能性を促進するものでもあった。雑誌『主婦之友』は、一九三一年に、性生活の不満足によって増大する夫婦間の不和について特集し、いかにそれが「人間の本性にとって有害」であるかを論じた。その特集は、夫婦間における一層の協調を奨励し、家を守るために、女性はみずからの欲求を抑えるべきであると論じた。モダンなセクシュアリティについてのこうした率直な議論には、錯綜し矛盾するメッセージが含まれていた。それは、解放された女性の地位と彼女たちの性的欲求の目覚めとの関係を認める一方で、家を存続させ、男性の欲求に立脚する家父長制を維持するために、女性に協力を強要するものでもあったからである。多くの雑誌が、近代的なセクシュアリティを解明するために出現したが、それは単に、マスメディアが、すでに日々のスキャンダルに敏感になっていた読者層をひきつけることができたということに過ぎない。しかし、それはまた、女性が経験していた環境の変化と、重大な関心がはらわれるべき新たな欲求の確認でもあったのである。[51]

新しい商品、習慣そして社会関係によって構成される日常生活についてのこうした表層の議論が、その意図せざる結果としてあきらかにしていたのは、不均等な発展が、その後のモダニスト的言説の生産に歴史的役割を演じたということであった。モダニストの言説は、不均等発展の徴候を抑圧し消去しようと試みるものであったからである。不均等発展は、解消しようもない不統一、分裂、差異の光景を生ぜしめ、しかもそれらは隣接して存在することにより不均等をきわだたせた。不統一のイメージは、国家の確信と真っ向から対立するものであった。なぜなら国家の立場からすれば、社会にはどんな事実上の分裂も存在しないものとして示されなければならず、生活は、社会を統一されたものとして表象するために用いられる諸カテゴリーと完全に一致しなければならなかったからである。日常性に関する言説は、社会の統一が、社会の諸主体のばらばらな活動や、社会関係の流動化によって脅かされていると論じた。その統一は、すでに社会の構成要素となっていた様々な分業――つまり資本と労働――が否定され隠蔽されるか、もしくは将来解決される場合にのみ回復可能なものであった[52]。私の議論にとって重要なのは、このモダンライフに関する議論が、結果的には、社会的なものについての二次的な言説を生産したということである。その言説は、戦時期の近代の超克についての座談会で最高潮に達した。それは不均等の光景によって引き起こされた疑念を転移させることで、みずからの経験を普遍的なものとする都市に挑戦するものであった。柳田国男のような民俗学者は、はやくから、都市のために田舎を犠牲にする政策に不均等発展のあらわれを見ていた。一方、ジンメルの翻訳者であり相互作用的社会理論の主導者でもあった社会学者の高田保馬は、「ゲマインシャフト」への忠誠を宣言し、調和と一致という原則を、日本における社会関係の本質的な形態として再確認した。一九三〇年代の初頭までに、消費文化を抑制し、「倹約的な習慣」に訴えることで、その過剰を排除しようとする試みが始まっていた。重田忠保は、当時影響力を持った『風俗警察の理論と実際』という著作のなかで、同時代の風俗が規制されなければならない理由を説明しようとした。彼の主張によれば、規制は、社会的善を維持するために、社会に有害な行動を制限し、時には禁止するために必要である[53]。ダンスホールのような公共の場所を規制するためのシステムが、一九二〇年代中頃に導入された。それは芸者や年少の学生の入場を防ぐことを目的としていた。子供が映画館へ行くことを禁止する法令も公布されたが、それは権田保之助が記したように、彼らの頭がカラッポになってしまうからであった。一九三〇年代に、「風俗を害する」と見なされた映画は、次第に検閲され、その上映にはリスクがともなうことになった[54]。これは、特に西洋からの輸入映画についてあてはまるものであった。それらは必ずキスや官能的なシーンを強調していたが、それらは検閲によって切り取られ編集室の床に捨てられる運命となった。女性のファッション、とくに西洋のアパレル、そしてポピュラー・ソングもまた公共の道徳を維持するためという名目で規制の対象とされた。

日常性の議論が、表面的なもの・現在的なものに執着することでそれ自身の歴史性を示したのに対し、社会的なものについての言説は深さに関心を示し、同時代の生活の目に見える表皮のしたに、変わらぬ本質を探し求めた。その言説は資本主義やモダニティに先だつ存在の痕跡に固執した。それ自身の歴史性の徴を抑圧しようと試みながら、この言説は、壮大な共時的ドラマを作り上げる仕事に従事した。そのドラマは、それが作られた契機を忘却することの上に成り立っているがゆえに、どんな通時的な反省や論及も認めないものであった。マルクス主義者や進歩派(progressives)が批評を行なおうとする時、彼らは文化のあるイメージを投影した。それは、現在の日常性の存在を前提にして、未来においてモダニティを完成させるというイメージであった。左翼にとっても右翼にとっても、その仕事は現代社会が経験している様々な分裂、不統一、断片化を超克することであった。このような過去への折れ返りと再調査は、その目的が、社会的諸関係に対して、時間をこえた本質に基づいた一貫性を割りあてることによって、社会の中のさまざまな分裂と分割を除去し、隠蔽し、歴史的な諸関係を自然化し、永続化させようとするものである限り、社会的なものについての言説を、結果的にイデオロギー化するものであった。その言説は、生産の場所に注意を向けるかわりに、場所の生産に訴えたのである。時間的な過程は、空間へと組み入れられた。社会的実践から分離したこのような言説行為は、マルクスがかつて述べたような意味での現実のシミュレーションというよりも、むしろ、現実の偽装であった。思想家や作家たちが、想起や回復された経験という契機を現在に導入しようとしたのはこうした理由であった。それは、美学的な原理であれ、宗教的な実践であれ、共同体論者の理想であれ、もしくは文化的な想像物であれ、時間以前の時間から導き出された記憶というよりも時間以前の時間それ自体の記憶(民俗学者の折口信夫はおそらくこういうであろう)であった。

柳田国男の著述は、文化的な不均等の認識(柳田はそれを「合いの子文明」と呼んだ)が、進化論的な語りの中の一段階ではなく、むしろ東アジア全域で見られる永続的に確立された条件であったことの実例である。彼の仕事は、他の人々が近代化のスピードを説明しようとしている時に、古い本質的な国民生活の基層が、習慣や実践や信仰というかたちをとってモダンな上層部から染み出し、それが現在のための指針を与えてくれるという、パリンプセストのようなイメージであった。哲学者の和辻哲郎は、マルティン・ハイデッガーの教え子であったが、この層序的な状況を「重層性」とよび、精神発展の旅程における諸段階が空間的に積み重なったものとして、お互いの上に折り重なり、お互いを透かし出す様子を想像したのである。柳田は、習慣の歴史が単線的でないことを示す比喩として、知らぬ間に大きなつららの形に成長する鍾乳石という鮮やかなイメージを用いた。また、九鬼周造は、「いき」のような本質的な経験を援用した。「いき」は、一八世紀後半に成熟をみたもので、それゆえに資本主義に先行するものであり、西洋の形而上学からも自由であった。しかしそれは、主として特定の過去の時代におけるある生活の仕方であるにもかかわらず、今なお現在の日本人をつなぎ止める力があるものだった。注意深く読むと、江戸後期の文化に対する彼の解釈学的な考察は、あいまいな「いき」という言葉に要約されるように、民族の精神を代表する過去というよりはむしろ、今まで一度も存在したことのないようななにものかを想像的に呼び起こすこと、すなわち、未来からやってきた独自な経験だった。この点に関して、マルクスと西田幾多郎の読みなおしに基づく三木清の「基礎経験」という力強い概念は、近代を超克する方法を思考するという困難な課題のための必要不可欠な概念構成を、一世代にわたり提供したのである。民俗学者の折口は、民俗的な痕跡(それは柳田が生ける「痕跡」と見なしたものでもある)のなかに、根源的な日常生活の形象を見いだした。それは、歴史の外にある異なった場所を明らかにし、そして、同時代人たちに、それが「恒久性」「永久性」「絶対性」といった永続的な価値を生み出していることを思い起こさせたのであった。しかし、これらすべてのものは、古い生活の概念が消え始めたまさにその瞬間に突然現われた構築物に過ぎなかった。思想と文学は、盛んにメタフォリカルな空間を作りだそうとし、それを発見することによって、社会の外部に時間に影響されないモデルを作り上げようとした。こうした動きは、(本来的でない知識に基づいているがゆえに)本来的でないと考えられた社会生活からの避難場所を探すことを意味していた。資本主義的な近代化の過程が、人々を、組織というより大きな非人格的な単位に統合し、それらにますます依存するように仕向けているのがこの社会生活というものであった。この社会的なものについての言説が明らかにしたのは、とらえどころのない日常性、すなわちモダンライフをとらえようとする莫大な努力であった。それは、確固とした主題を欠いてはいるが、社会生活のあらゆる側面をいつのまにかルーティン化するものだったからである。社会的なものについての言説が試みたのは、日々の生活それ自身に、確固とした意味と形式を与えることにより、日常生活を、常にとらえどころのないものでもなくルーティンに根ざしたものでもない何かとして、辛抱強く再定義することであった。文化がそこで生きられており、疎外、フェティシズム、物象化が効果を発揮しているような非決定の公共空間、すなわち「街頭」の超克が試みられたのである。[55]

すでに物象化の過程に組み入れられていた外部の客観的な領域を拒否することによって、言説は創造性の場所を探し始めていた。それは、家族、村、共同体的な協調といった社会関係を安定させうるような持続的な意味と文化的な価値を生産することであった。この過程において、経験的なものは廃棄され、遂行的な現在はしりぞけられ、本質化された実体がその座を占めた。ある解釈が、本来性の土台を暴露するや、この新しい文化的言説は、表層の下を厳密に調べ、確固とした「存在」、時間なき日常性を据える解釈学を好んだ。それは、民俗学者の想像に従えば、民族の精神を歴史的な時間／様式において明らかにするようなパラダイムであり、西洋文化とのどぎつい対比によって可視化された、永遠の美学もしくは詩学(谷崎潤一郎、小林秀雄)であり、変化から解放された風土や歴史を、空間的に特権化することであった。それはまた、発話の場(時枝誠記)や、郷土(柳田国男)もしくは「異界」のアウラ的な経験(折口信夫)に応じて異なりつつも、また時代によって左右されない社会関係の倫理(和辻哲郎)を権威づけた。マルクス主義者と進歩的な思想家たちは、こうした思考方法を拒絶したが、それにもかかわらず、彼らは、現在とその遂行的な次元から出発し、批評の実践、科学と合理性を通じて、より均等に発展した近代社会の登場を想像した。一九四一年に、マルクス主義から現象学へと知的な遍歴を遂げてきた三木清は、モダニティを特徴づける断片化と分割を、文化と生活の統一によって解決しようとした。三木は、文化を常に日常生活に統合してきた古いアジアの伝統に訴えた。彼は書いている。「日常生活の哲学は、文化と日常生活が統一されている、つまり日常生活が文化なのだという基礎的な考えから始まっている」。基礎から始めても文化に到達し、文化からはじめても日常生活に到達する。三木が統一しようとしたものは、「文化生活」という概念だったが、この概念は、両大戦間期におけるモダンな日常性を人々の社会的な生活世界における実際の経験によって特徴づけてきたものであった。それは特定の計画を提示することなしに、本質を存在や詩学、歴史の形式に結合させた。しかし、われわれは、彼の提案を、日常生活と文化の断片化の徴として読まなければならない。それこそ、社会的なものについての言説が解決しようとしてきたものであった。彼を多くの同時代人から区別するのは、「生活文化」とは運動であり、作ることであり、変容することであって、固定されたものでも、静的なものでも、「あるがままのもの」でも、所与に対する単純な否定でもないとする信念であった。近代日本において社会に組み込まれていた分裂を否定し、隠蔽しようとするこの試み、すなわち政治経済と文化の両方にかかわる甚大な不均等の存在を抑圧しようとするこの壮大な努力は、結局のところ、「近代の超克」という熱狂的な試みに屈することになった。次にみるように、社会的なものに関する言説と「超克」に関する座談会は、固定化した「精神」、「本質」、「存在」の中に、永遠の力を見いだそうとしたが、それは、近代を解体し、神話と国民的な詩学・美学に訴えることによってのみ可能であった。しかし、モダニティ自身が、継続的な超克であるのだから、すでにひとつの超克であるものを一時的にせよ超克するというのは不可能な課題であった。このジレンマが日本人に思い知らせたのは、歴史的な現象の継起の不可避性であり、歴史意識の過剰さであった。彼らがつねに近代によって超克され続けることは、共通の運命でもあった。

第二章

近代を超克する

多様な出来事の継起の終わりとしての事件

一九四二年の七月に、有名な日本の批評家、思想家、学者、作家のグループが、大日本帝国の首都である東京で一堂に会し、酷暑の二日間、「近代の超克」の方法と国民にとっての戦争の意味について議論をおこなった。戦争突入後六カ月で、日本軍は事実上東南アジアを席巻しており、白人の植民地主義からアジア人を解放するものとして歓迎をうけていた。また日本は、西太平洋上の島々のほとんどを占領していた。のちに、東アジアと太平洋の戦争のみを戦ったのだと主張するようになったとはいえ、日本は、枢軸国の一員として、ヨーロッパで始まっていた地球規模の紛争にコミットしたのである。その戦争は、地球規模のものであった。したがって、それが日本に有する意味と、日本の資本主義的近代化の歴史も、単なるローカルな経験としてではなく、むしろ「世界史」的な任務や運命という幅広い文脈において考察されねばならないものとなった。戦争は、いわば近代それ自体の意味を評価し、近代を次の段階に進める上で、日本がどのような役割を果たすべきかを考えるための機会となったのであった。

その座談会は、雑誌の『文学界』によって後援され、のちにその記録が出版された。参加者たちは当時の著名な知識人・文化人であり、具体的には、京都学派の哲学者、日本浪漫派、『文学界』の同人たちよりなっていた。(1) その議論が、東南アジアと太平洋の諸島における戦争の開始に影響を受けていたことは疑いない。日本の軍隊は、一九四二年の七月までに、当初おそらく予測もできなかったほどの迅速な成功をおさめた。最も懐疑的だった人たちでさえも、日本人が、戦後の新しい世界秩序を形成するうえで主要な役割を担うであろうと考えるに至っていた。しかしこうした幻想は、一つのパラドックスに訴えることによってのみ可能なものであった。すなわち、紛争の次元が地球的なものであること、すなわちそれが「世界史的な任務」であることを受け入れながら、その一方で、東アジアにおいて日本の覇権を確立するという政府の限定的な目標には目をつぶるということであった。この矛盾に目をつぶった結果、「世界史的意味」に関する性急な議論のすべては、日本の帝国主義のための、手の込んだアリバイと化す危険を帯びることになった。会議の主催者の一人、河上徹太郎の結語によれば、座談会の目的は、近代をどのように超克するかという問題について、ひとつの定まった答えに到達することにではなく、日本の戦争の意味を、近代の経験に照らし合わせて探ることにあった。かれは次のように述べる。「此の会議が成功であつたか否か、私にはまだよく分らない。たゞこれが開戦一年の間の知的戦慄のうちに作られたものであることは、覆ふべくもない事実である。確かに我々知識人は、従来とても我々の知的活動の真の原動力として働いてゐた日本人の血と、それを今まで不様に体系づけてゐた西欧知性の相剋のために、個人的にも割り切れないでゐる。会議全体を支配する異様な混沌や決裂はそのためである」(2)。しかし、彼がここで言及している戦争は、一八五六年の明治維新以来継続的に遂行されてきた戦争であり、国民を西洋帝国主義の餌食とせず、同時に、国民の魂を奴隷的な模倣へと堕落させることも拒絶しながら、近代化を成し遂げようとする巨大な闘いであった。事実、日本浪漫派を代表して参加した作家の林房雄は、のちにこの戦争を、「アジアにおける一〇〇年戦争」と呼んだ。日本浪漫派のメンバーの一人、亀井勝一郎は、この戦争を、深い精神の危機とみなし、西洋化という「病根」を取り除く機会を日本に与えると論じた。彼は、座談会の記録に付せられた論文「現代精神に関する覚書」において、次のように述べた。「我々が「近代」といふ西洋の末期文化をうけた日から、徐々に精神の深部を犯してきた文明の生態――あらゆる空想と饒舌を生みながら速に流転して行くこのものが、私には最大の敵であると思はれる。どんな思想を語らうと、この毒に浸潤されて、同一化され機械化されてしまひ易いといふことが私の惧れとするところである。それは我々の内部にあつて、必ずしも自覚症状をあらはにせず、人は嬉々としてその犠牲となる。この魔力に比すれば、今日謂ふ英米の敵性思想などはとるに足らぬものなのだ」(六)。亀井は、スローガン、宣伝、教義などによって「思想戦」を遂行することが可能であると考えている人々が、「傀儡」にすぎないことをはっきりと把握することこそが、自らの世代の主要な仕事であると信じた。「近代」が我々の精神を歪曲し、衰弱させるその方法は、病気が身体を襲い、蝕んでいくさまに似ていた。近代文明によって引き起こされた病気という亀井の比喩は、適切な医学的治療の必要性を浮き彫りにした。座談会のすべての参加者が、議論を通じてこの治療法を、探し求めた。「現在我々の戦ひつゝある戦争は、対外的には英米勢力の覆滅であるが、内的にいへば近代文明のもたらしたかゝる精神の疾病の根本治療である[3]」(一五)。

京都大学の哲学者、西谷啓治は、「「近代の超克」私論」において、「近代的なものといはれるものは欧羅巴的なるものである」と述べた。もっとも、すべての参加者が、「アメリカニズム」の中に、このヨーロッパ化の悪影響を認めていたのではあるが。明治以来の大量の文化輸入、かれはそれを、古代日本の中国文明との接触に比し、その特徴を以下の点に求めた。すなわち輸入とは、「進歩」とたえまのない差異化と専門化に駆られた一つの文化を、知識の領域の中に受け入れることを意味するということである。専門化された知識を生み出してきた外国人でさえ、異なった領域間の関係についての理解を喪失している(一九)。このような知識の専門化の進展と関係性の喪失の直接の帰結が、文化的な全体性とその統合原理の喪失であった。

宗教改革、ルネサンス、自然科学の発展は、近代初頭のヨーロッパに発する。そして西谷が、「基盤の分裂」

といい、いわゆるヨーロッパ的世界観の統一の解体をみるのも、こうした歴史的状況においてである。彼は次のように記す。「近世の人間は世界観形成の三つの分裂した方向の間に置かれることによつて、自己自身を如何に捉へるべきかに就て根本的な困難に逢着した人間であるといへる」。宗教改革は、神を、世界と人間に対する完全な他者に固定し、世界と人間に対する絶対的否定をもたらした。すなわち人間は、神への服従と信仰によってのみ救済されるとされたのである。しかし、科学は、自然的世界の数学的法則と物理学的法則を通じた理解を進めた。すなわち科学は人間をあらゆる生き物と同列にみなすことで宗教的な人間性の否定に対して無関係・無関心だったのである。ルネサンスは、反対に、人間の完全なる肯定を成し遂げ、完成の高みへ向けた教養を促進した。したがって、神、世界、精神に対応するそれぞれの領域が、宗教、科学、文化、歴史、倫理などといった領域に専門化することとなった。西谷はそれを、戻すことのできない「堕落」と呼んだのである(二〇)。

こうした三項関係は、政治的問題とも絡み合っていた。この問題は、つねに個人と個人主義の位相をめぐって展開されたからである。もし世界における個人という存在の権威が強められるならば、個人主義と世界主義は一つになる。これは、個人と国家と世界との関係について、深い混乱を生ぜしめた「純粋な徹底した個人主義」や「同様に徹底した世界主義乃至は社会主義」と対立する「徹底した国家主義」を生みだす。(二一)。明治維新が、この文化を熱狂的に受け入れた際に、「知識の分割」もまたもたらされ、日本においても統一的な世界観が割れ、日本人が自己把握において混乱に陥る危険が生じた。西谷は、次のように述べる。近代に共通な問題は、自己という新しい自覚と、新しい人間性の自覚の形成にある。それらが「世界観の基礎を再構築すること」を要求するのである。その解決は、「東洋的な宗教」の実践へと回帰することであった。それは、西洋的な個人主義の自由とは全く異なった自由の観念を通じて、文化と科学の差異化を回避し、「主体的無」の自覚を与え、「滅私奉公」という性質へ、人々を誘導するものであった。近代の超克は、近代的自我とその私的利害の追求を回避し、日本が近代文化を受容した時に喪失したかつての宗教性をとりもどすことであった。西谷は、この宗教性が、「日常生活」と「現実」をふたたび結びつけてくれると信じた。(4) 西谷が、この宗教的見解を「現実的な道」と述べて、現在の日常生活を支配している見せかけの現実(リアリティ)に対して、真正なもの(リアル)を強調していることは重要である。一九三〇年代を通じて、現実を構成するものの意味をめぐってさまざまな意見が戦わされた。それは通常、日常生活を定義するという形をとった。九鬼周造や西谷のように、現代の現象的な生活の外部にそれを位置づける場合もあったし、また、戸坂潤や中井正一のように、それを日常生活の生きた現実へ再統合しようと試みるものもあった。西谷にとって「現実的な道」は、「日常の実生活の行住坐臥のうちにも努めて履み得る道、一層具体的には各々の職域に於ける仕事のうちに履み得る道である」(二六)。この特徴ある観察は、次のようなことを明らかにしている。すなわち戦間期における言説が、日常生活の中身を決定することに腐心し、また産業資本主義によってもたらされた巨大な変化にもかかわらず、文化の目標と意味を確定するさまざまな戦略の構想の場となったということである。

この点に関して、近代の超克の座談会は、日常生活を、たんなる仮想性以上の「現実性」においてとらえようとする戦間期の努力の頂点でもあり、そしておそらくはその終わりでもあった。日常生活の意味をめぐる争いに関しては後に述べるが、結局のところそれは、戦間期の言説を可能にした条件であった。ここでは、座談会が、近代の経験そのものを拒絶することによって、日常生活の地位を疑問に付したというにとどめたい。亀井勝一郎が縷々のべたように、近代は、人々の「精神」をねじまげてしまったからである。

近代とそれによって引き起こされた精神のゆがみを拒絶する努力によって、超克への呼びかけが促された。超克という概念は、あきらかにヨーロッパの哲学から引き出されたものであり、ヘーゲルにまでさかのぼるものである。ヘーゲルははじめて超克の可能性を提示したが、それは歴史の終わりへとつながるものであった。この観念を再生したのがニーチェであった。彼は、一九世紀のヨーロッパの生活にすでに忍び寄っていた歴史意識の過剰という問題を提示し、それが近代の終わりのはじまりの特徴であると論じた。[5] ニーチェは、ヨーロッパの文明が、それ自身のスタイルで発展していくことを不可能とするような歴史的文化へますます依存してしまっていると述べた。この歴史的な文化への惑溺は、つねに過去の様式を現在のためのモデルとして呼び起こすことによって、創造性と独創性を損なうものであった。そのためニーチェはそれを、「歴史の病」と呼び、ただ「永遠の力」に訴えることによってのみ修正されると考えた。[6] ジャンニ・ヴァッティモによれば、ニーチェは、文化的堕落、すなわち奴隷的な模倣は、けっして「超克」という言葉を使わなかったにせよ、芸術と宗教によって超克されうると考えていた。したがって近代は、超克の契機として、時宜を破壊する時代として、永遠の新しさという体制として考えられた。それはあっというまに古びてしまい、新しい様式に置き換えられてしまわずにはいられないのである。この終わることのない過程は、止めようのないもので、ニーチェにとって、生きるに値する生活の源泉であった真の創造性のあらゆる可能性を掘り崩していく。時間の圧制は、徹底した永遠化、無時間性そのものによってのみ終わらせることができる。日本において、この意味での超克は、高山樗牛が横領した。彼は、その主著『美的生活を論ず』において、超人によってもたらされる生活と比べて、浅薄で凡庸で非創造的な模倣的文化を生み出している日本人を激しく非難したが、その超人こそが、「現代の超克」を可能にするものであった。一九三〇年代に、超克という観念が流通し始めるまで、それは、たとえ日本の当時の状況にあてはまるように一般化されたとはいえ、あきらかにニーチェ的な意味で用いられていた。しかし結局のところ、ほとんどの人々は、その呼びかけが、日本の近代西洋に対する従属を超克することであるということに同意していった。

歴史学者鈴木成高は、この座談会において、京都学派を代表する参加者であったが、超克の意味を、「政治においてはデモクラシーの超克」、「経済においては資本主義の超克」、「思想においては自由主義の超克」として考えることを提案した。[7]鈴木は、超克という観念が、「欧洲の世界支配の超克」を第一に意味すべきこと、もしくはそれと同義であるべきことを主張した。しかしながら、それは、超克の主要な意味ではなかったし、日本が超克すべく義務づけられている近代とは何かという重要な問いを解決するものではなかった。それは、一九世紀ヨーロッパの近代なのか、それともルネサンス以降のすべてなのか。ハンス・フライアーのようなドイツ人やフランスの社会学者エミール・デュルケムは、近代という問題を、より近い歴史の中に位置づけているが、ロシアの哲学者、ニコライ・ベルジャーエフやイギリスの歴史家、クリストファー・ドーソンは、その境界を一五世紀にまで遡らせている。ルネサンス以後の近代精神の発展が、必然的に一九世紀において終焉を迎えたとするならば、ベルジャーエフやドーソンの見解は、十分な理由を持つと鈴木は考えた。鈴木は、近代の長い継続について、ドーソンやベルジャーエフと見解を同じくしていた。[8]彼は、この見解が、ある地形図を構成することに気づいていたのである。しかしそれは、すべての参加者に受け入れられていたわけではなかったのだが。鈴木は、近代の本来的意味を把握することが、そのヨーロッパ的意味を明確化するために必要であると信じていた。同じく重要なのはこの問題が、日本人にとっていったい何を意味し、また破棄されるべき近代は一九世紀なのかルネサンスなのかを理解することであった。また近代の超克は、「人類」の問題と関係していたが故に、キリスト教の将来について考察することも重要な課題となった。機械文明と新しい人類のイメージは、科学の登場と発展に関係している。したがって、科学的な研究の位置と限界を問題化することが、文明の危機に対する解決をもたらすうえで必要となる。同じく、歴史的な研究においては、「進歩の理念」の超克を「特に最も関係の深い問題」とみなし、「歴史主義の超克が最も大きな根本問題とならなければならない」とされた。したがって、「歴史主義の超克は即ち歴史学における近代の超克[9]」なのである。フレドリック・ジェイムソンがいうところの、この「認知的な地図」は、特殊日本的な近代の経験を、同時代の世界的なプロセスのなかに位置づけようとする試みであったが、それにもかかわらず、境界線を設定するものでもあり、その内部で議論がおこなわれたのである。すべての参加者が、常に一致していたわけではないにせよ(座談会が三つの主要な知的グループによって構成されていたことを思い出すべきであろう)、全員が、鈴木の見取図に描かれた中心テーマに関心を持っていたことはあきらかだった。

鈴木の見取図が重要であるのは、それが、近代の超克座談会のモダニスト的な次元を示し、そしてそれが、戦間期のモダニストの議論と類似していたからである。このことが特にあきらかとなるのは、歴史と歴史主義を、資本主義的近代化のための一種のコードとして批判している点である。その旅程、「発展」という概念、そしてジークフリート・クラカウアーがいうところのその「理性」は、ある特有の筋書きを語ることに捧げられていた。日本や、その他の地域において、モダニストの言説の一貫した特徴は、市場、商品関係の拒絶であった。そして、資本の運動の冷酷な法則とその運動の進展を証明するような歴史表象のシステムも拒絶されたのである。このことついては後に論じるが、鈴木のような人々にとって、「近代」とは、明治期において開始された資本主義を意味していた。彼らが超克を呼びかけるとき、例外なく、日本社会においで、すでに確立されていた資本主義の諸側面が問題化されていた。すなわち、私有財産の優先、リベラリズム、デモクラシーの理念(事実としてというわけではない。なぜなら、当時も今も、日本が民主的であるとまじめに考えるものはいないからである。広まっていたのは、デモクラシーの恐るべきイメージであり、それは現実よりも大きいものなのである)、交換価値の重視、大量消費のための生産、社会的諸関係の商品化などである。一方で歴史と歴史主義は、資本主義に対する批判の徴であったが、そこでは、社会秩序の問題よりもむしろ、既存の社会的関係に対する結果と、特定の経済システムが生み出す文化が問題とされたのであった。社会関係が、もはや安定した世界秩序に一致せず、止むことのない変化に駆られた発展のシステムによって、社会全体の表象もまた、掘り崩されつつあった。実際危機に瀕していたのは、価値それ自身であった。こうして、資本主義のもとでの代表＝表象の問題が生じたのである。多くの人が、社会的な抽象化や商品化の登場、具体性や参照関係(referentiality)の排除に加え、表象を問題化した。戸坂潤や新明《しんめい》正道などの社会思想家は、すでに一九三〇年代初期に、ファシズムが資本主義から距離をとり、資本主義に対する批判をおこなうために、「非歴史的な歴史」と民族の永続性に訴えるのを目撃していた。しかし、こうした動きは、けっして、資本主義の構造それ自体や、私有財産制というその基盤を拒絶することを意味してはいなかった。むしろファシズムは、表象(＝代表)の性質それ自身を変化させ、市場と私的所有の原則を共同体的な、もしくは協同主義的な表象(＝代表)のなかに置き直すことによって、階級闘争や、新しい階級がより大きな政治的代表を要求するという資本主義の社会的結果のみを排除しようとしたのである。近代の超克の座談会は、そこまで顕著であったわけではないが、そこに、ファシズムとの危険な類似を見つけることはできる。歴史と、日本を現在まで駆り立ててきた発展を括弧に入れ、日本を安定した永続的なものとして表象するという欲望においてそれらは似ていたのである。これらすべての議論においては、必然的に「精神」が対象となった。座談会は、文化的な本来性についての広く行き渡った言説と同じファンタジーを共有していた。それは、歴史もテクノロジーや経済の発展も、本質的にそして永遠に日本的であるなにものかをけっして変えることはないというファンタジーである。しかしこうした表象が実際に達成したのは、民主化を要求する政治的な過剰を除去し、資本主義的生産様式を強化することであった。

鈴木成高の見取図は、批評家たちが脱歴史化という行為によって超克しようとした資本主義という歴史的時代を、正確に定義するものであった。歴史が追い払われてしまうと、純粋に日本的な段階や空間を思い描くことが可能となる。それが意味したのは、資本主義的でしかも日本的でもあり、そして、歴史の運動法則には従属しないような一つの秩序であった。しかしながら、そうした歴史の運動法則こそが、日本に資本主義的な近代をもたらしたものなのであったが。竹内好は、座談会が、ファシズムや戦争のイデオロギーにすらなりえなかったことを示そうとした。しかし、近代の超克は、それでもなお、戦間期のファシズムの形成に関与していたのであった。それは、一九三〇年代のまるで温室のような環境の中で育まれたのであり、その時期の「危機」に、すなわち、哲学者三木清が「時務」として理論化したものに、モラトリアムをもたらそうとする努力を象徴していた。そうした危機は、一連の国内外での出来事の進展のなかでますます深刻化し、続く一〇年間で、日本社会を、総動員体制の戦争機械へと変貌させることになった[10]。亀井勝一郎は、鈴木成高の言を受けて、だれよりも大胆に、次のように記した。

さきほどから「近代」の解釈について色々のお説を承り、甚だ参考になりましたが、僕の感じてゐる「近代」とは要するに自分がこの十数年に経験した混乱そのものであると申すより他にないのであります。

大正から昭和に教育を受け、いろいろな思想上の問題など経験して来て、さて現在になつてふりかへつてみたとき、何処に根本の弱点があつたかといふと、一口で云へばそれが無信仰の時代だつたといふことです。……文明開化以来、外国思想の影響とか科学の普及とか、色々ありませうが、この混乱と悲惨の中から、結局どんな曙光があらはれて来たかといへば、僕自身としてはおぼろげながら神仏といふ言葉でしかあらはしえぬような信を求むる心であつた。……ともあれ、僕の希求するのは近代をのりこえる力ありとすれば、神への信だといふ他にない。神々の再誕こそが現代思想の中心問題だと思つてをります（二〇〇―二〇二）。

国の内外へ向けての一連の冒険に解決を見出そうとし、総動員と総力戦をもたらした政治的な行き詰まりに対応したのは、神々の再誕を願い、原初的な可能性を期待するという精神的な混乱であったが、それが逆説的にも新しいはじまりとなったのである。この精神的混乱が、近代化の「混乱」と「悲惨」をもたらしたのであって、その逆ではない。

日本における危機の描写を促した「時務」は、鈴木が示したように、地球規模の運命に起因していた。彼が言うには、「世界全体の運命から考へるときには、今日の問題は特定の二三の国家の興廃などといふことより遥かに大きな深刻な問題である。のみならず現代の変革が如何に根本的なものを志向するものであるかといふ認識に到達することがなければ、……吾々自身の新時代に対する姿勢が定まらないのである」[11]。彼が考えていたのは、文化の大規模な運動を把握するために、太平洋戦争のような直接的な出来事を超えた広い視座からの評価のありかたである。理解されるべきは、単にローカルな日本のモダニティの経験ではない。むしろ、日本においてローカルに刻印された、より広い文化的形成の諸効果こそが問題とされなければならない。三木清は、この座談会に参加しなかったが、あきらかに京都学派の哲学者たちと関係をもっていた。その彼が、一九三九年に、近衛内閣のブレーン集団である昭和研究会のために準備した方針説明書の中で、以下のように提案している。事実上重要なのは、「支那事変の発展」と、国内改革の問題と事変の関係を、思想と文化の観点から把握することである。「新しき思想原理は、既に破綻の徴歴然たる近代主義を一層高い立場から超克するものでなければならぬ。[12] 三木は、既存の様々な近代主義的「体系に優る」そうした新しい哲学的原理の一つとして、「協同主義」を提案したが、それは、同時代の民俗学者や社会思想家に触発された、コミュニタリアニズムにきわめて近いものであった。彼は、そうした新しい解決法を示すことが、自らの仕事であると任じた。「支那事変」に内在する歴史の理性を発見することによって、彼は、資本主義の問題の一時的な解決、すなわち「世界のすべての国にとつて最も重要な課題」が、空間的に「東亜の統一」と結びついているということを示そうとした。事件としての「支那事変」が「明瞭ならしめた」のは、多くの人にとって、単なる軍事的冒険主義と帝国主義的拡張の恣意的な行動としか思われなかったことの真の意味である。もしその事件を、三木が示したより広い観点から見れば、日本が「支那の近代化」を助ける立場にあるという現実的な意味が、明らかになるであろう。「支那の近代化」こそが、軍事占領へといたる事件の「世界史的意味」を明らかにするための必要条件であるとされた。そしてこの「世界史的意味」とは、アジアの統一を意味していた。中国北部への進出は、新しい文化的(経済的という意味に読まれるべき)ブロックを確立する端緒に過ぎなかった。そのブロックは、すぐに、新しい、国民国家の地球規模での分割の一部となった(ここでは三木の予見は正しかった)。その分割は、すでに一九三〇年代に生じており、今日の状況を承認するものであった。歴史的理性の権威のもとで、日本人の仕事は、「日満支を包含する東亜協同体」の形成に自らの運命を見いだすことである。東亜協同体は、「東洋的ヒューマニズム」によって建てられ、「ゲマインシャフト的とゲゼルシャフト的との綜合」であるとされた。それこそが、「主観主義」と「客観主義」のアポリアを「超える」唯一の方法と信じられたのである。(13) 京都学派の問題構成に忠実に、三木は、日本が西洋哲学の呪縛を「超克する」途上にあると確信していた。西洋の哲学は、主観／客観の二元論と知の権力に対するその成果を維持するための無駄な努力を営々と続けていると見なされていた。

三木が議論したように、もし、大きな事件が、歴史理性の問い直しを要求し、それを通じてその事件のローカルな性格が「超克」されるとするならば、アメリカとの戦争という事件は、近代の超克座談会を召集することで、アメリカとの戦争に込められていた文化的意味を充分に吟味する機会を提供した。アメリカとの戦争は、太平洋上での政治的・経済的利害の対立によって引き起こされたものであったが、その戦争は、文化的に過剰な意味を明るみに出しており、そしてそれは、敵対にいたる直接的な理由としては必ずしも明らかにならないようなものであった。確かに、座談会の参加者を含む多くの日本の知識人は、すでに戦争を、「世界史の歴史的意味」に満ちた徴と見なす傾向があった。それこそが、京都学派の高坂正顕、高山岩男、西谷啓治、そして三木清(彼は京都学派の言説の中で周縁的だったが)によって提案されたことがらであった。このグループは、自分たちの座談会を、戦争開始後まもない一九四二年七月に開催した。「世界史的立場と日本」と呼ばれたこの座談会は、戦争の世界史的意味とその中における日本の特有な役割について議論することに終始した。ここでの議論が、近代の超克に関する座談会と異なっているのは、唯一の歴史の主体としての国家とその運命に議論を集中させている点である。高山は、次のように述べる。「国家は従来の観念に於ける国境線を超越していはゆる生命線を要求する如き状態に進むに至ったのである」[14]。彼がいわんとしたのは、日本国家が、新しい発展のレベル、すなわち「共栄圏」や「広域圏」と呼ばれているような「特殊的世界」形状に達しようとしており、その「意義と構造」は、帝国や「国家連合」とは異なり、むしろ「地理的・歴史的・経済的な連帯性や人種的・民族的・文化的な親近性を基礎として、その上に緊密な政治的統一性をもつことが要求せられてゐる」多様な諸国家から生み出される完全に新しい編成を示しているということであった[15]。この新しい世界的な構成原理は、「近代ヨーロッパを支配したのとは異なる新たな道義的原理」を追求するとされた。「世界史的立場と日本」が、近代の超克の座談会(鈴木と西谷のみが出席した)と異なっていたのは、開戦の決定を世界史の運動という幅広い文脈において説明し、このことが英米同盟の崩れた将来の世界秩序における日本の位置に対し、いったい何を意味するのかを分析することに異常な努力を注いだことである。この座談会や、高坂、高山のテクストは(難解で宗教的・哲学的な西谷のものでさえ)、枢軸国の戦争努力や、太平洋戦争、アジアにおける植民地の希望を代表する日本などといったことがらを、世界史の歩みの新しく進んだ段階として、安易に、そしてイデオロギー的に合理化した。高山は、京都学派のこうした屈折を主導する存在であり、新しい資本主義圏の構築は、より高い理性を実現するとまで主張したのである。この意味において、「世界史的立場と日本」は、たとえ「国境の超克」を要求するものであったにせよ、超克に関する議論ではなく、ヘーゲル哲学の用語でおこなわれた手の込んだ戦争の正当化にほかならなかった。

小田切秀雄は、のちに近代の超克の座談会が、軍部によって遂行されていた「総力戦」と機能的に類似した「知識戦」であったと批判した。国家の戦争目的とイデオロギーの共犯関係を暗示しながら、小田切は、近代の超克を、より主張のはっきりした「世界史的立場と日本」の内容と同じものであるとし、その参加者が、

「総力戦」のイデオロギーを形成することに自ら進んで関与したと述べた。すでにみたように、竹内好は、戦後において、座談会のイデオロギー的効用を否定し、その内容をほとんど「空虚な」ものと述べ、小田切の批評に対し、（竹内の是認する）座談会の近代文化批判と、（竹内の批判する）アジアにおける戦争とを結びつけていると非難した。しかし、これらの座談会は、明らかに軍部による監視と検閲の対象でもあった。彼らといえども、それを逃れることができなかったのである。しかし、たとえ当時の、もしくは後の時代の考察の中で、その座談会の位置があいまいであるにせよ、近代の超克座談会は、ファシズムとの共犯関係を暗示している。そしてそのファシズムこそが、日本や世界各地における一九三〇年代の歴史的情況を究極的に特徴づけるものであった。

たとえ近代の超克座談会が、「世界史的立場と日本」の座談会がおこなったほどには、「知的総力戦」のための文化的なシナリオを与えることに寄与せず、また、戦争を開始するうえでの日本国家の役割（アルチュセールがいうところの大文字の主体）に関して沈黙を守っていたとしても、それはやはり、一九三〇年代の後半に、軍部や文部省によって唱えられた国体という概念に対する強力なイデオロギー的支持を、たとえ意図的ではないにせよ提供するものであった。国体という「お守り的な」能記は、歴史的な変化に抵抗しうる本質的かつ例外的な文化という概念として理解された⒃。結局、戦争という事件は、日本の近代経験の広範な文化的帰結を評価するための単なる契機と見なされた。そしてその近代経験こそが、日本国民を明治維新以後、この歴史の運命的な地点にまで運び来たったのだと信じられた。しかし、すでに見たように、西谷や亀井は、日本の近代の起源を、一九二〇年代、第一次世界大戦後の広範な文化の輸入によって引き起こされた大規模な産業化と物質的な変化というショッキングな経験においていた。河上徹太郎が、その座談会で確認したように、戦争は、日本人にとって、「日本人の血」と「西洋人の知性」の間の長い紛争であり、近代的な秩序の開始と経験や記憶の急速な破壊とによって生じた混乱であり、そして民族が歴史の長い持続をへて作りあげた世界の中に短期間でつくられた世界を移植するという葛藤であった。変化の衝撃を経験する能力が問題とされ、知識人の議論の俎上にのせられたという近代の前史が存在しなければ、戦争という事件はありえなかったかもしれない。おそらく近代化の途上にあった社会では前例のない(ただしドイツ人は常に自らのユニークな近代化の道、ゾンダーベークについて議論してきたのだが)近代の超克という座談会の開催は、ひとつの事件であった。それは近代という理念とその意味の探求の具体化であった。そしてそれは、すでに作家や思想家、学者や芸術家たちが、一世代にわたって概念化し、議論し、憂慮してきたことであった。

この座談会に関して重要なことは、それが、戦間期に日本社会を徹底的に変化させたもろもろの出来事を理解するために、戦争という事件から距離をとろうとしたことである。そうすることで、座談会は、近代化のプロセス、すなわちモダニティの歴史そのもののなかで、もう一つの事件となる危険を冒してしまった。近代の意味、近代の「歴史的理性」こそが、座談会がとらえ評価しようとしていた当のものであったのだが。座談会は、近代を構築し、戦争へと続くもろもろの出来事から免れることを望みながら、事件の増殖を、近代の過剰を克服するための条件として理解することに熱心だった。ひとつの事件としての座談会の位置は、それが、近代の外部の批判的な空間に座を占めるのではなく、近代のプロセスの内部で、単にひとつのエピソードにとどまらざるをえないことを告げていた。この理由のために、その座談会は、近代を批判する既成のモダニスト的身ぶりの一部となり、最終的な超克に抵抗して近代の存続を可能にするイデオロギーを供給することになった。すでに述べたように、近代とは、すでに一つの超克であった。超克を超克することを想い描くいかなる試みも、人々にもろもろの出来事や変化についての考察を促した近代の過程を再度肯定させる結果にしかならなかった。この意図せざるイロニーは、近代を超克することを夢見ていた日本人には決して理解されなかった。それはまさに、近代における歴史の忘却にほかならなかった。モダニストの歴史の忘却が、資本主義的近代化が進むあらゆる場所で、日本の資本主義的な社会政治秩序に、決して超克されることのない永遠のイメージ(表象)を与えた。超克のためには、ある段階から、(たとえいまだはっきりと思い描くことができないものであれ)別の段階への歴史的な移行を承認する必要がある。しかし、この時代の変化という概念を受け入れるためには、資本主義がいつか超克され、新しい社会経済的な秩序によって置き換えられることを承認することが必要であった。

結果として、座談会の議論は、それ以前の二〇年間にわたって近代に関する言説が生み出してきたすべての主要なイデオロギー素をよみがえらせ、「精神」すなわち文化の自律性をいまいちど主張することとなった。それこそ西谷の(あるいは西田の)「主体的無」という概念のもう一つの意味であった。それは、永遠で、その民族の国民的生活の中につねに存在するとされた。モダニストは、文化によって担われる「肯定的」な役割、すなわち(モダニストの主要な身ぶりである)批評のための独立した空間を提供することが、資本主義の商品化、疎外、社会的な物象化、日々の生活の機械化に対する最良の防御手段であると考えた。近代化によって導入された、戦間期のモダニティに対する言説の抗争を色濃く反映したこの巨大な矛盾を憂慮したモダニストたちは、真正な差異の汲めど尽きせぬ源泉となっている文化的特質を、同質化が進行する資本主義的物象化の世界に抗する防御手段と見なしたのである。こうした探求において、作家や思想家は、「ニュアンス」や「陰影」の中にアウラ的な権威を回復することを試みた。亀井勝一郎は、座談会でそれを語った。また、谷崎潤一郎は、それを、その一〇年も以前に、消えゆく文化を惜しんだ傑作『陰翳礼讃』において、表現していたのであった。

座談会という出来事が明らかにしたのは、近代の評価が、しばしば西洋、特にアメリカに対する攻撃にすり変わってしまうことである。それは一九二〇年代の後半からその座談会の時代にかけて、「アメリカニズム」という侮蔑的な表現で知られ、アメリカによる同化に抵抗するために、歴史との知識戦を開始するに至った。特に、この歴史に対する闘争が意味したのは、日常生活を安定させる機会を掘り崩すような時間の細分化と事件の加速化する継起からいかに身を守るかということであった。なぜならその闘争はまた、西洋の歴史的経験を日本にあてはめることから生じた混乱に対する抵抗の試みでもあったからである。この歴史的なエピソードのもっとも残酷なイロニーのひとつは、西洋、つまりアメリカが、日本人に対しては、みずからの近代史、すなわち資本主義的モダニティの経験を破棄するように要求したことである。太平洋の平和を守る条件として、中国における日本の植民地的所有の返還を要求したことがそれであった。いわば日本は、近代のモデルにしてきた植民地主義的・帝国主義的な西洋のふるまいを止めるよう求められたのである。しかし座談会は、それがあきらかに一つの事件であったにもかかわらず、資本主義的近代化の語りの一部であった多様な事件の継起に終わりを告げるものでもあった。歴史の地位について熱心な関心を抱いていたにもかかわらず、それがなしえたのは、西洋の大きな物語の帝国主義的な主張に対して転移した批判を開始することだけであった。座談会は、その視線を、表象のレベルにのみ設定し、表象を権威づける政治経済システムや政治経済システムが生み出す矛盾に目を向けることをしなかった。座談会は、資本主義と大量消費と文化的な浅薄さの象徴としての「アメリカニズム」に対して、モダニスト的な不満と拒絶を有していた。しかしそれはけっして、政治的・経済的システムとしての資本主義に対する批判を、直接構築することはなかった。座談会は、歴史を、単に西洋的経験の表象として標的にしたのである。それは、日本の近代化を説明するうえで、何の役にも立たなかった。こうした動きに残響していたのは、歴史意識の優越に対するかつての不満であった。それは、歴史意識をまったく否定するか、あるいは理性の「普遍的な」主張のもとで、同質性の支配を告げる単線的な発展の語りの外に、より正当な歴史的経験の新しい様式を構想するというような方法をとった。一つの事件として座談会は、戦間期の日本の空間を満たす多様な出来事の継起の一部であったが、同時に鋭敏な観察者たちは、目のくらむような変化の連鎖のなかに埋め込まれた「歴史的理性」を把握するために、立ち止まって考えることを要求した。しかし座談会は、歴史の中で立ち止まることを、反省のための機会として利用するのではなく、単に日本の近代的な経験の系譜と、そのアポリアと矛盾のすべてを、詳細に物語っただけであった。あたかもそれをふたたび語ることで、ついにはそれを国民的な記憶から抹殺し、あるいは、それを生きてしまったことの贖罪の証を提供することができるかのように。竹内が、「ゴルディオスの結び目」と呼ぶものが、ここでふたたび示されたのである。

しかし座談会はまた、後に取り上げる文化と共同体についての議論、わたしが社会体の言説と呼ぶものが、無時間的な永遠の構造や主体のイメージを強要することによって隠蔽しようと絶望的な努力を繰り広げた対象である工業的な近代化を開示してもいた。社会体の言説を構築した思想家たちは、経験それ自体の非永続性を恐れるあまり、「無意識の記憶」の働きによって生産される無時間的な「経験」や「存在」を想像した。また、座談会には登場しなかった別の思想家たちは、近代という契機のなかにひとつの不均等を見いだしていた。それはただ、将来の解決を期するのみであるが、超克という行為によってでなく、いまよりもいっそう完全に近代に超克されることによって、すなわち近代を完全に生きることによって完成されると考えられた。不均等は、自覚的にせよ無自覚的にせよ、過去の中に無時間的な永遠の契機や場所を思い描くことだけでなく、将来にその完成の期待をつなぐことにも、自らの歴史的な刻印を刻み込んでいたのである。

アメリカニズム

近代の超克座談会について、熱心に論じてきた学者たち、例えば廣松渉や竹内好らの迷いは、彼らが議論の内容を、凡庸で空虚だとみなし、むしろ参加者が代表する主な知的流れに関心を集中したことである。かれらは、議論の内容を吟味するのではなく、しばしばその知的文脈に焦点を合わせ、それによって座談会を、座談会が開かれる前にそれ以前の言説において、すでに分節化されていた立場へと還元してしまったのである。同時代のイデオロギー的な編成を特徴づける文脈的背景の厚い記述に熱をいれるあまり、この座談会という事件は、「現在」というスクリーンに浮かぶ、一過的な警告音にすぎないものとして、消滅させられることとなった。

しかし、座談会は、(京都学派、日本浪漫派、『文学界』という)三つの集団が代表する文化批評と言説(それは第一次大戦以後に一般化してきた持続的な活動の新しい表明に過ぎないものであったが)の重層決定の徴として際立っている。座談会は、京都学派、日本浪漫派、『文学界』という三つの集団のすでに固定化された立場を表明するだけの空虚な器ではなかった。それは、日本の知識人が、みずからの生活を想像を絶するまでに破壊し変容させ、持続的な経験を想起する能力をも消し去ろうとしていた資本主義的近代化に対して抱いた恐怖や不安や疑問の、非常に意味深い凝縮であった。すでに私が示唆したように、座談会は、多様な事件の継起に対するモラトリアムの要請であり、やむことのない歴史的な変化を押し止めようとするものであった。そしてそれはまた、文化の全体性を回復するための時間を思い描く準備として、一九三〇年代を通じて流行した超克という理念の中に、際限のない専門化と分業を伴う西洋的な工業生活から離脱するという切迫した欲求を反映するものでもあった。日本社会から、分裂と疎外、救いのない物象化がもたらす安定的意味の喪失(資本主義社会における抽象化)という厄災を祓うことで、近代西洋とは異なったアイデンティティを確立し、文化的植民化による同質化から日本人が救済されると信じられた。座談会のもっとも雄弁な参加者の一人であった津村秀夫の言葉を借りるならば、この分離のプロセスは、「ヨオロッパ生活圏と東亜生活圏」(一三)の上に築かれる新しい文化につながってゆくものであった。西洋を模倣した近代は、「伝染」や「歴史の病」を引き起こす危険があり、また現実に歴史の過剰を生み出したにすぎない。文芸評論家小林秀雄によれば、その「歴史意識の過剰」は、必然的に知的な創造性と文化的な本源性を窒息させるものであった。

ニーチェが一九世紀ヨーロッパのブルジョア文化に対しておこなった検死さながらに、日本もまた、自らの近代文化を、「ヨーロッパの過去自体がそれと化していた」「演劇的な仮面と衣装の巨大な倉庫」から徴発することを強いられていたのである。(17) ここで注目に値するのは、座談会が近代を非難する一方で、ヨーロッパ文化を是認するという、明治後期にさかのぼる言説と同じ矛盾を反復していることである。しかしこうした動きは、アメリカ文明（それは大正時代の日本とワイマール期のドイツで、等しくアメリカニズムと呼ばれた）が、質を量に置き換えたり、欲望や利害による価値の計量を目的とするような否定的な第二段階を構成すると論じることによって可能となった。日本人が一九二〇年代後半からアメリカニズムを概念化するにつれて、アメリカニズムは、ますますヨーロッパ文明のゆがめられた反映であるとみなされるようになり、それはいまや大量生産と大量消費が文化的な橋頭堡を築いたすべての場所を占領しようとしているとされた。座談会が要求したのは、文化の力を永続させ得る方法であった。詩人の三好達治は、それを「日本精神の発見—再発見」(一三七)と呼んだが、それはまた、あらゆる安定や持続を一掃することであらゆる持続を不可能にするような、破滅的な歴史意識の過剰を終わらせることであった。座談会に先立ちこうした歴史の過剰という亡霊への関心と、文化的な本来性の基盤に立ち返るような救済方法の必要性はすでに主張されていた。そしてそれは、第一次大戦後の日本の政治経済の変容が可能にした、戦間期の歴史的な問題とたえまのない日常性の生産の記録でもあった。

日常性の感覚は、一九二〇年代と三〇年代にはじめてあらわれ、その時代の言説のかたちとしてはもっとも持続的なものとなったが、それは、第一次大戦後の日本や他の世界において、マスカルチャー(とりわけ大量消費)と結びつけられた。それは、平和とともに資本の回転(disaccumulation)が活発化し、消費財を生産することによって、この新しい市場をとらえようとした欲望が顕在化したからである。こうした幕間劇は、徐々にアメリカニズムもしくはアメリカ化と呼ばれるようになり、価値ではなく欲望に駆られた大量消費の進展を意味した。ここで重要なのは、価値をめぐる問題が、「文化主義」とよばれたものの優越を言祝いだ新カント派の哲学者たちによって、すでに中心的な議論の主題となっていたことである。文化主義は、ドイツの精神科学から拵えられたものであり、自然科学によって確立された客観的な真理の要請に匹敵しうるような人間的な価値の領域を表象するものであった。一九二〇年代を生きた人たちが、どのようにしてこうしたアメリカニズムという新しい文化的形象を生み出したのかという問題を、もう少し議論することにしよう。アメリカニズムは、新しい商品の生産者として、あるいは消費者として、都市に集まってきた大衆によってのみ生きられたわけではない。むしろそれは、これまでとは全く異なった文化の重層決定されたイメージと希望を構成したのである。そしてそれは、日本における資本主義的近代化に付随して登場した新しい社会層に接近可能なものでもあった。

座談会によってそれ以前の二〇年間の棚卸しが開始される時までに、大衆の日常性と消費文化は、アメリカニズムという観念と結びつけられており、それは、座談会の参加者たちにとって、日本文化がいまや価値のない凡庸さや浅薄さや瑣事への拘泥のなかへと崩れ去っていることの徴を濃密に表現するものであった。日本を毒しているあらゆる病は、アメリカニズムのなかに求められた。それは多くの人にとって、超克されるべき近代のモデルであった。アメリカニズムは、第一次大戦直後に消費とともに到来した商品文化の輸入・定着として言及された。ラジオ、自動車、電話、洋服や住宅や食品、カフェやバーやデパートや映画などの身近な娯楽などがそれである。アメリカニズムという意匠は、大衆による際限のない商品消費の欲求に訴える派手で活動的な物質文化とみなされることで、やがて否定的な連想をともなうようになり、それと対立する積極的な価値（真・善・美、これらの価値は、すでに一九二〇年代の日本の中産階級の知識人によって、まるで鎧甲のように大切にされていたのである）を想像するために利用されることとなった。生産者が消費者と融合する兆しは、ハイ・カルチャーとロー・カルチャーという区分を強めた。ハイ・カルチャーは、持続する価値に捧げられ、ロー・カルチャーは、商品への欲求という泥沼にはまり込んでいるとされた。この区分は、もうひとつのより重要な区分、民主主義を大衆の政治参加と結びつける際の区分と対応していた。すなわちそれは、ヨーロッパにおいて、オルテガやヤスパースのような様々な思想家が、大衆政治の危険をとり上げエリート（それがたとえ古くからの貴族階級であれ、上層ブルジョアジーであれ、国家の利益を合理性へと媒介する流行の「科学的」な管理者と計画者、すなわち顔のない官僚であれ）による支配の継続を保証している既存の政治制度に対する挑戦を批判したとき、すでに論じられていたことがらであった。

近代の超克座談会にとって、アメリカニズムは、明治期の文明開化の近年におけるあらわれ、もしくは名残に過ぎなかった。一八七〇年代と一八八〇年代に、日本は、近代生活という物質的・技術的な虚飾の輸入を開始したのである。その時以来明治のイメージは、皮相さの比喩形象となり、批評家たちは、明治が成し遂げた成果を単に技術的なものへと矮小化した。中村光夫は、「「近代」への疑惑」のなかで、次のように書いている。「西洋文明の我国にもたらした功罪は今八釜しく論じられてゐる問題である」。「西洋崇拝論」は、単に外来文明の移入により、「僕等の生活」を、あともどりできないほどに変えてしまっただけではなく、その精神生活における継続的な変化をも帰結したのである(一五三―一五四)。こうした理由ひとつとってみても、近代は、最近の流行として、単に軽視したり無視したりすることはできないのだと彼は論じた。単なる事物の獲得ではなく、日常生活に完全に統合された習慣が、生じた変化の性質を明らかにする。中村が指摘したのは、西洋的な習慣が、すでに日本において第二の自然と化しているということであり、それは、例えば、「今年は特に盛んであつたと云はれる海水浴」のような事例で示された。同じことは、電話や、自動車や、ラジオの使用に関してもいえる。実際、人々は、それらの輸入された事物を、めったに西洋のものだと意識することはない。なぜなら、それらが適用されてゆく過程で、その目新しさが、日本人の生活にうまく同化されてしまっているからである。政治や経済、また文化の領域においても、現代日本人の生活は、明治以前の「俤」をほとんどとどめてはいない。開国以来のこの生活様式の変革はわずか八〇年間に生じ、「我国の所謂「近代」」の特徴となっているのは見やすい道理であると彼は論じた。日本は、この変革の時代に、世界史上も前例のないような「激しくまた慌しい」変化を経験した。

　中村は、両方の意味において正しかった。日本の近代化が、比較的短い期間に達成されたきわめてユニークな歴史的大発展であり、それが、おそらくは歴史に前例をみないほどに、既存の習慣を暴力的に揺るがしたことは、今日、見落とされやすいことがらであろう。そのプロセスの速さが、いまだ理論化も分析もされていないような近代の意味を我々に投げかけているのではないかと問いながら、中村は、近代を吸収した日本人が、「ヨーロッパ人の精神」を構成する諸要素を、適切な程度にすら理解してはいないのではないかと述べた。中村は問う。「ではこの単純な事実が何故我国では一般に常識化され難いのであるか」(一五六)。西洋文化の輸入という形態は、必要によって決定されており、植民地化という差し迫った危機によって促された。必要は、外国の社会形態や文化形態をとり入れる十分な理由づけを与えることなく、社会変革のスピードと、日本の独立を維持するために採用しなければならない事項を提示したのである。中村の観察が明らかにしているのは、西洋によって理解されることのない西洋と日本の間に存在する不均等であり、精神生活の実体に影響を与えている近代化の速度であった。

中村によって示唆された、日本の近代化に関する興味深いイロニーのひとつは、そのプロセスのスピードが、スピードとセンセーションに立脚する社会を構築するに至ったということである。西洋文明は、明治前期の人々にとって、「まづ何より、機械とこれを運用するに適した社会の謂であつた」(一五七)。それは、一九世紀のヨーロッパが示した科学や技術や実用性への嗜好を反映していた。西洋人は、日本におけるこの発展を、皮相であると見なした。しかしそれは、明治社会が、単に「外形」を理解しただけでなく「西洋の精神」を吸収しようと努力してきたその程度を見誤っていた。しかし日本人は、西洋文化をコントロールする余裕のないまま輸入したので、その精神も「未消化」のまま形成された。中村は、「精神の畸形」が、「西洋文化移入のために強ひられ」、「無意識のうちに深く浸透しこれを支配するに至つた」ことを懸念して、日本が、そうした環境において、決してみずからを癒すのに十分なほど深く根を張ることができないと感じていた。彼が恐れていたのは、国民が、物事をそのまま受け取る習慣を身につけて、「時勢の表面的な動きに「気ぜはしく」適合することにのみ汲々と」するようになることであった(一六〇―一六三)。明治以来の日本を特徴づけてきた文化的混乱は、日本と西洋との「不均衡」な権力関係の徴であり、この「不均衡」によって形成された不十分な西洋の理解こそ、いまや「判つきり見極め」る必要がある(一六四)。

マルクス主義から日本浪漫派へ転じた林房雄は、中村の確信、すなわち西洋文明とは、植民地の多寡が生存の証として機能するような敵意に満ちた社会ダーウィニズムの世界において、独立を維持するための必要から、日本に強制的に押しつけられたものだとする考えを支持した。しかし、林が承認しなかったのは、その実現が、「ヨーロッパへの屈服」以上のものを生み出さなかったという点である。「明治の文明開化の本質」というセッションの冒頭において、林が発言したのは、日本のみが、西洋の科学的・技術的な貯蔵庫からその重要な要素を借用することによって、西洋に対して抵抗したということである。しかし、彼は次のようにつけ加える。「文明開化とは実用品文化であつて、その中に文化の根源的なるものはありません」(二三九)。明治文明が開花した時期でさえ、文化的な事物の大規模な輸入の価値に抵抗し、その救治策として、根本への回帰を呼びかける声はあらわれた。第二次大戦後に公表することになる見解を先取りするかのように、林は、大東亜戦争が、非常な困難を伴いながら、「文明開化」に終止符を打つものだと論じた。しかし、日本人が直面していた真の問題は、外と同時に内にある。それは、植民地列強が、日本を攻撃する用意ができているのと同様、この国を内側から転覆させようともしている。彼は、明治時代の思想家が、決して現在の思想家ほど、西洋思想に「敏感」でも「忠実」でもなかったと信じていたが(二四二)、西郷隆盛や岡倉天心、内村鑑三のような日本精神の先駆者たちは、日本が完全に西洋化の誘惑に屈することを防ごうとする戦いを、強力な「啓蒙家たち」を相手に戦っていたのである。もし、明治日本が盲目的に文明開化を信奉した理由が実用性にあるならば、問題は、なぜかくも多くの日本人が、その誘惑に屈したのかという点にある。そうした熱狂的な転向を促したものは、単に国の独立を守りたいとする衝動ばかりではない。むしろなにか別のものが明治の日本人を引きつけていたに違いないのである。

西谷啓治は、現在が明治後期の日本人の残響にすぎないことを彼の世代に意識させた。そして問題にしたのは、仏教や儒教のような強力で深い思考のシステムが、なぜかくもやすやすとスペンサー流の社会進化論によって放逐されたかということであった。徳富蘇峰は、社会進化論を、社会の発展や停滞を説明しうる原理として高く評価したし、ラフカディオ・ハーンもまた、『心』において、スペンサーを天才と評していたのである。その回答は、鈴木成高によって与えられた。かれは次のように主張した。文明の輸入は明治期において必要であった。そのときの日本の経験は、一九世紀のヨーロッパ、ロシア、アメリカなどどこでも見られるような支配的な世界観のローカルな反映に過ぎない。もし文明の輸入が、批判や根元的なるものへの回帰の欲求を呼び起こしているのだとしても、それは日本が、より大きな世界システムの一部に過ぎないということである。つまり、それはすでにヨーロッパで開始されていた文明の批判と結びついている。いいかえれば、明治啓蒙の批判は、ローカルな反応としてではなく、ヨーロッパ・ブルジョア文明にたいする大きな攻撃の一部として理解されるべきだということである。明治の文明開化によって日本人の生活に導入された有害な影響を認めながらも、西谷はそれを、日本社会が、武士と農民との階級的区分に立脚した封建主義的な身分生活から四民平等の自由な秩序へと転換する一つの契機であり、そしてそれは他の国民によっても同様に経験されたことを理解していた。しかしながら、ここに西谷が気づかなかったひとつの興味深いイロニーがある。それは、明治維新が封建主義から自由主義的ブルジョア社会への移行をどのように表象しているのかを示すために、ヨーロッパの歴史学的カテゴリーを使用したというイロニーであった。そうすることで、それらのカテゴリーが、日本人にとって常識もしくは第二の自然となっているその程度をよく示していたのである。座談会の参加者たちは、そうしたカテゴリーの表象の地位にかかわるアポリアを、けっして問うことはなかった。座談会やその他の機会で、表象の問題はずっと主題化されていたのであるが。封建制からブルジョア社会へのこの移行は、日本の統一(それより前には領土の緩やかな連合があるだけであった)を確立するための基本的な条件を構築したものであり、それは、皇室を中心とする国民国家という形態をとった。しかし、西谷が近代化の必要な条件と見なしたものを、林は、「堕落」と断言した。西谷が、文明開化を自由民権と結びつけたのに対し、林はそうした関係を否定し、座談会において、統一が、「官僚の政策」、「国策」の所産であると述べた。彼は、西谷を訂正して、「自由党運動は、むしろ藩閥政府の文明開化主義に対する反抗である」(二四二)と主張した。

このはげしいやり取りは、真の対立を明るみに出す数少ない機会であった。もっともそうした対立は、出版の準備がおこなわれるなかで、大部分が削除されてしまったのであろうけれども。われわれは、どのような瞬間に、そうした不同意や対立があらわれたかを想像するしかない。編集者が、同意と合意にあふれた、スムーズで対立のない語りを提示したがったことは、驚くにあたらないし、説明の必要もない。以下のやり取りに示されているのは、明治の意味をめぐる不同意(はっきりと二つに分かれていると私には思われる)がどのようなものであるかということであり、また、その座談会が、いかにその不協和音を回収し、対立のない語りという雰囲気を醸し出したかということである。座談会がもくろんでいたのは、西洋文明に組み込まれたにもかかわらず、いくつかの基本的な精神が手つかずのまま残されており、日本独自のアイデンティティを保証しているということを明示することであった。

西谷　あゝいふ文明開化、自由民権といふものは、やはり西洋の十八世紀の啓蒙主義と結付いて居る、その思想が日本に入つて来たのだといふことはいへませんか。

林　さうではない。無理に結びつけようとする科学者の主観が色々な不幸な結論を産出すのである。

西谷　(中略)現在では個人主義といへば非常に悪いものになるが、当時の思想としては、封建時代の封鎖的な階級差別を撤廃したといふ点に、非常に大きな功績があつたといへないかといふことです。

林　島崎藤村はフランスへ行つて一番びつくりしたのは階級制度が今尚ほ厳然としてあつたことであつた。僕も北京へ行つてびつくりしたのは、これ亦階級制度が厳然として残つて居ることであつた。然るに日本には残つて居ない。日本の階級制度を撤廃したのは決して自由民権運動ではない。明治維新です。明治維新とは何か、それは復古である。志士が頭に描いた典型は決してフランスでもアメリカでもなかつた。明治維新の志士が頭の中に持つて居つた原形は、日本の古代です。国民が　天皇に直接し奉つて居つた無階級の時代です。さういふ西洋風の個人の自覚が日本の歴史の中にあつたでせうか(二四二―二四三)。

明治とは、日本固有の精神によって駆動させられていたとはいえ、便利さであり、実用性であり、テクノロジーであり、物質性であった。明治とは、単なる文明(外面的で表面的な)であり、文化ではなかった。文化とは、二〇世紀の初頭、中流階級の知識人や作家によって「精神」と見なされるようになっていたものである。精神をこのように強調することによって、人文主義的な規律の実践と、絶対的な価値(まさに西谷が「主体的無」の到達目標としたところのもの）の涵養を通した自己形成、すなわち教養という主題と目標を特権化した。他の大正時代のブルジョア知識人と同じく、阿部次郎もまた、広く読まれた『三太郎の日記』の中で、彼自身の分身である主人公、三太郎の教養形成とその自我の確立をめぐる終わりのない瞑想と独白を描いてみせた。このテクストは、自己修練と完成を、平凡で功利主義的・物質的で、極めて表面的な明治期の文明開化とは異なった、精神的な探求として強調した。そこでなされた対比は、表面的な文明と奥深い文化という対比であった（そうした対比は、第一次大戦以前に、作家の夏目漱石の啓蒙批判において、すでにはっきりと述べられていた）。林は、座談会におけるもっとも激しい文明開化の批判者であったが、その論文「勤皇の心」において、文学（自然主義とリアリズム）によって引き起こされた神の忘却によって、若者たちが「天皇を忘れ」、「国を忘れ」るようになったと述べた（一〇四）。

座談会の時期までに、アメリカは、表面的で物質的な文明の否定的なモデルと見なされるようになっていた。明治時代に開始された精神の解放を目標とする闘争において、アメリカ文明は、個人主義と民主化に特有な無秩序化と凡庸化を、恐るべき程度まで解き放ってしまう点で、明治の文明開化の強力な後継者とみなされた。結局、アメリカニズムは、記憶を破壊し、社会的な忘却を促進する。日本人や他の産業社会にとって、アメリカニズムとは、文化と政治の両方における大衆の登場を意味し、そして常に大衆という新しい社会的存在に対する嫌悪と恐怖とを生み出すものであった。工業化しつつある社会において、新興のブルジョアや古い支配階級を麻痺させたのは、新しく大量に生み出された商品や新しい形態の娯楽の消費に、かつてない幅広い層が接近可能となるという見通しであり、それは精神の主権を危うくすると考えられた。いわゆる伝統文化は、いまやハイ・カルチャーというイメージへと転化したのである。いずれにせよ、資本主義の発展法則の原理である新しさや軽薄さ、急速な変化の積み重ねといった破壊的な挑戦に対し、深いもの、永続的なものを持続させることが、戦前の文化主義の言説の任務となり、一種の二極モデルが描かれるに至った。座談会が、近代を超克し、文化を解放することによって和解させようと試みたものは、こうした二極構造であった。しかし、その試みは明らかに不可能であった。なぜなら、座談会は、最初から、どのような近代が超克されるべきか、すなわちそれは、一九世紀ヨーロッパなのか、ルネサンスなのかを決定できなかったからである。アメリカとアメリカニゼーションは、否定的なイメージを供給することによって、そのジレンマから抜け出せるかのような幻想を与えた。アメリカは、ヨーロッパ文化を歪めたことにより、価値や永続的な規範を喪失させただけでなく、いまや、あらゆる真・善・美に対する脅威となったからである。

文明と文化の区別は、ハイ・カルチャーとロー・カルチャーというカテゴリーを作り出すことで実現したものであったが、一九二〇年代の後半におけるアメリカニズムは、ハイ・カルチャー（それはしばしば既存の文化を意味した）の存続に対する最大の脅威として描かれた。座談会のはじめに、河上徹太郎は、ひとつの問いを提示した。かりに資本主義的近代化の過程において、ヨーロッパとアメリカが、もともとお互いに関係があって、それが、後に分かれていったとするならば、近代という共通の基盤を共有することで両者と関係している日本はどうだろうか（一七四）。彼およびその他のひとびとは、現代の日本の歴史が実際には世界史であるということを理解していたので、全ての発展の道筋は、不可避的に近代につながっていた。しかし、こうした近代の系譜についての議論が明らかにしたのは、日本がみずからの起源を、ヨーロッパにおける中世的統一の崩壊（吉満義彦、一八〇—一八三）やルネサンス（鈴木成高、一七五—一七八）、一八世紀の啓蒙主義とフランス革命、産業資本主義の発生（鈴木、一七九）、そして科学の発展（下村寅太郎、一八六—一八九）などに、安易に同一化できるということであった。同じく、第一次世界大戦後に日本に蔓延したアメリカニズムは、こうした近代の語りの延長で、世界史の最終段階であると見なされ、この戦間期に日本人や他の国民がそれを生きているのだと考えられた。日本は、明治維新以後、近代という形式を輸入したが、実際、歴史的に形成された一九世紀ヨーロッパ文化をまるごと引き受けたことにより、はっきりとした歴史的もしくは発展的な軌道を辿ることはなかった。それは、「身に付いて居ない」ように見えたのである。日本の文化は、明白な歴史的方向性もないまま、あちらこちらに現われることによって、濫用のそしりをまぬかれないことになった。

　河上が、日本において歴史的に発展してきた文化が欠如していることに注意を喚起した理由は、アメリカ文化でさえ、それがどんなにヨーロッパの古典的モデルから離れているように見えようとも、ヨーロッパ文化から派生したものであるという確信のためであった。アメリカニズムは、それと結びついている有害な連想にもかかわらず、依然としてヨーロッパの産物であり、座談会は、この関係を考察しなければならなかった[18]。「さうしてそのアメリカ文化といふものを日本のモダンボーイ、モダンガールが輸入して、変な根のない生活をして居るといふ風に書いてありましたね」(二五四—二五五)。それは日本の文化が、「をかしな」レベルにあることだと彼は付け加えた。しかし、「モボ、モガといふ軽薄な人種」が誕生したからおかしいのではなかった。日本で一流とみなされている文化の中に、このようなライフスタイルがたくさんあらわれている。河上は、座談会で、かくもやすやすとアメリカニズムを支配的な様式になるまで、とり入れることに熱中した文化において、これまで軽薄でありとるに足らないと考えられてきたものについて、再考することを促した。真の問題は、根拠を持たない、そして明らかに非歴史的な文化が、日本に簡単に移植されたということであり、そしてそれは、根なし草の文化という日本の近代の経験とどれほど異なっているのだろうか。とくにヨーロッパのハイ・カルチヤーの達成と比べるならば、モボやモガという形象は笑うべき存在であろう。それは、異様な衣服をまとい、奇抜な化粧を施し、そして、派手な振る舞いをすることで、奇妙で「軽薄な人種」として見下されていたのであった。しかし、河上が確信していたのは、彼らがいたる所に存在する意味は、近代を理解するために開催された座談会で、真剣に考察される必要があるということであった。彼が、広く行き渡っていると考えたものは、おそらく誇張されたひとつの形象であった。それは、一九二〇年代後半以降、社会的秩序や文化的再生産の過程を脅かす得体の知れない恐怖感を構成し、社会体の言説の形成を促した。津村秀夫の論文「何を破るべきか」に応えて、西谷はさらに次のように述べた。アメリカニズムは、日本のみならず、ヨーロッパにも浸潤している。そして、そしてこの理由は、「アメリカニズムの持つて居る性格」を問う事によって説明される必要がある(三五)。根無し草のアメリカ文化が、日本に輸入された根無し草の一九世紀ヨーロッパ文化の上に重なっている。それがもたらしたものは、根無し草状態の重層決定であり、それは、日本人に、表層の下を深く掘り下げ、資本主義的な変化に影響を受けない、日本独自の歴史的発展に根ざした何かを発見することを促していた。ヨーロッパの過去がそうであったように、モダンな現在が、近代へと至らなかった歴史的な経験や発展と対照されるようになると、日本社会の内部に存在する文化的・経済的不均等を認識することが可能となる。しかし、座談会は、不均等を文化的差異を理論化する基礎とするより前に、表面上の重層決定を、ただ歴史意識というカテゴリーを問題化することによって回避できると考えていた(この問題は、のちに主題として取り上げる)。その方法が、すなわち、歴史というカテゴリーそのものを問題とする(小林)ことであり、また、(表現的かつ政治的な)表象=代表の位置を再考し、「古典を再発見する」(亀井、小林、三好達治、林)ことであった。

批評家たちの直面していた問題が、工業生産が優勢となる中、新しい大都市の中心やその郊外で大衆によって生きられていたモダンな日常生活の光景であったことは明らかである。一九三〇年代の東京のような都市は、とりわけ、長期のヨーロッパ留学を終えて帰国したような日本人を恐れさせるのが常であった。その衝撃の認識は、嫌悪(和辻)や恥(九鬼)の感覚を生み出した。津村秀夫は、論文と座談会の最初の発言で、アメリカニズムの光景に対して最初に反応し、そしてなぜそれが、より定着しているヨーロッパの文化と、日本においては近年獲得された近代文明の両方を圧倒するにいたったのかを、明らかにした。津村は、日本とヨーロッパが直面している問題が、アメリカであり、またその主要な輸出物である「アメリカニズム」であるという確信を、ほとんどの論者と共有していた。ヨーロッパと現在の東アジアにおける戦争は、アメリカの有害かつ覇権的な影響を終結させ、「ヨオロッパ新文化」(一八)と新しい「東亜文化圏」を生み出す歴史的な機会であった(二二)。

津村は、広い視野をもった映画評論家であり、日本が、広大かつ宿命的な文化的情況の現場に立っているということを確信していた。ヨーロッパと東アジアにおいておこなわれている戦争は、文化的戦争であった(この議論はすでに高山岩男や高坂正顕ら京都学派の哲学者によってはっきりと述べられていた)。日本国民は、古い一八―一九世紀のヨーロッパ文化、すなわちモダニティとアメリカの物質文明を吸収したとはいえ、自らの伝統的文化、すなわち精神をまったく失ったわけではなかった(二三)。新しい情況のために、文化は、「安直に」そして「奇怪な方法で」用いられていたにすぎない。例えば、大正時代には、ほとんどすべてのものに、文化という言葉が接頭辞としてつけられた。まるで、文化という言葉がつかなければ何事もはじまらないかのように、一九二〇年代には、空前の文化ブームがあり、こぞってその「文化ドンブリ」にごたまぜにされることになった。かくて、文化住宅、文化サルマタ、文化コンロなども登場し、日本がアメリカの物質文明の「悪影響」をいかに受け入れたかを、証明することとなった。文化という言葉は、物質的な人工物によって完全に吸収され、精神の領域には何も残さなかった。津村はそれを「僕はアメリカニズムの影響と見る」(三三)と主張した。それは、文化の意味を拡張し、その希薄化を必然的にもたらすような何かであった。多くの文化批評家が、新しい物質文化の要求やそれが日本人の生活に与えた変化を真面目に考えようとはしなかったのに対し、映画に精通した批評家であった津村にとって、文化の問題は、「単に学問、芸術、思想、発明などの高尚な問題ばかりの首根ツ子を捉へてひねくり廻しても始らぬ」ものであった。言葉の可塑性そのものが、戦間期日本におけるアメリカニズムの持続的な衝撃力を示している。彼が記しているように、流行の言葉には、「文化サルマタ」も、文化協会や文化団体も同時に含まれていたのであった。同様に、文化はまた、特定のスポーツ選手のサインをもらうために街に駆け出す女子学生の風俗をも含むものであった。映画スターのディアナ・ダービンや、タイロン・パワーの写真は至るところに見られ、美容院や東京のカフェを「ベタベタと麗々しく」飾っていた。だれもいぶかしくは思わないが、それらを、真剣に取り上げる必要がある。なぜなら、それらは、もはや日本文化の一部となった光景だからである。津村はいう。時に、浅草の女剣劇や、アメリカニズムの狂騒的アトラクションや、「婦系図」のような安っぽい映画にたいする大衆の熱狂をまじめに考える必要があるし、またそれを見て陶然とする青年男女層の大群も重視する必要がある。ブルース調は、レコード界を風靡したし、多くの人々が「湖畔の宿」のような曲を歓迎し口ずさんだ。津村によれば、アメリカの物質文化は、一九二〇年代と一九三〇年代の初頭には、驚くほどの規模で吸収され、それがもたらす価値観とともに、安定した生活に対する重大な危機を構成するに至っていた。一九二〇年代以後、日本は新しい生活形態を輸入し、それには例外なくアメリカ文明によって生産された新しい商品が付随していた。その「生活風俗」は、一種の汚染物質のように、それと出会うすべてのものをおかしていった。一九三〇年代になると、学生たちは、一〇年前には近代精神の象徴であるかのように見なされていたトルストイやストリンドベリやドストエフスキーのようなヨーロッパのハイ・カルチャーを吸収することに興味を失っていた。それにかわって、彼らが好んだのは、ヨーロッパやアメリカ映画の「魅力」であった。浅草では、多くの映画が上映され、そこで若者たちは、映画化された「罪と罰」や「復活」から、自分たちのトルストイとドストエフスキーを学んだのである。津村は、日本文化の純粋さを論ずるために、「卑俗なもの」に目を閉じる現代文化評論家を軽蔑した。彼らは、現在の現実と向き合う必要がある。それがどれほどの害を、将来の東亜文化圏の建設にもたらすものかを理解するためにも、彼らが見落としているアメリカニズムと真剣に向き合い、それを吟味する必要がある(三四)。

アメリカニズムの急速な拡大の主要因を、津村は、ヨーロッパが第一次大戦後に経験した「生活的疲弊と道徳的混乱」であると説明した(三五)。戦後ヨーロッパの廃墟となった光景は、アメリカ映画によって掻き立てられた楽観主義やスピード、エロティシズムなどを受け入れる格好の土壌を形成した。フランス映画は、戦前の世界をリードした存在であったが、アメリカの映画にとってかわられることになった。それはアメリカ映画のテクノロジーと資本が、楽々とフランスに浸透し、その映画産業を、修復には数十年かかるほどの混乱に陥れてしまったからである(三〇)。

もしも映画が、アメリカニゼーションの代理人であり、多くの人がそう信じていたように、第一次大戦後のアジアを席巻していたとするならば、その世界的拡張の原動力となったのは資本の力であった。座談会の席上で津村が指摘したのは、ハリウッド映画がいかに巨大な資本を提供できるかということであり、それは、一本の映画に対して、二〇〇万ドルにものぼるということであった。アメリカが、戦後債権国として登場したことは明らかであり、世界の財政システムは、その二〇年後の現在もまだ、ドルとポンドによって動いていた。津村が興味を持ったのは、アメリカの戦時債権により、他の国の通貨と比べてずば抜けて強力となったドルと、アメリカの主要な輸出品であった映画産業の急速な発達との関係である。しかしドルの力や生産技術の卓越だけでは、ハリウッド映画のめざましい拡大や、地球規模でのアメリカニズムの征服を説明することはできない。同じく重要なのは、アメリカ自体が、伝統的文化をもたないという事実であり、商品消費にたいする欲望に歯止めをかけられるような、あらゆる伝統的な価値を欠いているということである。消費財を生産し、それに対する需要を拡大することを妨げるなにものも存在しない(二五五)。津村は、この文化的な欠落の中に、アメリカ映画の急速な成功の根本的な説明と、それを生み出した社会的条件の端的な表現を見いだした。彼は、アメリカの世界征服が、広範な観客の前に、深さを欠いた社会、絶え間のない商品と娯楽の消費といった日常生活の表面的な活動によってのみ動かされている社会のイメージを、常に喚起したことを示そうとした。アメリカ映画は、この事実を正確に反映しているがゆえに、世界的・普遍的な需要を生み出すことに成功したのである。アメリカの習慣、観衆、道徳は、ヨーロッパのそれのような深さを欠いているので、その映画は、一般庶民でも簡単に理解できる。アメリカ映画は、長い間、東アジアでも猛威を振るってきた。西部劇や喜劇を見せれば、マレーシアや蘭領インドシナの原住民でも理解できる。アメリカ映画のもともとの精神は、スピードを尊重し動きを大切にすることであり、そのために、言葉に多くを頼る必要がない(二五六)。津村は、次のように観察する。トーキーを導入してからも、アメリカ映画は、アクションとすばやい動きを強調することをやめない。それが、理解を容易にしている原因である。実際のところ、トーキーは、英語が世界的に広まっていくことを容易にした。そして、それがアメリカ映画の人気を高める結果となったのである。このように、戦間期における アメリカ映画の、おどろくべき親しみやすさと、ほとんど普遍的に受容され広く理解される能力は、主として、語るべき伝統文化をもたないという点に由来するのである。それは確かに、活動とものの循環によって結びつけられたひとつの世界の光景を提示した。それは、東南アジアの島嶼部の原住民にも、九州や四国のような日本の地方の人々にも、容易に理解され、かれら自身の日常生活において欲望を喚起するものとなった。アメリカ映画を見るということは、ものと活動の浅薄な文化を反映しているということであり、「愚昧な大衆」のみならず有害な影響からは免れているはずの知識人をも欺く「魔薬」であった（二三五―二三六）。知識人が、その邪悪な帰結を評価することのみにかまけているうちに、大衆は熱狂的にそれを受け入れ、ためらいもなくそれにのめりこんでいった。河上徹太郎が述べているように、アメリカ映画によってもたらされた文化は、ある階級の人々にとって、もっとも深く閉じこめてあった夢の栓を抜くものとなった。月給三〇円の男が、一晩たてば玉の輿に乗るような感覚を味わえるのである（二三八）。

　津村や他の論者たちが確信していたのは、アメリカ映画が、アメリカの物質文明と一致するようなライフスタイルを導入し機能させる、主要なエージェントだということである。津村は特に、アメリカ映画の「魔薬」を日本の国民生活に導入したことは、過った国策であったと考えていた。東アジアにおけるオランダや英国の植民地でさえ、日常生活という支配的な観念の力を逃れることはできなかった。彼はいう。「今日まで世界各国で（アメリカニズムに）大分シテやられた国々があります。曾ての東亜における英国やオランダの植民地などもその例に洩れないのであつて……欧洲の英・仏その他の各小国にすら……その有効なる毒素と同時に多大の魅力を撒布した」（二三六）。アメリカの生活様式をつねに宣伝し続けることで、アメリカ映画は、すべてのものを、それが提示する日常生活の終わりのない欲求のサイクルへと巻き込んでいったのである。アメリカ映画がたちの悪い理由は、それが、うわべは他愛のない姿をしており（ソビエト映画と対比せよ）、純粋な自己利益と自己満足のイメージを提示し、直近の過去ですら忘却させるからである。戦後疲弊したヨーロッパに対し、エロティシズムやジャズ、楽観主義への多様なアピールは、効果的な麻酔として働いた。「新世界」の目新しい社会風俗は、世界中の社会的行動を決定する基準となった(三五六)。

津村の、アメリカニズムとその邪悪さに対する批判は、いっそう進んだものであった。アメリカの社会組織は、多様な人種の混合生活をドラマティックに表現している。しかし、生きられた現実としての多様性は、犯罪社会の発展と軌を一にしており、それは世界に対しても重大な帰結をもたらし始めている。犯罪の増加のような「スリリングな新風俗」が、ヨーロッパ人の好奇心を引きつけることが必然であったとすれば、アメリカと呼ばれる新しい想像体の登場は、ヨーロッパ人(そして日本人)にとって、単に驚くべきひとつの見せ物であっただけでなく、超克という仕事を必然化するひとつの問題でもあった。鈴木成高は、この点に関して、多様な人種よりなる新しい社会秩序を構成するうえで、アメリカの経験が重要であると認識していた。かれはアメリカを、その人種的な多様性のゆえに無法社会であるとみなすことはしなかった。彼は実際に、もともとのヨーロッパ中心の世界に生きる白人と、植民地の境界に住むアメリカ人という二種の白人が存在するのではないかと考えていたからである。世界史の見地から見るならば、ホワイト・アメリカの登場は、新しい意味の誕生であった。知識人たちが、モボやモガを、近代日本に対するその重要性を評価することなく軽蔑したように、彼らはまた、浅薄な物質文化のもう一つの克服として、アメリカの軽蔑に余念がなかった。鈴木が他の参加者に問いかけたのは、そうした安易で無反省な軽蔑が、アメリカをひとつの問題としているということであった。すなわち、特に本や常識の中でイメージされたアメリカニズム、映画によってかくも強力な影響力をふるっているアメリカニズム、資本主義の巨大な力とその生産力によって動かされているアメリカニズムという問題である。かれは次のように述べている。「現代では質の文明に対する量の文明といふものが相当ものを言つて居ることを残念ながら事実であると思ふのです」(二五七)。こうした心の習慣を超克することは難しく、単に進歩を求める精神を、「質」を重んずる精神のために否定することによっては成し遂げることはできない。アメリカ文化の進歩主義的な面とピューリタンの精神による「禁酒法」の両方を説明する必要がある(二五八)。

アメリカニズムと大衆という亡霊を結びつけたのが林房雄であった。大衆政治と文化の問題は、日本やその他の場所において、ブルジョアの著述家やモダニスト批評にとって戦間期における主要な問題であった。アメリカニズムに関してもっとも恐れるべきは、それが大衆政治と大衆文化とを結びつけてしまうということである。林は叫ぶ。「アメリカの映画はデモクラシーで、世界の民衆の心を摑んだ。アメリカン・デモクラシーは、多少の悪政の存する国の民衆の心を摑む性質がある」(二五八)。デモクラシーは、適切に埋められていない政治的空白や、政治的失敗の兆候が見えるところにはどこでもあらわれると彼は述べる。映画は、「世界の愚衆の娯楽物」である。日本だけでなく、愚か者は世界中に満ちているのである。デモクラシーがすでに根を張っているところで、映画は、デモクラシーすなわち大衆の政治参加と日常生活を結びつけ、その繰り返しを生きられた現実として描き出すのである。

こうした映画に対する包括的な批判に対して、津村秀夫は、大衆政治および大衆文化(すなわちアメリカニズム)と映画というエージェントが必然的にむすびつくものではないと述べた。「あなたのいふのは映画に淫した低級なファンの事でせう」と彼は述べた。もし映画が、有効性という見地から考察されるとするならば、それは現在までに考えられたどのような方法よりも進んだ装置である。大衆は、浅薄な日本映画や、アメリカの映画や資本主義によって売られる安っぽい商品にのみさらされているわけではない。映画文化そのものは、広く高尚なものであった。彼が別のところで述べているように、それは、近代の終焉とともに到来し、その精神に反抗するものであったが故に、近代的な形態の神髄といえるのである(一三〇、二五八)。それゆえ、映画には、新しいドキュメンタリーを作りだし、ヨーロッパと東アジアにおける新秩序の建設に役立つ力が秘められている。たとえアメリカ映画の大半が「愚劣なもの」であるにせよ、映画はやはり、非常に有用である。アメリカ人はラジオを発明したが、それはドイツ人によって(他のファシズム体制を加えることもできたであろうが)、さらに有効に活用された。(19) 明らかに、レニ・リーフェンシュタールのドキュメンタリーを念頭に置きながら、これは映画にもあてはまると彼は述べている。ファシスト映画に見られる、政治の美学化に関心を寄せながら、津村が述べているのは、ドイツが、凡庸な観客にたいしても新秩序のリアリティを実感させるような、ドキュメンタリーを制作することによって、映画を有効に活用しているということである。アメリカ映画が提示しているのは、近代的な精神のみである。それはますます、ジャズや「狂騒的なダンス・スタイル」を意味するようになってきており、「スピードそのもの」を表象するようになっている。そしてその繰り返しを越えでることはできないのである。それに対し、津村は、ドイツの『民族の祭典』、『勝利の歴史』、『意志の勝利』のようなドキュメンタリーに、「近代精神の超克を発見する」。実際、イタリアやドイツによって開かれる映画の将来は、過去の映画のような文学作品ではなく、ドキュメンタリーにあるであろう。これに対し、フランスやアメリカ映画を支配してきたのは、創造的な映画作家たちであった(一三二)。アメリカの映画技術が進歩し続けるかどうかは疑わしい。たとえ、それが、「企業形態」と「映画科学」のなかに根を張っていたとしても。津村が確信していたのは、それが、アメリカの国民性と道徳、風俗の堕落を考えあわせると、映画文化としての発展はきわめて低いということであった(一三三)。ここで彼が述べているのは、映画文化が、現代の情況に敏感で、フィクションではなく現実を描くことができるような記録のメディアへと進化していく可能性である(皮肉なことに、それは、マルクス主義哲学者、戸坂潤が、ジャーナリズムに対して割り当てていた仕事でもあった)。しかし、こうしたドイツのドキュメンタリーに対する熱狂的な歓迎は、盲点を生み出してもいた。彼は、そうした新しい作品が、新秩序という現実の再構築ではなく、むしろファンタジーの構築だということを見ることができなかったのである。

アメリカニズムに関するこうした議論がはっきりと示しているのは、問題に満ちたモダニズムの性格である。ほとんどの人々にとって、現代世界を支配しているかに見えたアメリカニズムは、近代精神の欠如態であった。近代精神は、主として一九世紀に同定され、物質文明や、所有にもとづく個人主義、貨幣によって引き起こされる快楽主義、金融資本主義によってもたらされた終わりのない消費への反対を示した。近代のこうした見解の中心にあるのは、たえまのない変化、止むことのない動きの光景であり、資本主義の生産諸力によって要求される常なる革命であった。それこそが、ニーチェ以降のあらゆる文化批評にとっての最大の敵であった。津村は、(あきらかにハイデッガー的なやりかたで)没落の場である近代を、現在から区別した。それに対する応答の中で、鈴木成高は、アメリカニズムが、本当にモダニズムを代表しているのかどうか、単に世界史的な視座における別の場所を占めているだけではないのかということを問題にした。しかし、その場所がどのようなものであれ、制御しえない科学の発展や物質文明の成長を非難することはできない。たとえ、アメリカが覇権的であるにせよ、日本も、そうした世界史的過程の一部であった。真のディレンマは、人間の魂が、みずからのために機械を作り出したにもかかわらず、ついにみずからの作り出したものによって、「食はれ出した」ことにある。問題は、現代生活を否定する衝動というよりも、物質的・技術的世界に生きることを余儀なくされている人間が、みずから生み出したものを統御しうる方法を発見することができるかどうかということであった。そうした方法は、卓越した理想を必要とするが、問題は、鈴木が述べているように、デモクラシーと機械文明と資本主義が、ともに共通の基盤から発しているという点にある。こうしたデモクラシー、とりわけその大衆文化と資本主義とテクノロジーへの親近性は、連動した関係にあるので、従来とは全く異なった人間の秩序と要求の概念を構想する必要がある。こうした文脈において、津村が提案するのは、交換ではなく、効用に立脚した新しい経済システムの確立であった(二二七—二三八)。一方、林は、明治維新に一身を捧げた志士たちの忠を懐かしみ、それこそが、意志の力にのみ依存し、そのほかの何者にも依存しないような新しい始まりを約束するものだと述べた。

津村の主張が、マルクス主義の残響なのか、単に何らかの形の共同体へ回帰したいという流行の欲望の一例に過ぎないのかはわからない。日本は、近代的な技術文明を超克する必要があるにせよ、超克が、完全なる排除を意味することはほとんどなかった。資本主義とテクノロジーは、物事を安楽にし、便利にし、効率化することによって、生活様式を変化させた。安価に製造された商品は、豊富に出まわり、中村光夫が主張したように、日本における日常生活を文字どおり植民地化した。こうした合理化のプロセスの帰結は、明らかに日常生活の同質化であり、それはデモクラシーが、社会的関係を同質化するのと同義であった(二二七—二三八)。デモクラシーと資本主義と技術文明との結びつきは、こうした同質化と平準化の過程の中に刻み込まれており、日常生活の絶え間のないスピード化によって促進された。多くの者は、それを、日常生活のもっとも危険な次元であると見なした。座談会にとって、スピードは、生活において明治以後日本人が経験した巨大な断絶の徴であり、世界を止むことのない発展と変化として描く歴史意識の過剰の中に、その姿を表していた。スピードはまた、絶え間のない同質化と平準化と結びついており、それが鈴木や、津村や、林のような人々を悩ませた。もしアメリカという理念が、(発展の基礎を等しくするという資本主義の壮大なそして決して満たされることのない約束を反映して)大衆の物質的な生活水準を引き上げたとしても、そこには、平均的なもの、同じものが、生産されてゆくという危険があった。津村が確信していたのは、もしテクノロジーが巧みに利用されるならば、近代を超克する希望があるということであった。しかし、河上徹太郎が主張したように、「機械文明といふのは超克の対象になり得ない。精神が超克する対象には機械文明はない。精神にとつては機械は眼中にない」からである(二六二)。アメリカニズムに関する議論では沈黙を守っていた小林秀雄が、河上に賛成した。彼は精神は機械を嫌悪するが、精神が機械を敵として戦争するわけではないと主張した。議論は、精神や文化の優越性を強調する方向へと流れていったが、そこにもまた不一致が存在した。

下村　それでは済まないと思ふ。……機械を造つた精神を問題にせねばならぬ。
小林　機械は精神が造つたけれども、精神は精神だ。
下村　機械を作つた精神、その精神を問題にせねばならぬといふのです。
小林　機械的精神といふものはないですね。精神は機械を造つたかも知れんが、機械を造つた精神は精神ですよ。それは芸術を作つた精神と同じものである。
下村　(中略)「精神」や「魂」も、近代的な変革を遂げてゐることです。今まで魂は肉体に対する霊魂だつたが近代に於ては身体の性格が変つて来た。つまり肉体的な身体でなく、謂はゞ機械を自己のオルガン(器官)とするやうなオルガニズムが近代の身体です。古風な霊魂ではもはやこの新らしい身体を支配す

> ることが出来ない。新らしい魂の性格が形成されねばならぬと思ふ。近代の悲劇は古風な魂が身体に——機械に追随し得ない所にある。こゝで後に退くか前へ進むかが問題で、勿論後へ退くことは出来ない。機械を造つた精神は決して唯物論ではない。（二六一—二六二）

カトリック神学者、吉満義彦によれば、近代のテクノロジーですら、「神秘主義《ミスティク》」を帯びるようになっており、それは、際限のない物質性とスピードの追求をよりどころとするものである。そうした「ミスティク」は、すべてのプロセスの裏面である（二六三）。したがって、超克の必要性は、精神それ自体の再発見の中にあらわれ、また創造されたものに縛られない創造的衝動のアウラを、物質性から引き出すという精神の使命のうちに明らかである。そうなれば、精神は、もはや文明の方向や機械の道行きに支配されることはない。精神を文明と機械の両方からくみ上げること、それが近代の超克という困難な仕事を開始する地点を示す。超克をこのように描くことは、それが「反復の問題」であることを承認することである。失われた精神や魂を新しく発見し、それを新しい始まりにするために、起源へと回帰することを意味していたのである。

しかし、後に見るように、「失われた」り、忘れられたりしたものは、現実には決して存在しなかったものである。過去の記憶は、現在の発明にほかならない。現在を精神の自己発見へと導くことを約束したのは、この意味における「反復」であった。精神は、物質ではないので、それを進歩的な語りの中にとらえようとする表象の誘惑や歴史意識の欲望を回避できる。小林によれば、こうして精神は、いまだ精神として、近代の合理的な説明の様式の外部にとどまるのである。

表象の問題と歴史の地位

座談会にとって、表象という問題は、道具的理性への献身を特徴とする知識の専門化や、近代をそれ以前の時代から区別する分業という特徴的な指標と結びついていた。細分化された知識が生み出すことができたのは、絶えず変化し続ける一連の終わりなき部分的な表象であった。そうした表象は、相互に集まったり、結びついたりすることなく、認識されうるようなひとつの全体性を生み出すこともなかった。それどころか知識を諸分野に分割することは、理論武装した複数の陣営を生み出す結果をもたらしたのである。そのそれぞれが、みずからの世界に対する部分的な見解の優越を主張しあうことになった。すなわち、疎外という大きな衝撃と表象の不安定は、知の新しい様式へ献身することにおいて最初に、そしておそらく最も強烈に経験された。近代的な知識を獲得することによって、日本人は、モダニティの到来以前に所有していたものが、知の全体的で一貫した体系であり、そしてそれは、今や多様な分割に取って代わられることになり、その分割がひとつに集まる機会は決してないであろうと確信するに至ったのである。近代的な知識を採用した結果、それ以前の対象が失われたかのごとく思われたのである。

明治時代以後、思想家たちは、「文明」に特有の失敗を、全人性の喪失と極端な仕事の分業化とあらゆる分野における専門家の増殖に帰した(二三)。それに続く知識の専門化と新たな分業の開始は、かつて全体的であったと考えられた世界を、歪め、分割し、多くの断片のなかに沈めることになった。亀井勝一郎にとって、この新しい道具的な知識は、日本人の精神的統一を破壊したものであった。彼の意見によれば、明治時代には、キリスト教の活動家である内村鑑三のように、少数の英雄的な先駆者がおり、早くから合理化の傾向に抵抗し、みずからの生活を実例として、そうした必然性に抵抗しようとした。内村は、もともと水産学の専門家としての教育を受けたが、専門家になることを拒んだ。彼が、あらゆる物事のはたらきに存在している「普遍のもの」、すなわち神を求めたのは、こうした理由のためであった。後の議論で、吉満は、このような内在主義(immanentism)を、「汎神論」という表現で呼ぶことになるが、しかし、両者は同じものではない。内村は、アメリカの神学校に学んだときですら、彼は、専門家、つまり牧師になることを拒み、平信者、すなわち素人でありたいと主張した(三四)。それこそが、無教会という彼の考えの意味であった。亀井の説明によれば、内村は、神学を広義に読み、解釈し、神学は、政治学、経済学、哲学、歴史学、自然科学を含むと確信していた。アメリカの神学校に学んだときですら、

あらゆる仕事のうちに宿っている神に対して純粋である道を選んだ。これは、ひとりの人間が、どのようにヨーロッパ文明や道具的な知識の要求と戦ったかということの単なる一例に過ぎない。しかしその一方で、新しい知識や技術を輸入するペースは、一八八〇年以降速まり、続く大正時代にさらに加速していった。

座談会を最も悩ませたのは、主として、輸入された知識が、あからさまな効用に満たされており、そのスピードと合理化が無数の専門家を生み出すであろうという認識であった。同じようにして、大学は、「実生活の哲人」を生み出すことがなくなり、全人的なひとつのイメージを創生するという責任を喪失した。むしろ大学は、「無数の専門家を出し、他方では教壇のスコラ哲学者を生む」ことに甘んじている。下村寅太郎と科学者である菊池正士は、科学における専門化の必要を擁護し、別のやり方を要求する提案を拒絶した。亀井と下村の間で闘わされた議論は、座談会を通じて存在していた緊張のひとつを明るみに出している。それは、科学の要求と精神の権威との間の緊張であり、時計を逆戻りさせることはできないという信念と失われたものは回復

されねばならないとする確信との間の緊張であった。亀井は、あらゆる逆行が「堕落」をも意味しうることを認めてはいたが、現実には、専門化が奉仕を掘りくずしているとし、水産技師でありながら、神の僕となった内村の例を対置した。「あの人は、……神を信ずることに依つて、自分の全人性を恢復しようとした」。しかし、不幸なことに、専門化は科学を行う上でのひとつの条件であり、全体性の喪失は、そのための対価であった(三三五)。

諸井三郎によれば、専門化によって提起される問題とは、近代の条件が必然的に知識の分業に立脚するものであるかどうかということであった。彼がこの問題に気づいたのは、ヨーロッパで学んでいる時であった。そこで彼は、お互い同士の差異や非ヨーロッパ人との間の差異を表現することを、耐え難いと感じたのである。このエピソードが諸井にしめしたのは(彼は、あきらかに人種差別の経験を抑圧しているに違いないのであるが)、ヨーロッパ人がいかに日本人が音楽的に貧弱であると思いこんでいるかということである。ここにおいてかれはヨーロッパ人が、「人間といふものは九十パーセント迄同じ者だと謂つてよい」にもかかわらず、まるでそれが道徳的な命令であるかのように、みずからを、他のすべての白人をも含めた人々から差異化しようとしているということを認識した(三三六)。全体や統一という概念から出発するかわりに、彼らは、専門化と分業によって生み出された差異化に訴えている。文明開化によって被った大きな傷跡は、自覚の欠如であった。それは一種の疎外であり、それが人々が全体をひとつの統一として見、そして表現することを妨げたのである。

専門化の悪影響とそれがもたらす全体的な理解の破壊へのこうした嫌悪は、表象の問題と意味の安定に関わっていた。戦間期においてもっとも重要な問題となったのは、この問題をめぐる考察であり、思想家や作家、芸術家たちは、現実が絶え間のない差異化にさらされているような社会において、芸術や文学が、果たして本来的なものを正確に表象しうるのかを問題とした。しかし表象の地位が問題化されたことは、おなじく重要なもうひとつの認識と結びついていた。それは、たえまのない社会的・技術的な変化、新しい消費パターンや新しい階級の台頭の期待、社会的生産関係の止むことのない革命化によって社会的非決定性という怪物が二〇年代に生み出されたことであった。安定した社会的凝集性を保証しうる原理を決定し固定化しようとする努力は、しばしば、本来的な経験や実践の基盤を再び獲得する試みと一体化した。それは、三木清のいう基礎経験を要求したすべての人々によって述べられており、あらゆる歴史的図式や過程の外部において、起源やなんらかの自律的な(精神的)創造行為に一体化することを主張した。これは、資本主義的近代化によって要求される目ざましい変化を免除してくれるように思われたのである。戦間期において、日本の作家や思想家が直面した主要な問題は、どのように芸術や文化を、表象の不安定さから救うかということであった。表象は、ますます、生活世界における常なる変化のみを反映するようなプログラムで満たされるようになっていた。同じく、社会的現実とそれを反映した効果との関係は、主体と価値の永続的な固定化を掘り崩す危険を有していた。もし、芸術と文化が、単に、今生きられ、日々経験されている現実の生活の反映を表象するに過ぎないとすれば、その唯一の仕事は、どれほど生活それ自体が、常なる変化のただ中にあるかということを示すことのみとなろう。こうした制約のもとで、芸術や文化は、単に過程を、すなわち「つかのまとはかなさ」を示しうるのみであり、消えてしまうまえに捕まえる機会すら与えられないような、経験の断片的反映となる。座談会に参加した多くの活動的なモダニストたちが取り組もうとした仕事は、芸術が、どのように社会変動の不安定を免れることができるか、どのように持続的で継続的な意味を有する生活を反映したり示唆したりすることができるかを示すことであった。これこそは、小林秀雄が、「日常の経験」と呼んだものであった。それは、歴史的な変化を免れ、その上がり下がりよりも長い生命をもつ何かである。歴史的な表象が必然的に見落とすことになるのは、こうした意味における共通の経験であった。

座談会が試みたのは、近代生活のショックやセンセーションにいまだ同化されていない、もしくは破壊されていない記憶や経験をよみがえらせることが必要だということを、同時代人に思い起こさせることであった。小林のような参加者は、近代の社会的経験を、一種の忘却として理解し、文化的無意識における「共通性」の継続よりなる真の歴史を抑圧するものだとした。戦間期の多くの知識人と同じように、座談会の参加者たちは、死せる形態から伝統を解き放つ一種の革命の必要性を主張した。私が思うに、彼らの誤りは、そうした形態が、まるで、いまだ実現されていない社会的・時間的な形であるかのように、近代の外側から徴募されうると信じていた点である。権田保之助や戸坂潤のような、ほんの少数の思想家のみは、こうした想起という行為が、近代という時間的形態のただ中から行われなければならないことを理解していた。しかし小林のような思想家が、現在——それは常に日常性を意味していた——の忘却を勧めたとき、めざされたのは、過去のために現在を忘れることであった。みずからの方法を、歴史的な進化図式から区別しようと努力しながらも、彼自身の共通性の継続という概念は、新しいものを全体としての歴史の中に位置づけ、過去との抽象的な連続性を確立するような、古い歴史主義を回復したに過ぎないものであった。こうして、歴史主義も小林も、モダニティのなかに、受け継がれた価値ある遺産としての過去を提示した。また、沖縄の「発見」を文化の「宝船」と表現した柳田もまた同様である。座談会は、マルクスが「現状」と呼び、戸坂潤が「今」と同定したような、現在の構成的な作用を忘却もしくは無視することの必要性に関しては、大まかな合意を見ていた。

座談会は、古い秩序の危機から内在的に新しい歴史的経験の形式を引き出すため想起へと回帰したというよりも、むしろ、社会体に関する既存の言説の前例に従って、記憶を、資本主義やモダニティの媒介から逃れた芸術作品や実践のなかに、無傷の形態で回復しようとした。このことが意味したのは、主体の地位を、芸術作品や、美学や文化的経験、もしくは宗教的実践のなかに同定することであった。なぜならそれは、モダニティや時間性の外側に存在し、従って、「純粋な表象の実践における重要な土台、すなわち対象から自律することを許されたもの」と考えられたからである。[20] 戦間期において、こうした探求は、客観的な世界の束縛を首尾よく逃れようとする実践を含んでいた。すなわち、決して同一でありえないものにかえてその重要な側面において、決して変わることがないようななにかを見つけることである。そうしたすべての努力に刻み込まれていた身ぶりは、社会や歴史の媒介から自由な「純学」を生み出し、物象化(社会的な抽象化)に影響されないような経験を生き返らせることであり、もしくは西谷啓治が示したように、主体性についての異なった哲学的概念、すなわち「主体的自己」ではない「主体的無」を再定義することであった。こうした動きは、主体の成立の基礎としての表象の没落を乗り越えることにより、「美学」(それは宗教的、文化的生産を含む)を可能にするように思われた。[21] 日本のモダニストにとって、このことは、表象に従属しているすべてのものに対する嫌悪を伴っていた。なぜなら表象は、すでに資本主義的な抽象化によって媒介されており、直接的な経験から対象を切り離す一種の二次的な修正を構成するものであったからである。かれらの課題は、経験の直接性を示し、それゆえ(社会的な)媒介を免れているような芸術作品もしくは実践をつきとめることであった。作家や思想家たちは、我々が後に見るように、さまざまなかたちで、直接的な経験という権威へ訴えようとした。直接的な経験は、それを表象する芸術作品や実践から切り離せないものであり、「「近代文学者」の解釈」は、曲解であった(三〇)。こうした二次的な修正を避けることは重要である。なぜなら、「文学」や「思想」という媒介に頼ることによって、本来的なるものが覆い隠されてしまうからである。「極く乱暴な言葉で一と口に言つて了へば……、西洋のものが非常に面白かつたのは、意見が面白い、批判や解釈や分析が面白かつた、さういふものの面白さから、さういふものについて行く所まで行つた。僕は自分ではさう思つて居る。それでやつて見ますと、理窟なんかどうでもつくといふ事が腹にはいつて、みな詰らなくなつた。さうすると今度は文学とか思想といふやうなものを頭では考へないで、段々肉体で感ずるやうになつて来る。さうすると書いてある内容、事柄とかいふやうなものが詰らなくなつて、段々文学といふものが、形で見たり触れたりして感ずる美術品のやうに見えて来る」(二四六)。ここで小林が指摘しているのは、環境をフィクション化することによって内容を作り出し、それによって文学を作り出そうとする意図的な試みや思考が引き起こす干渉についてである。それは、「解釈」と選ぶところのないひとつの操作なのである。ひとは、文学を考えるのではなく、それを「腹」、身体で感じる。すなわち文学は、その存在を、内容においてではなく永続する形式において表すのである。小林が信じていたのは、知識の専門化や細分化に顕著にあらわれている社会的な抽象化こそが、経験、すなわち見ることと感じることを、分析と解釈によって置きかえることへとつながったということであった。

資本主義的な社会編成の内部におけるただの解釈へのこうした嫌悪は、例外なく、資本主義的な社会編成の外側に出て、具体的なるものを思考しさらには感じとろうとする努力を要求した。日本において問題は、さらに複雑であった。日本の心と精神(津村秀夫は皮肉にも、ドイツ語の「ガイスト」という言葉でその点を指摘したが)は、西洋の技術、理解、概念そして道具の様式によって充分に表象されることができるのかという問題が論じられたためである。さらに、一九二〇年代と三〇年代を通して、日本と西洋のあいだに、あるいは植民者と植民地のあいだや社会の内部それ自体に存在する不均等発展や存在の様式の不一致が演じる歴史的役割について、重層的に決定された認識が存在していた。それは、人々が、異なった生産様式と時間性によって特徴づけられる空間を生きており、それは現在なるものの中に、資本主義とともに共存しているという発見であった。資本主義による媒介からの逃げ道を見つけるためには、芸術作品すなわち文化それ自身が、歴史的主体の代役とならなければならなかった。それは変化してやまない歴史や西洋の表象コード、進歩に関する歴史的な語りへの依存によって失われたものとされたのである。日本人は、「一見具体的だが、歴史的には非決定な芸術作品という主体」、すなわち西谷のいう「主体的無」(これは宗教的な経験に似ている)、さらには民族や日本精神それ自身をもって、あらゆる活動の源泉である普遍的な資本主義や社会的抽象化の基盤を置き換えようとした。過ぎ去るものや断片的なものの単なる表象ではなく、生き生きした、永遠に続くような実践のための基盤を見つけることによって、日本人は、彼らの現在(present)に、永遠の芸術作品と関係した純粋な現前(presence)(小林のいう形式)、美学、文化的な芸術作品や信仰、歴史的生産の条件と結びつき、歴史的変化にも影響されない本来的な経験を、ふたたび位置づけることを試みたのである。資本主義の下で、戦間期の日本の近代生活の光景は、現実の抽象である表象と、表象されたもの、すなわち具体的な経験との関係を徐々に問題化していった。具体的な経験とは表象化という惨状を奇跡的に逃れたものであった。そうした惨状は、今や、アメリカニズムという新たな名前を与えられるに至ったのである。

補足的な論文「現代精神に関する覚書」において、亀井勝一郎は、他の出席者たちに、いわゆる「言葉の危機」に対する注意を促し、「思想の専門語」や「時局的用語」が、「人間の言葉」ではなくて「人間の言葉を粧つた符牒」となり、驚きが喪われていくことの悲しみを表明した。「現代語の乱脈についてはすでに指摘されてゐるが、精神の頽敗がその徴候を最も端的に示すところは言葉であらう」(六)。「元来言葉といふものは、言ひあらはしきれぬ万感の思ひを、敢へて言はうとする切なさにおいて成立するものだ。全霊を傾けた突差の出来事だ。愛と慟哭がさうであらう。言ふに言はれぬ思ひを、表現する」。言葉は、美しい表情と陰影に結びついており、「言葉はいのちを賭したものである」。「その本来の価値、即ちあたかも舞姫の舞ひのやうな多面の姿態と影をもつて言葉が生々と存在した状態へ、私ははげしい郷愁を感じる」。もっとも彼が憂えていたのは、言葉に対する敏感な心が衰えつつあったことである(七)。一語が成立するためには、どれほどの労苦が払われるかということへの注意のかわりに、「「言葉」の空想時代」を生み出す「弄び」があるのみである。彼がいうには、「一語にこもる無限の意味を適確に考へる余裕を現代人は失つてゐる」のである。

より本来的な言葉の使用の実践へ訴えることは、歴史の意味を領有することを意味した。そうした身振りはまた、意味とは無限であり、決してそれ自身を超え出ることはなく、そして歴史の偶然や同時代の生活の堕落にもかかわらず、常に発見可能であることを意味した。かつての国学者のように、感情の広がりを表現するのに適した古代の言語を復活させようという主張をなすまでには至らなかったが、亀井は、言語の中にいまだに閉じ込められている起源の響きや神秘の痕跡をもはや追求しようとはしない人々に、失望を表明した。古代人が古典を写そうとしたとき、彼らが「一語にこもる神韻」を摑んでいたからこそ、信仰は花開いたのであった。筆写がなされたのは、印刷術の未発達などというためではない。「古典の一つの言葉にすら宿る無限の思ひを、いかに味ひ、いかに美しく語り継ぐか、これがすべてを決定する」。「然るに現代人は、論じたといふ形だけによつて彼を価値づけるのである」(八)。

亀井の表象に対する批判は、言語使用の崩壊を例にとっていた。そしてそれは、近代化それ自体に対する根深い不満から引き出されたものであった。どこを見渡しても、言葉は硬直化し、専門用語、指示物をもたない空虚な決まり文句となり、その結果スローガンにのみ依拠することになった(特に左翼の間で)。こうした表象の危機に対して、彼は次のように説明する。言語がスローガンとなることは、明治啓蒙の延長であり、ただ機械文明と功利にのみ専心してきたことに関係している。以来、「開化」によって導入された安物の商品を競ってとり入れた大衆は、急速に、最も理解しやすい言語の形式に屈することとなった。教育もなく、思慮深くもない大衆は、言葉の中にある本来の美や峻厳をおとしめ、無意味なものや理解不可能なものにしてしまった。このように適切な言語使用の崩壊は、堕落した商品の生産とともに、民主主義によってもたらされたものであった。民主主義は、その左への枝分かれである共産主義と同様に、言葉を道具的に功利的に使う。彼の見るところでは、一九二〇年代と三〇年代に、共産主義者と自由主義者が出現したのは、言葉がその意味を空虚にさせられ、決まり文句によって置きかえられた時だったのである。スローガンのみが理解されると彼は嘆いた。日本社会は、「精神」が、平均化、通俗化のプロセスによって圧倒されることにより、重大な危機に直面したのである(九)。しかし、スローガンの存在は、また、指示対象と文化という参照系の消失をも意味していた。文化こそが、言葉に形と意味を与えると考えられていたからである。それはまた、言葉を審問の機能へ引き下げることを意味していた。亀井の表象に対する批判の中に、言葉の使用法が商品形態を反映するプロセスと、大衆文化に対する恐怖の両方を、見いだすことができる。

言葉が堕落していくこのプロセスの中心に存在するのは、スピードのショックと、言語の商品化であり、言葉は、昨日の意味を今日すでに失うかのようであった。商品形態と同じく、新しさが需要の刺激となり、最新の過去ですら時代遅れなものとなる。戦間期において、スピードとショックは、映画や写真、同時代のジャーナリズムにおける認識の形式的な原理と見なされるようになった。しかし、亀井は、こうした新しいメディアを、単に情報の運び手であるとみなし、社会的経験の伝達に対する障害としか考えなかった。スピードは、現在にとっての、安定した歴史的指示物である古いものを破壊し、近代的なるものと新しいものとの距離を消滅させた。亀井が観察していた世界は、近代と新しさが急速に同義語となっていくような世界であり、時間が、新しさのただ中で、永遠に同じものとしてあらわれる世界であった。亀井は、現在の言葉がスピードの衝撃を反映し、過去に背を向けることによってスローガンや決まり文句(商品形態)へと転化するプロセスを示した。江戸時代、芭蕉は歩いて旅をした。長い時間をかけてそこへたどり着いたがゆえに、彼は、詩的な日記の形でその記録を残すことができたのである。汽車では、ほんの数日のことである。しかし、かれが道中で過ごす時間は、かれが出会った景色を理解するために必要であり、それは列車の窓から無感覚にあいまいな風景を眺めることとは異なる。近代は対照的に、車窓を通り過ぎる人々や村や景色を眺めることによって、意味を作り出す。結果として、近代の視覚では、本質に入り込み、運動をとらえ、それを愛することを学ぶことは不可能である。芭蕉にとって「みる」ことは「殉ずる」ことと同義であった(一三)。危険なのは、スピードと近道である。夏目漱石は、早くからそれを見抜いていた。三日で目的地に着いてしまうことは、旅という言葉のもともとの意味を裏切ることである。

　スピードは、省略とスローガンと決まり文句を生み出す。そして亀井がもっとも嫌った露骨化もまた、疑いなく民主化と平等の主張によって生み出されたものであった。健康な言語は、沈黙や休止に依存するのであって、音と意味とが絶え間のない響きのなかに浸りきっているような現代の騒音のうちにはない。みんなが饒舌になると、情報以外のなにものも伝達されなくなる。決まり文句とスローガンが、言葉にとって代わるからである。近代の啓蒙は、「隠れてひそかに為される行と表現の美しさ、繊細な感覚のみがそのまゝに柔軟に扱ひうるやうな微妙なもの、これを無残に蹂躙する暴力」をもたらした(一〇)。現代の文明は、ものごとをあるがままに表象する力を掘り崩している。露骨に、そして「蕪雑に」しゃべることによって、話し手は、幅広い意味や連想を利用することができなくなる。はっきりとすべてをはなすことへの強制は、合理主義の「説明欲」に由来する。亀井はそれを、「性急な功利性」と「中毒性のセンセーショナリズム」と表現した(亀井の批判は、谷崎潤一郎の批判を彷彿とさせる。かれは白熱電球がすべてを照らし出すことによって、かつての美学においてはきわめて重要であった陰影やニュアンスが失われたと論じた)。亀井の見解によれば、ラジオや出版ジャーナリズムという新しいメディアは、すべてを説明しようとするこうしたおそるべき欲求のあらわれであり、偶然や想像力になにものも残さない。もし、戦争という行為が、ラジオや新聞によって報道されるものとなれば、報道が、表面的な事件や出来事のみに拘泥し、崇高な行為に内在する「陰影や纎細な抒情」を打ち消してしまうことは見やすい道理である。賞賛は広まるであろう。しかし、そうした形式は、子細な事実のみを追求し、報道を、きわめて狭い次元へと還元し、常に同じことを繰り返し行わせることになる。

亀井は、陰影やニュアンスを見落としているような表象を細かに描き出すことで、機械的な再生産という形式が、アウラに満ちた経験の性格を現実に破壊しているということを訴えた。「多くの文筆家と記者が軍神の故郷へかけつけ、遺族をして語り難き万感の思ひを敢へて語らしめなかつたであらうか。愛するものが英霊として帰還したとき、誰が饒舌となるか」(一一)。彼が危惧したのは、日本人が、それを「忘却の淵に沈」めてしまうことであり、スピードと細部への欲望が、真に大切なものや単なる記述によってはとらえきれないものを破壊し、見落とすことであった。ものごとを表象する際に、一番重要なことは沈黙と孤独である。しかしながら、「露骨さ」への強迫的な傾向が強まるにつれ、自己弁解、すなわち、自分自身の言説に注釈を加えていくことに、より大きな強調が置かれるようになった。実際、露骨さと自己弁解は、自己に対する言説の必要条件である。現代の発話において感情が失われていくことで、出来事や景色を適切に物語る方法が失われ、「蕪雑なイデオロギー」へと堕す危険が生じた。

亀井にとって、もし言葉が、言いようのないものを表現する力を失ってしまったとしても、写真や映画もまたそのような効果を持ち得ないものであった。映画も写真も重要性に関して必要な区別を行うことなく、物事をとらえることをめざす。ルポルタージュが、細部にこだわり、完全な物語をとらえるのに失敗するように、写真家もまた、ものごとや人々やできごとの尊さや美しさ、珍しさを区別することがない。写真家が、大和の古い仏像に焦点をあわせ、フィルムによって具体的な形象を生み出そうとするとき、彼らは、必然的に仏像の光、アウラを消し去ってしまうことになる。それは、孤立した薄暗い本堂という場所にあらわれるものだからである。奈良の寺においてみられる古代の芸術は、過去から続くアウラを運んでいるが、それは、寺の内部に位置していることによって生み出されているものである。寺は、その仏像を、陰影の絶えることのない働きのもとにおいているのである。

複製とその配布能力によって、通常、写真には、人々の美的な意識を高めることが期待されている。しかし実際、写真になしうることは、見ている人々を欺くことであり、鑑賞者は、決して表現しきれない芸術作品のアウラを感じとる位置に立つことはできない。この意味において、写真は、現代における言葉の堕落とほとんど変わることはない。写真という亡霊によってものごとが正確に再生されていると信用することは、現実を見失うことである。なぜなら、それは、現物の貧しいコピーに過ぎず、その表現の不正確さは驚くほどで、そのフォーカスは常に狂っているからである。眺める人は、現物に付着する神秘の中に隠された感情をつかむにはいたらない。写真は、正確な形象把握とその再生を主張することで、自らの非本来性を隠蔽する。写真が生み出しうるのは、光学的な幻影のみであるのに、そこで眺める人は、真なるものを見ているかのように信じ込まされる。たとえ写真が、芸術を多くの人々に接近可能なものとしたとしても、それはまた、芸術を「麻痺状態」におちいらせることにより、感受性を危険にさらすものであった(二三)。亀井が指摘したのは、経験それ自体の喪失と、それを伝達する可能性の喪失であった。写真や出版ジャーナリズムという不適切な新しい表象の形態によって、失われたアウラが代補されてゆく。しかし、かれはまた、アウラを経験する位置にあるような主体を想定するのは困難であることを、無意識のうちに認めていたようにも思われる。なぜなら、アウラは、常に逃げがちでうつろいやすく、けっして一定の場所にとどまることがないからである。

亀井の表象に対する批判が、機械による再生という新しいテクノロジーを主として問題化し、それがアウラを消し去り、真の感受性を損なってしまったということであったとするならば、座談会がより関心を寄せたのは、西洋的な芸術の形態が、「日本人に本当に板につくか」という問題であった。この点の強調は、機械的な再生産に関する考察を排除するものではなく、西洋の芸術的形態が、東洋と西洋を融合した新しい文化的統一において演ずる役割に言及するものであった。この問題に関して、音楽家の諸井三郎は、次のように述べた。日本人はいまだ西洋的な語彙での新しい音楽的伝統を発展させてはいないが、西洋の影響は、「新しい音楽様式の創造」に埋め込まれている(二三)。しかし、この問題を解くためには、まず最初に、日本人が、みずからの感情や感傷を、西洋の技術や作曲の様式や楽器で表象しうるかどうかを決定する必要がある。中村光夫は、日本人が、西洋の音楽や、音楽的な形式において現実に意味されている感情の構造を理解するために必要な感性を、いまだ吸収するに至っていないと論じていた。日本人によって採用されている音楽的な形式と西洋のそれとの間には、巨大な差異が存在した。

諸井によれば、西洋音楽の「気持」は、歌から引き出されたのに対し、東洋においては語りが本質的である(座談会に参加していなかった折口信夫が、その一〇年ほど前に、日本における芸術の起源は、叙情詩や恋歌ではなく、巫女が宗教的な儀礼の場で、神に毎年の豊作と村の幸運を祈念する語りに存すると述べていたことは興味深い)。「僕は語る音楽を書きたいと思ふのです」と諸井は説明する(二三)。日本の観客は、西洋の音楽を聴くことを好まない。なぜなら、彼らは作曲家の感情へと分け入ることができないからである。林房雄は次のように続けた。「こんなことがありました。田舎の温泉宿で、西洋の発声法に依る歌をラジオで聴いてをつたのです。ラジオの部屋に集まつてゐた連中はいづれも六、七十の年配で、いろいろな経歴を持つた偉い老人たちで、四十台の僕が一番若かつた。二十分くらゐ聴いて、〝あゝ弱つたなァ〟――と言つて立上つたら黙つて今迄聴いてをつた昔の帝大卒業の老人たちが、〝あなた方若い人も弱つたなあと思はれるのですか、実は我々も困つたなアと思ひながら遠慮してゐたのですが、それで安心しました〟――と言つてラジオを切つた。此の日本人の嘆きを西洋音楽家に解つて貰へませんかなア」(二三)。こうした関連で、映画評論家の津村秀夫は、現代の声楽家が、西洋の音楽のわかりづらさを克服するために、西洋流の発声法で日本の民謡を歌っていることに注意を促す。しかし、彼はまた、そうした方法が日本人に歓迎されていることを馬鹿げた風景と批判する。それは、ほとんど「滑稽」であるとまで彼は述べた。しかし、それは現在の日本映画でも繰り返し用いられているために、いまだに対決せざるを得ない課題となっているのである。一例として津村は、最近の「退屈な」映画として、『大和』に言及する。そこで歌い手は、日本の曲を歌うのに西洋の発声法を用いているのだが、その歌が、噴き出したくなるほどのしろものである。そのおかげで、映画全体の雰囲気が台無しになっている。

発声法を矯正すればよいと考えるかもしれないが、このエピソードは、そうしたやり方が不可能であることをはっきりと示している。なぜなら、それは「西洋の歌ひ方に依る方法そのものが何か日本的のものとどうしても合はない」からである。津村が、「日本的のもの」という言葉で、何を意味しているのかを理解するのは難しい。なぜなら、それは一九三〇年代に、誰もが使うあいまいなシニフィアンのひとつだったからである。彼は、「日本の精神を表現した音楽は今や大いに南方に出さねばならぬ秋である」と主張する(二二四)。亀井勝一郎によれば、アジアの声楽的伝統が西洋と違うのは、それが「声を潰す」ことにある。それはまず読経にあらわれ、一五世紀から引き続く謡曲において強められたのである(二二四—二二五)。

日本における本来的な音楽の様式を同定し、それを現在のなかに位置づけようとする動きは、プリミティヴィズムやシンボリズムやインプレッショニズムやエキスプレッショニズムといった新しい作曲の形態を拒絶し、一種の新古典主義を好むという戦術であった。そうした新古典主義のもつ厳密な客観主義は、近代音楽の初期の様式を特徴づける主観主義と対立するものである。その客観主義が依拠するのは、現実と情熱との間の矛盾ではなく、音の要請に従って構成されている秩序の美であった。形態を特権化し、形式的な原理の適用を推進することは、形態の喪失や過度のロマン主義的主観主義に対する効果的な抑制として機能した。しかし、彼は、ここで次のようにつけ加える。形態とは、構造ではなく表層であり、表現の純粋さであり、表象とは必ずしも結びつかない何かである。諸井にとって、この新古典主義は、「維新」の一形式であり「近代の超克」を構成するものであったが、それは、必ずしも完全なる拒絶だったわけではない。拒絶がもはや不可能である以上、それはむしろ、「吾々自身の目で耳で西洋の文化を鋭く底の底まで見抜」くひとつの手続きであった(五四)。西洋文化の本質をつかむことは、何を捨て排除するべきかを明らかにすることであるが、それはまた同時に、

「日本の古典を知る事」の重要性を強調することでもあった(五五)。

諸井の古典の探求は、飽くことを知らないノスタルジアによって駆り立てられており、形態の全体性を回復することを推奨するまでには至らないものであったが、それは、物事の起源を考え、現在における過去の常なる脈動を認めるようなひとつの方法を要求するものでもあった。このようにして、新古典主義は、それ自身「近代の超克」を告げるものであるとされ、座談会が探し求める種類の超克に、ひとつのモデルを提供すると考えられた。なにより重要であったのは、意味なく借りてきた要素と、止むことのない「盲目的模倣」の衝動を日本から取り去ることであるが、それを完全に拒絶することなどできないこともまた明らかであった。諸井が推奨する維新とは、形式的というよりも精神的なものであり、「雅楽を現代化する」とか、「浪花節を西洋楽器入りでやつて見るとかいふ様な」戦略を批判するものであった。このプログラムの第一の指導原理は、日本音楽の持ち続けて来た精神、それに生命を与え続けている精神にふれる事である(五五)。古典へのアピールは、「吾々自身の文化の創造」を重視するプログラムを権威づけ、また同時に、能動的な「精神の恢復」によって駆られたものであった。特にこうした動きは、感情と感覚の土着的な構造への回帰を要求する。それは、ちょうど、徳川期の国学者たちが、異質な文明との闘争において追求したものとよく似ていた。こうした仕事を託された現代の芸術家としては、「精神の秩序」に従うことが必要である(五七)。諸井が主張するのは、西洋の音楽が、日本人の感情を適切に表象しえないということであり、それは、本源的な精神の秩序との接触を失っており、感覚の適切な回路をたどることから閉め出されているからなのである。精神は、形式と感覚の両方に対して優位に立つこと、したがって、古典を探求することであり、「根源的なものに就く事」と同一であった(五七)。

批評家である河上徹太郎はそれに反論し、諸井が、「新古典主義」を買い過ぎていると批判した。なぜならそれは単に、数多い現代的な西洋の芸術的形態のひとつに過ぎないからである。小林秀雄は、次のように問うた。「やつぱり近代の音楽は、古い所を憧れてゐるのですか？　古い所に及ばないといふさういふものがあるのですか？」(二〇六)。「貴方の、聴覚的ぢやない、もつとスピリチュアルな性質のものを齎したいといふ、それは何処からヒントを得たのですか？　日本の音楽の伝統ですか？　……君は日本音楽は嫌ひですか？　……省みて発見もないですか」(二〇九、二一〇)。諸井の弁明は、次のようなものであった。自分は、けっして日本の伝統的な音楽の意義を拒絶するものではない。それは、それ自身の美とそれを喜んで受け入れる聴き手を有している。問題は、その形式的な要素を作曲に導入しようとするときに生ずる。万葉のすぐれた和歌を勉強している人もいれば、近代音楽に徹底的に没入している人もいる。「随つて僕は箏・三味線にヒントを得ることが悪いと言つてゐるのぢやない」(二一〇)。しかし、西洋音楽の様式や楽器と「結婚」し、しかもその場所からあたらしい東洋の音楽を創造することを試みる日本人の作曲家にとって、問題はいぜんとして困難なものでありつづける。

津村によれば、西洋音楽の構造が、日本の「ガイスト」を表象する適切な手段を提供しうるかどうかは疑わしい。歌も歌詞も、西洋の音楽的・声楽的な技法ではうまくいかない。津村にとって、現代日本の音楽制作の経験は、日本映画の成り行きをなぞっているように見えた。諸井のように、西洋の音楽技術を用いて日本の精神を表現しようとするのは立派な振る舞いではあるが、現代人に訴えることのできる交響曲を創りだそうとする試みにおいて、日本の楽器を用いることが可能かどうかは疑わしい。西洋の音楽技術を用いて、日本の「心」を表現する努力が行われる場合、苦しみや矛盾のみが生ずるのではないか。日本人は、最初ソヴィエトとアメリカから映画製作を学んだ。最初から、外国の実例に頼り、表現のうえでもそうした技術を模倣したために、日本の魂を表現することに失敗した無数の映画が生み出された。しかしまた、日本の映画制作者が「日本の真実の風俗」で、仕事をしてきたわけではなかったことも、また事実であった(二二―二三)。

実際、映画を作るために用いられた技術は、日本の歴史映画の中に西洋の音楽が使われるような奇妙な効果をもたらし、日本精神を表象する努力と矛盾していた。しかし、映画と音楽によって、能、雅楽や、さび、わび、幽玄などの美学的な構えといった、言葉ではあらわせない精神的な諸伝統を伝えることは不可能である。それらは、それぞれが独自の方法で、表現できないもの、すなわち日本の精髄を示しているのである。津村が、西洋の技術を用いて、本質的に日本的なものを表象する適切な手段を見つけるという諸井自身の試みを、それほど高く評価しなかったことは、驚くにあたらない(二二)。

西洋の技術と芸術の方法を使って、日本人の感覚(すなわち民族精神とされているもの)を充分に表象することはできないとすれば、日本のモダニティはどのように実際に表象されうるのであろうか。座談会において、こうした転回は、とりわけ河上徹太郎が、日本に入ってきた文明の形式に関して、日本は歴史的にそれに従ってきたのかと疑問を提示したときに生じた。この疑問に応えたのは、小林秀雄であった。かれはすでに、近代文学の毒に対する解毒剤として、古典に帰ることの重要性を強調していた。小林は明治期以来の日本文学の歴史が、西洋文学の誤解の上に成立してきたと述べ、西洋文学それ自身も、自らの世界について誤認してきたとしたのである。小林は、日本において近代西洋思想が果たした役割を評価し、近代文学の本質を決定するには、こういった考察を引き起こした「政治的危機」を理解しなければならないと信じていた。彼は「地道で健全な反省なり研究なりが漸く緒についた時に、政治的危機が到来した」と述べた(二七)。まぎれもなく、彼は一九三〇年代の政治的危機のことを述べていたのである。それはすでに、国内における精神的な動員をうながしていた。そして日本は、アジアから白人による抑圧を取り除くという見通しによって力を増し、アングロ‐アメリカの帝国主義に対抗する戦争へとますます接近していったのである。しかしかれは、もう一つの「政治的危機」によって生み出された明治維新を参照することもできたはずである。座談会において、小林は、明治期に思想や文学が輸入されてから、真の日本的原理を見つけ出すことが、近代の形式を決めることよりも困難であると主張した。同様に、共通の経験を把握することは、常に変化しつづける新奇なるものを同定することよりも、問題的なことであった。しかし、卓越した文芸・文化批評家としての彼の興味は、革命的になることなしに、資本主義の革命的な力に抵抗しうる本来的な経験のための安定した基盤を見つけるというモダニスト的な問題構成にあった。この結果、彼は、歴史すべてを抽象としてしりぞけることになり、日常生活の具体的な経験が埋め込まれているような私小説の形式を採り、ドストエフスキー、ボードレール、そしてモーツァルトを賞賛し、そしてついに、アンリ・ベルクソンの時間と認識の理論を横領して、かれ独自の詩学と美学を作り上げるのに役立てたのである。

戦争前に、小林は、すでに歴史に対抗して詩学を防衛することに賭けており、文学理論の「様々な意匠」、とくに合理主義や科学性に対して、「自己意識」や「精神」をあらわす芸術的および詩的な天才の主張を熱心に褒め称えていた。彼は、歴史や歴史意識の、表現に関する権利要求を退けたが、それは、クロード・レヴィ‐ストロースが後におこなった、「不正な概要」という歴史への非難の、はっきりとした先取りであった。小林の思考において、抽象に対抗する戦いはマルクス主義へと向けられ、それは、抽象化され図式化された理論が具体性の実現を妨げるという確信に駆り立てられていた。このアプローチは、資本主義の社会的抽象化

(物象化の体制と指示対象の消滅)に対する明白な反応であり、それはマルクス主義者によっても共有されていた。彼らは、表象作用における指示の働きを問題にしたが、いまや、みずからが破壊することをのぞんだそのシステムを支えているとして、批判されることになったのである[22]。したがって、一九三〇年代における小林の批評の標的は、想像と歴史の間に「合理的な線引き」をおこない、合理的な(そして資本主義的な)進歩という語りを描き出すために創造力を制約する抽象化という怪物であった。それは、人間の経験においてもっとも本質的なものを必然的に排除する「不正の概要」であった。この時期彼が最も好んだのは、「自意識」という個人の経験に具体性を与える表現の実例であった。これは、「私小説」と呼ばれる雑種的な文学形式において最も良く実現された。私小説は戦間期における日本の不均等発展の水準を象徴するものであった。そうであったからこそ小林は、この形式が、日本の「社会的伝統」と「伝統的な審美感」から引き出されたものであることを示そうとした[23]。

小林は、ドストエフスキーを読んで初めて、近代日本の批評が、そのイメージをどれほどゆがめていたかを悟ったと述べた。このために、かれは、この「偉大」な作家を、本来の「形」に戻さなければならないと感じていた(後年、小林は、彼の大作『本居宣長』の冒頭で、同じ宣言を繰り返すことになる。本居の人物像は、歴史家の手によってゆがめられてきたと彼は信じていたのである)。ドストエフスキーを読むことによって、彼は、大規模な社会的混乱ののちに、ロシアの国民とその神を見いだした一近代人の軌跡をはっきりとたどることになる。ドストエフスキーの試みが重要なのは、彼が、一九世紀のロシアや近代化するロシア社会を、みずからの主題として表象することを拒絶したことにある。むしろ彼はこうした主題にあらがい、それに勝利した作家であった。小林によれば、ドストエフスキーの著作は、戦闘を生き延び、その真実を語る帰還兵の記録に似ている。ドストエフスキーが示しているのは、作家が、つねに文学的そして芸術的な天職にかかわる問題と取り組まねばならないということであり、そして文学が社会や時代を表象するという仕事を果たすべきか、あるいは作家がそこにおいて生きそして表現している時代と社会を打ち負かすべく、全く異なった道を選ぶべきかという問題を決定しなければならないということである(二八)。西洋の個人主義と合理主義によって引き起こされた文化的な混乱のただ中で著述したドストエフスキーの偉大な業績は、個人主義と合理主義の制約を逃れ、文字どおりそれを「超克」した点にある。結局のところ、彼は、西洋と戦い、それに勝利した西洋人であった。

ドストエフスキーを「超克」のモデルへと焼き直し、表象を批判する小林の核心に存したのは、詩学(芸術)と歴史のあいだの矛盾を解決したいという欲望であった。近代の超克の座談会で、彼は聴き手に、偉大な芸術品、例えば鎌倉時代の(おそらくはいつの時代でもよかっただろうが)仏教彫刻について考える場合、歴史や歴史的条件について思い煩うことは重要ではないと念を押した。芸術品は、時代を超え、精神を継承するアウラの物質的な名残りを作り出す。その継承の証が、絶え間のない歴史的な変化に耐える能力である。現代社会が直面する問題は、表象のもろさであり、それは解釈という行為につねに還元される歴史的な語りにあらわれている。しかし、会議の一年前から小林は、「歴史と文学」という論文において、歴史についての考えを吟味することを試みており、それを彼は、ドストエフスキーについての著作ではじめて明らかにした。それは、通常歴史意識とみなされているものが、歴史の核心に「触れる」ことができないということである。小林によれば、ヒューマニティという病んだ概念の源は、近代的な歴史意識にあり、それは、じっさいにそれがあったところのもの以外の何かとして歴史を解釈(し表象)することに専念している。かれがこの論文で念頭においていたのはマルクス主義であったが、進歩的発展という筋書きを語る、他の「合理的な」歴史理論や歴史実践もそこに含めていた。かれは次のように記す。「いつの時代にも、その時代の思想界を宰領し、思想界から多かれ少なかれ偶像視されてゐる言葉がある様です。仏といふ言葉だつた事もあるし、神といふ言葉だつた事もある。徳川時代では天といふ言葉がさうだつたし、フランスの十八世紀では「理性」といふ言葉がさうだつた、といふ風なものでありますが、現代にさういふ言葉を求めると、それは歴史といふ言葉だらうと思はれます」。自分の若い頃を振り返り、小林は次のように述べた。「自分は一つぺんでも歴史は面白いものだと教へられた事はない、僕等は歴史といふ言葉の代りに暗記物といふ言葉を使つてゐたではないか」。しかし、「歴史に対する健全な興味」(それは「歴史に関する情操」やおそらくは歴史意識を意味している)が喚起できなければ、「国体観念などといふものを吹き込み様がありますまい」。「国体を吹き込む」ということは、(歴史の講義を先生から受ける学生のように)かくかくのものと言われて実現されるものではなく、「僕等の自国の歴史への愛情の裡にだけ生きてゐる」ものなのである。小林が、マルクス主義や他の合理主義的な歴史の図式から離れるのは、何が適切な歴史意識と見なされるべきかという問題をめぐってである。日本においてマルクス主義が熱狂的に歓迎され、そのため、あらゆる社会が理解し従わねばならない歴史の段階的発展(と進歩)という意識を特権化したことで、「本当の歴史は紛失して了った」。「色眼鏡」すなわち不正な概要は、人々がなにかを見ることを妨げ、「歴史の秘密」を捉えることを不可能とする。そしてただ真の自覚を有するものだけが、そのパラドックスに目をふさぐことを拒むのである(小林「歴史と文学」二〇〇―二〇三『全集』第七巻、新潮社、一九六八年)。

小林が「素朴な歴史」という言葉で意味するものは、歴史図式によって抑圧されている現実の歴史であり、一四世紀の「隠者」吉田兼好や、一八世紀の国学者本居宣長のような書き手の中に見いだされるものである。

彼らは、「からくり」を用いることなく、直接的に把握しうるものだけを語った。歴史的な理性という鉄の檻から現実の歴史を救済するという「計画」は、個人的で直接的な日常生活の一時的経験を、偉人や王や将軍でいっぱいの非個人的な事件で動かされてゆく歴史哲学の語りに並置することであった。こうして小林は、民俗学者柳田国男によってすでに開始されていた歴史批判の構築に、きわめて接近していくことになった。柳田は、歴史の中に、終わりのない単線的発展や連続性ではなく、無時間性と繰り返しを見ていたのである。柳田にとっては、後に見るように、歴史の主体は習慣であり、それを繰り返し生きる民衆であった。[24] 小林は歴史に対する理解を定義するなかで、自分の方法を、「肝に銘じる」と表現することを好んだ。それは、感情移入という解釈学が「解釈」の条件として確立したものと、あやうく交わりかねないものであった。どのような世界史的な図式も、平凡なひとりの人間が感じたことなどを、操作手続きとして取り込むこともできないし、ましてやそれを説明することなど不可能である。彼の企てが強調したのは、日常生活の「必然」(彼はそれを「歴史的必然性」と対比させた)を、同時代の歴史家と哲学者が、歴史の動きを理解するために用いた巨大な因果関係の網目に対置することであった。日常生活は、事件や偶然や機会などであふれており、それらは、歴史哲学やあらゆる形式の筋書きから逃れるものである。また日常生活は、「素朴な歴史感情を作つてゐる」が、それは、日常生活という彼ら自身の具体的な生きられた経験のおかげで、あらゆる人が理解できるものであった。死んだ子供に対する母の悲しみは、ひとつの事件であり、それは歴史的なものであるが、大きな歴史図式の語りには決して入らない。しかし、それはいかなる瞬間においても、誰もが理解できるような感情である。小林は文学を、常に自然につき従うものと見なし、このような歴史の理解を伝えるという使命をもつものと考えた。

歴史が、単に宿命、すなわち出来事と偶然の戯れ、子供の死のために母が示した悲しみと感情の深さ(これは彼の好きな例である）であるとみなされると、それは、ほとんど自然と、いやそれどころか文学とさえ変わらないものになってしまう。彼が認める自然と歴史の唯一の違いは、自然の存在は人間とは無関係であるのに対し、歴史は人間なしでは作ることができないということであった。やがて小林は歴史を、彼が「第二の自然」もしくは「伝統」と呼ぶところのものへ還元することによって、自然（すなわち無）へと完全に同化させることになる。ほぼ同時期に、仏教の無常という概念についての論文において彼は、歴史が、いつも新しい解釈を見つけようとする思想からはこぼれ落ちると述べていた。「見れば見るほど動かし難い形と映つて来るばかりであつた」。表象へと還元できる解釈は、止むことのない変化という法則に従うのみである。森鷗外の晩年の史伝への決意に注意を促し、かれは次のように論ずる。「解釈を拒絶して動じないものだけが美しい」（小林「無常といふ事」一八、『全集』第八巻）。「真実の歴史の精神」をつかむということが意味しているのは、彼が座談会においてほかの参加者たちに助言したように、確固とした、動くことのない形式を理解することであった。それは、ある種の記憶の力（思い出）の操作を必要とするのであり、歴史家によって記録された出来事の年代記を思い出すことではなかった（小林「無常といふ事」一九）。一四世紀の歴史家である北畠親房や、徳川時代の国学者、本居宣長のような詩的な天才のみが、現実を見抜くことのできる直接的な「洞察」や「直感」（という力）を持っていた。万葉の詩人たちのみが、自然の懐に抱かれていた様に、しっかりと歴史の懐にも抱かれ、人間を覆い尽くしているゆがんだ解釈を突き抜けて認識することができたのであった。しかし、たとえ人がそのような天分を持っていなかったとしても、物事の「本当の形」を認識するために自己という鏡を力強く磨くことは依然として可能である（小林「歴史と文学」三三）。小林にとって、北畠の神皇正統記は、自己を鏡とする歴史の一例であった。なぜならその著者は、「心の鏡を磨く必要を繰返し言つて」いたからであった。したがって、彼が生み出したのは、固定性すなわち「動かぬ」感覚に立脚するひとつの歴史観であり、それは、日本の歴史と呼ばれるものの「秘義」を明らかにする。それは、「歴史変化の理論の与り知らぬところ」であった(小林「歴史と文学」二三)。

歴史とは、機械的な記憶や、紙の上の「瑣末な事実」の記録ではなく、アウラ的な経験を思い出すという行為であり、小林は、それを、次第に「共通性」「正常なるもの」「継続的なるもの」と呼ぶようになった。「常なるもの」という言葉が、そのすべてを表している(小林「無常といふ事」一九)。『無常といふ事』(一九四六年)というエッセイにおいて、彼は、「思い出す」という行為が、単なる動物(それは覚えていることを記録するのに忙しい歴史家を表現する彼一流のやり方である)であることから救い出してくれると述べた。歴史家が、偏執的に、もっとも瑣末な類の情報を記録する理由は、彼らが「心を虚」しくして、「思い出す事」ができないからである。「上手に思ひ出す」ことを、大かたの人は行なうことができない。なぜなら、現代の社会において「常なるもの」が見失われたからである。小林が認識していたのは、日本の近代をもたらした巨大な社会的変容が、社会的忘却という巨大な努力を要求したということである。この過程において、永続的なるもの、途切れることのないものを「思い出す」という能力は、あまりにも簡単に忘れ去られ、軽率な記憶喪失がもたらされた。過去を忘却するのでなく現在を忘却すべきである。同時代の日本社会が直面している重要な任務は、過去の詩的な天才たちの経験を、常なるものを思い出す闘いの実例として救い出すことである。彼らの努力は、現在が、ひとつの集合的存在、巨大な想起の構造の深みから、どのように生起するかを明らかにしている。小林が確信していたのは、いかに生きるべきかという問いの中に、決して変化することのない生きられた社会生活のみならず、生き永らえてきたものの姿をも見いだすことができるということであった。それは、「記憶の場所」、すなわち近年のフランスの歴史学で夢みられた複数の記憶の楽園ではなく、むしろそこにおいてある種の生活が生きられ、そして文学においてその記憶が言語化されるような場所であった。これこそ小林が別の箇所で、「文学の失われた故郷」と呼んだものであり、その場所は、表現という行為、すなわち創造性それ自体と結びついており、人々が理解し、感じそして認識することの準拠として機能していた。それが意味したのは、いかに生きるべきかを構想する自己意識的な努力であった。

座談会において、小林は、自意識たっぷりに、アイロニカルな身振りで、近代西洋を「立派な悲劇役者」によって演じられた悲劇だとした。それに対して、奴隷のように熱心にそれを模倣した近代日本は、単なる喜劇である。しかし「立派な喜劇役者なんてものは、芝居にしか出て来ない」(三九)。彼が言及していたのは、あきらかに、文学を生産するという行為を、社会生活につなごうとする日本人の決意であった。それは、二〇世紀の初頭に自然主義文学者によって、そして後に、左翼の継承者によって示された。社会的・歴史的な条件がどのような種類の文学を生みだしてきたかを調べても、偉大な作家が取り除き捨て去った滓や形骸を突き止める以上の結果を得ることはできない。そうした吟味は、歴史にも社会にも立ち勝った精神を摑むことができない。近代を超克するとは、ドストエフスキーが示したように、作家がその時代と場所を超越したときの生きた結果を発見することだ。真の文学とは、永遠の芸術のように、それ自身の歴史の場所を記すにせよ、その歴史と社会を置き去りにする。

小林にとって、ドストエフスキーの例は、どのように歴史が見られ把握されるべきかという問題に関して、まったく新しい見解として認めざるをえないものであった。もしモダニズムが、絶えざる変化、止むことのない運動、そして継続を特権化する歴史の勝利をもたらすとすれば、時間に満たされた歴史ではなく、変化することなく、静的で、無時間的な歴史を構想することも可能ではないかと彼は考えた。力学を例に引きながら、小林は、強さにおける変化が「ダイナミック」と呼ばれるのであるから、その反対に、不動性を内容とする「スタチック」と呼ばれる理論が存在するべきであると主張した。歴史の静学《スタチック》の存在を忘れ、物事が固定され、とどまり続け、普遍であり続ける真の可能性を看過することが、近代人の欠点である。文学や芸術は、常に調和や秩序という形態であらわれるのであって、決して変容を促す力に捧げられるものではない。それらは、力の平衡を求める形態においてあらわれるのであり、その性質を変化させるものではない。「さういふ調和とか、秩序といふものは常にある作家がある時代と対決して両方の力が均り合つた非常に幸運な場合と考へられやしないか」(三〇)。この幸運が意味しているのは、時代に支配されていた芸術家が、時代の要求という挑戦に、応じることができたということである。偉大な作家は、決して時代の要求に屈することはなかったし、そこから逃れたり、そこから自己を切り離したりすることもなかった。彼らは、それを征服したのである。環境と張りつめた緊張関係を取り結ぶという点において、状況は、偉大な作家にとって、常に同じである。こうして小林は、偉大な作家を東西の古典に結びつけようとした。歴史が変化であり進歩であるという視点から眺められるとき、古典は、後世の偉大な作家とは異なったものとしてあらわれる。しかし、古典的な芸術と歴史との間の闘争は常に同じであり、芸術家は、そこから逃れることなく歴史と社会を超克するという課題に直面し続けている。人類は、つねに闘い続けているのであり、そういう「同じもの」(芸術と歴史の間の闘争)を「貫いた」、すなわち、その教訓を理解し、それをわがものとした人のみが、つまり永遠、不死なのである。こうした視角から、小林は、日本における歴史と古典の関係を再構築しようと試みた。それは最近まで同じものと見なされてきたが、今や分離されてしまっている。

議論の中で、河上は、その「スタチック」が、歴史ではなく「普遍的な人間学」と呼ばれるべきではないかと問うた。小林は、それに対して、「或は一つの美学……」と応じている。問題は、静学としての歴史という小林の見解が、単に歴史的なプロセスの別のレベルであるのか、それともそれとは区別される完全に別種な意識なのかどうかということである。西谷啓治は次のように付け加える。偉大な作家が歴史を超える場合でさえ、彼らは、同時に深く歴史に根ざしており、そしてこのことこそが、歴史的であるということの真の意味である。人は、たえまのない変化のなかで生きるが、その渦の中から逃れることもできる。西谷が述べているのは、宗教的感覚に埋め込まれた主体的無という彼自身の観念であった。かれは、それが人々に、歴史を生きながらも同時にそこから離脱できるような手段を提供しうると信じていた。こうした主体性の観念(かれはそれを「真の主体性」と呼んだ)は、自己の絶対性に立脚する主体性に対置された。無とは、文字どおり、何もないことを意味しているのではなく、ある主体のありかたを伝えようとするものであった。それは、あらゆるものを所有し、またそれらによって所有されているがゆえに、実体的であると考えられている「通常「自己」といはれるもの」に対して、客観的に何かを有しているわけではない主体のありかたであった。西田幾多郎の忠実な学生であった西谷にとって(高山岩男と高坂正顕はこの時期までにヘーゲルやより直截なファシズムへ逃避していた)、通常の自己は、ものの世界、すなわち歴史と社会にとらわれたものであった。そして主体的無は、所有によって拘束を受けないがゆえに、それを免かれているとされた。それが「自己の有的把握」を否定するとき、それは「無としてのみ現前する」[25]。生命は、けっして「有る」という行為や、物事を「有」として把握する行為によっては限定され得ない。そこには、運動がある。それは本質的には、「自己自身の内面に直覚することからのみ捉へられる」(二四)。彼の主体性の概念が重要であるのは、それが人間に対して、社会や政治や歴史によって強制される世界を超越する可能性を拓くからであり、それは、「永遠」、「同じ」、「常なる」という小林の理想ともよく一致していた。それはまた、柳田国男の常民という定式化をも思い起こさせる。その変わらない生活は、生きながらえている習慣と実践を通じて知られうるものであった。

小林は西谷の歴史観を弁証法的と呼び、それは変化と運動の枠組みに安んずるものであると考えたが、私が思うに、小林は、西谷の歴史観の強力な宗教的基礎づけを軽視し、超克の見通しにおいて提供される明白な慰藉を見落とした。西谷の歴史観が、静学と、歴史から逃れることなくそれを超克した偉大な芸術家の見解を言祝ぐ小林自身の言説と似てくることは驚くにあたらない。能動的なるものへの対抗として受動的なるものを評価し、その受動性を能動的であると捉え直す点において。しかし、こうした解決には、無関心という政治的帰結をもたらす危険があった。小林は西谷の歴史と歴史的なるものの把握が、いまだ、変化という前提のうえにあると論じた。もっとも、小林自身の観念も、「ダイナミック」を補うための「スタチック」の必要というかたちで、力学を引証するものではあったのだが。もし歴史に歴史性がなかったら、つまり変化がなかったら、実際に変化したものは、歴史の真の使命にとって、不必要となる。小林の力学モデルは、二層になった歴史を生み出した。変化が生ずるのは一つのレベルにおいてであり、もう一つのレベルでは、あるものが変化せずに続いて行く。そして後者だけが、実際の具体的な存在と認定され、前者は、抽象化の中に閉じこめられた存在とされる。林房雄は、結論として「芭蕉は流行不易といふ言葉を遺ひました」と述べた。しかし彼はさらに読者に、次のように念を押した。「我々の育てられた進化論的教育では、進化し変化するもの、即ち流行するもののみを教へられて、不易なるものの存在から眼かくしされました。進化論は近代の迷信です」(三二)。

小林が、みずからの歴史観を不易としたことに対し、河上はなお戸惑いを表明し、歴史は単に、早く生まれてきたものと、そのあとに生まれたものを区別するような、連続する年代記ではないのかと尋ねた。小林の回答は肯定的なものであったが、ただし、理屈抜きであるとして、次のように述べた。歴史を読むことで、彼が出会ってきたのは、ただ、歴史的解釈や、歴史観や、表象であって、歴史ではなかった。とにかく、それらが何であろうとも、すべて些細なものであって、実際には無価値である。彼は、歴史というものが現代人の現代的解釈などでびくともするものではないということがだんだん解ってきたと述べた。まず始めに、歴史の中には美があるということを認める必要がある。「歴史を如何に現代的に解釈しても、批判しても、歴史の美といふものには推参することはできない。歴史が美しいのは、歴史が詰り……死んだある人間がわれわれの解釈を絶した形で在つたといふことなのです」(三三)。この点を強調するために小林は、お気に入りの時代である鎌倉時代を例に取る。それを、その全体性において理解することは不可能であると認めつつ、どんな解釈がなされようと、平安時代の影響がどうであろうと、歴史家がどんな因果説明を選ぼうと、どんな弁証法的な解釈が採られようと、鎌倉時代という形は、いかに説明しても「びくともしない」と述べる。鎌倉という時代は、常に解釈の網の外にあり、完全な調査や表象から逃れ去る。歴史という時間は、画家にとっての富士山のようなものであって、芸術家のまなざしや歴史家の視点などではびくともしない、決してすり減ることのない形を構成するのである。またそれは、コルネリウス・カストリアディアスいうところの、巨大で形のない「マグマ」のように、その想像力と創造性ゆえに、尽きることない形を生み出していく。小林にとって、鎌倉時代はひとつの想像物であり、その情勢の全体を完全に知ることは絶対にできない。鎌倉時代の美術品は、歴史的事実の中には現れてこない剰余のような、「非常に大切な秘密」を有し、今日の批評や解釈を超越する独立した美を持っている。「さういふ美術品と同じやうに鎌倉時代の人情なり、風俗なり、思想なりが僕に感じられなければならぬ」(三三)。小林は、彼のいう歴史が、同時代の歴史主義とは異なることを確信していた。その歴史主義とは、進歩の運動の軌道上に「日本的なもの」を表現し、あらゆる生命と適切な歴史的説明に従属させようとするものであった。これに対し小林は自分の歴史観を、プラトンのイデアに喩えた。それは彼によれば、決して空想ではない。

西谷啓治によれば、歴史の中の永遠なるものに触れた者は、その時々の時代に特有な、さまざまの環境や条件を超克し、その永遠なるものに直接に対峙する。そうした個人の努力と精神とを通して、美しい形が想像され、生み出され、造られてゆく。この永遠なるものは、形と相において現れるが、それらを作った精神と努力が、「寧ろ自分のものとされるべき」である。西谷は、今、現在に直面し、そこからの出口を模索している日本人が、歴史を貫いて永遠なるものを創造してきた同じ精神と向かい合っていると論じた。この精神とは、古人を動かしてきたのと同じものである。それは、時間の制約と空間による限界から人々を解放する精神である。ただ形や相を観察するのでなく、むしろ、行動を、つまり実際の動きや制作に習いつつ、彼は「古人の跡を求めないで古人の求めた所を求める」ことを勧めた。今や西谷は、かつての国学者のように、古人の精神を現在の精神とすることを呼びかけた。いかなる現在にも仕えうるその巨大な能力ゆえに、それはかつて「不易なもの」と呼ばれていた。ひとつの不易なる精神が、プラトンの思想を鼓舞したが、それは、魂を哲学化し、純化することで思考の多様性を説明した人間の精神であった。現代は、様々な問題に直面しているので、プラトンや彼を鼓舞した精神を思い起こすことは重要である。たとえ、それが多様な考えや解決を生み出すことになったとしても。西谷は、次のように推測する。「またプラトンが現代に生まれて来たならばその同じ精神から反つて昔のプラトン哲学とは違つたものをつくるだらうともいへる」(三四)。もし彼が現代に生きていたら、彼はやはり闘うだろう。西谷の議論が明らかにしたのは、歴史にかかわらず変わることがないような永遠なる形態が存在し、そしてその変わらない精神が、多様な形と相という表象においてあらわれることであった。かれはこの精神が現在にいたるまで続いていることは確かだと考えた。歴史家が、その関心を運動や変化に集中し、それらをそこに組み込まれている不易なるものと並置するのは当然である。しかし哲学者や作家たちにそれはゆるされない。彼らは、現在と闘う一方で、そのなかで生きる道を探すことを義務づけられた存在だからである。彼らに要求されるのは、このプロジェクトを、変化せず不動の時間と空間のなかの、絶えず変化するレベルにおいて成し遂げることである。このパラドックスこそ、西谷が、変化と不易性は同時にあらわれるものではないかと問うたときに意味されていたことがらであった。なぜなら、自己は常に歴史の一部であるがゆえに、歴史を自己から分けることはできないからである。この疑問は、歴史家の鈴木成高によって答えられた。彼は、次のように論ずる。現在の歴史意識は、浅薄で表面的なものを説明するために、変化の側に重きを置きすぎている。したがって、動かないもの、永続的なもの、変わらないものを回復する努力がなされるべきである。数年前に、哲学者の和辻哲郎は、こうした過程を二重生活と名づけていた。歴史家は、進歩といわず発展というが、こうした図式が超克されるべきか否かという問いが起こっていないでもない(二三〇―二三二)。かれらの目標も、作家や芸術家が追求してきたものと少しも違わないはずであって、それは固定性と不動性の枠組みのなかで、すなわち、永遠なるものと永続的なるものとの枠組みのなかで、変化と継続を説明するということである。(26)

小林の意見では、近代人は、自らと自らの成し遂げたものが、古人よりも優れていると信じている。古人が成し遂げてきたものを超えることはできないということを認めるのは、謙遜な心持ちである。しかし彼がおそれたのは、同時代の中にそのことを認めたがらない人々が存在することである。彼らは、現在の方が、過去よりも良いという無意味な仮定に頑固にしがみついている。なぜなら、彼らは現在に生きているので、自分たちのために開拓の余地があると感じているからである。優越と独自性の自惚れは、過去の真に偉大な芸術家と対照的である。かれらは、決して過度の自己賛美に陥ることはなかった。正岡子規のような歌人のすぐれた点は、このうぬぼれを持っていないことであった。かれは万葉集の歌と対峙するとき、真の謙遜と廉恥を示すことができた。子規は、小林によれば、常に古代の歌を自分の基準として用いたという。彼の作品は、「古典がしつかり古典に見えてゐる処に自分の立場を設けてゐる」(三六)。吉満義彦は座談会の中で、生物進化論のような近代の解釈方法を克服する必要があると繰り返し述べた。「精神的の世界では「進化」の思想は嘘だといふことが愈々はつきりしてくるやうに思はれたからなのです」(三八)。その理由は霊魂の「実在」であり、それは証明を超越するものなのである。霊魂の実在ゆえに、その「実在として自己定立されるもの」は、信仰や信念というレベルで歴史と交錯する。歴史は無意味なものではない。精神がその軌跡のうえに残した痕跡ゆえに、我々は、その精神がこれらの条件を創ったときに経験したのと同じ痛みに苦しむのである。吉満にとってこのことはただ、近代人に次のことを勧めるための一つの方法に過ぎなかった。すなわち彼らは、古人の足跡をたどり、今日の生活は、古代を位置づける試みから切り離せないことを認識しなければならないということである(三九)。西谷は次のように説明した。「古人の歩いた足跡に本当に触れるといふことは、自分で自分の道を歩いてみるといふことで初めて出来る」(三九)。小林は次のように応じた。「若しも人間が社会生活上必至のいろんな邪魔物をみんな除いてしまつて現実のいのちのほんたうの姿に推参できれば美が摑める」(三〇)。美を「現実」と同等に扱う中で、小林が、「具体的」なものを連想させる「現実」を、名目上のリアルさ、すなわち抽象的で形がなく移ろいがちな「現在」の日常生活に対比させるという、すでに当時確立されていた言説の常套句に訴えていることに注意しなければならない。「近代人が頭に一杯詰め込んでゐる実に厖大な歴史の図式、地図」は、破り捨てねばならない(一三〇)。驚きや尊敬の感覚があるところに、時間性も発展もない。芸術的な創造性は、今歴史が占領してしまった古典の領域にある。習うべき基準としての古人の足跡との出会いに触発されるとき、そこには、時間性も発展の痕跡もない。普通の庶民にとっても、古典を味わう経験はこの真実を教えてくれる。同時代性を響かせた口ぶりで、民俗学者の折口信夫はすでに、民俗学のことを「生活の古典」、すなわち時間にかかわりなく常に既にそこにあるものと名付けていた。小林は、こうした認識こそが、我々の「日常的な経験」であると主張した。ここにおいて小林は、当時の民俗学者と、(戸坂潤のようなマルクス主義者も含めた)文化理論家に最も近づいていた。彼らはすでに、資本主義の下で生きられ、経験されていた日常生活というものと対比させて、日々の暮らしの詩学を定式化していた。つまり、形があって、変わることなく、発展もしないものを、無定形な時間と行動が連続する騒がしい生活に対比させた。すなわち、亀井勝一郎が言うところの、速いスピードで動いている列車の車窓から眺められた生活である。

　もし歴史的進歩の表象や図式化が、日本精神を的確に表現した永遠で動かないものを確認できないとすれば、変わり続ける現在において、社会が拠り所としうるような一つの基盤を見つけることが必要であると思われる。それはすなわち、表現されず還元もされないものを、資本主義的な抽象化から遠ざけておくことを保証するようなひとつの「実在」である。これが、「近代の超克」という壮大なプロジェクトに課せられた巨大な課題であった。この計画は、ひとつの共同体的な経験を見つけるために、文化的差異の母胎となる土壌をどんどん掘り下げていった。それは近代をすべて捨ててしまうのではなく、それから距離を保つことができるようにするためであった。座談会の論点とその後の議論は、あきらかにモダニスト的関心によって動機づけられていた。

それは、芸術作品の本質や文化、抽象に対抗する具体性、純粋な実践の歪められた表象、神秘、創造性、美、起源などへの関心であった。そうした関心が、堕落した遂行的な現在との闘争において、想起によるコミュニケーションから生ずるアイデンティティを必然化する。しかしこの壮大で、聖杯を求めるが如き試みは、日本の外で実際に闘われている戦争の存在をほとんど感じさせない雰囲気のなかで議論されている(座談会は、戦争と日本の近代との関係を議論するために召集されたというのに)。また近代ではなくて、むしろ帝国主義的拡張の歴史こそが、この国をこうした状況に追い込んだのではないかという認識もまた希薄である。映画評論家、津村秀夫のみが、論文のなかで、戦争に言及し、それが必然的に地球規模の再編を帰結し、ヨーロッパと東アジアの新しい文化と政治領域の確立を促すと論じただけであった。津村にとって戦争は、アングロ・アメリカの資本主義によってもたらされたものであり、それに勝利することが「貨幣」ではなく「物」に立脚する新しい経済システムをもたらす。その結果、ユダヤ金融資本による国際的な支配に立脚した「物質文明の病毒」は破壊される。戦争は、より偉大な、より「健康」な人類の生活を実現し、侵食力のある「アメリカニズム」を完全に排除することを可能にする。それは、一九二〇年代以来その「魔力」によって日本を隷属させてきた。いまやそれは排除されねばならない(二元)。

座談会は、戦争の原因やその後の行動に関して、批判的な発言をすることを控えていたが、それにしても、津村の偏執的な人種差別への感情の発露を除けば、太平洋において現在進行中の事件に何一つ言及することがなかったのは、やはり驚くべきことである。確かに、超克という考えは、寓意的にも直接的にも、戦争の代替物として読むことができる。ほとんどのものがその戦争を、物質文明の帝国主義とアメリカニズムの「魔力」に対する戦いであると信じていた。多くの意味において、座談会は、資本主義的近代化によって導入された日常生活に対する、別の手段による闘争の継続であった。一九二〇年代以降、あらゆる種類の社会・文化批評家、作家、思想家たちが、それにはげしく抵抗した。彼らは、そのへゲモニーが増大するにつれて、本質的な文化的資質が薄くなり減少していくと考えたのである。闘争のこの局面は、主として中産階級の知識人によって闘われたが、しかしながら、彼らはすでに、文化のプロレタリア化として彼らが恐れたものに対抗する文化的守護者という高尚な使命に仕える政治主体ではなくなっていた。座談会の時までに、標的は、世界へ、すなわち、アメリカ合衆国と大英帝国の強大なる帝国主義的民主主義へと移動していた。おそらくこれらが、日本人にとっての近代それ自体の徴であり、その世界史的使命は、第一次世界大戦の終結以降、日本社会を捉えるにいたった有害な水平化作用・同質化作用を生み出している産業資本の中心を排除することであった。座談会が、それ以前の二〇年代のモダニズムと同様に、表象と歴史の両方を疑問に付したのは、こうした理由による。言いようのないものを代弁するべき表象は、移りゆく時をあらわすのに忙しくてそれがなすべきことをできないでいる。歴史は、進歩の語りを生み出したが、そのなかで、精神は、もはやはっきりとした役割を演ずることができないからである。

表象の問題を解決するために、座談会は、結局、近代の日常生活の繰り返しのなかに刻み込まれた物質文明の挑戦に抗し得るような、一般的な基盤を確定しようとした。そうすることによってかれらは、日本が近代と呼ばれる巨大で無際限の同一性領域に解消されるという恐怖を免れることができるはずであった。参加者たちが、「超克」として提示したものは、古典の再発見であり、神々への回帰であった。西谷にとってそれは、新しい主体性であり、それは近代哲学と同程度に、仏教の形而上学に依拠するものであった。座談会は、根をもつことや、超越に訴えかけたが、それは畢竟同じことである。古人の跡を回復するとは、超越することにおいて現在の感染を防ぐことを約束するようなある種の宗教性に、もしくは、林房雄の侍気取りの口調でいえば、西郷隆盛ら維新の英傑を駆り立てていた「勤皇の心」に回帰することにほかならなかった。座談会は、古典への回帰が、日本人に精神との出会いをふたたびもたらすであろうという点で一致していた(二六四)。小林は、若いころにフランスの小説やアメリカの映画に耽溺したことをいまや大いに恥じていると認めた(もっともかれの時間、歴史、記憶といった観念は、ベルグソンとプルーストにその多くを負うのであるが)。ともかく最近になって記紀や万葉集といった日本の古典が、ようやく理解できるようになってきたと言うのである。古典における日本精神の論文を書いた詩人の三好達治は、たとえ文部省が古典を教育の主題として取り上げたとしても、問題は、それを教えるための真正な意見の一致と継続的なプログラムが欠けているという点にあるとした。三好は、古典を、「この時局に応用しようとする」努力を、徹頭徹尾拒絶し、それを望ましくない「便宜主義」と呼んだ(二六五、二六六)。河上によれば、古典を理解するということは、そこに登場する人間のイメージを、徐々に最終的には心の眼に刻み込まれるが如く、はっきりと描いていくことを意味する。しかし、日本の本源的な精神を把握するために古典へ回帰することは、たとえ非合理主義そのものに移行することではないにせよ、驚きや神秘、非合理な知識を無批判に言祝ぐ危険を冒すことでもあった。シンポジウムにおいて、幾人かの参加者は、きわめて率直にそうしたことがらについて語っていた(一九二)。いずれにせよ、古典の復権を便宜的なつかのまの経験としてはならないという三好の警鐘を含めて、こうした古典の復権がおこなわれている状況を歴史化してみせたのは、亀井であった。「支那事変以来、日本精神の復活も叫ばれ、古典もひろく読まれてをりますが、それが直ちに近代からの救済となるかどうか」(二〇二)。

このような疑問を示すことによって、亀井は、信念と信仰の感覚を回復するために古典を学ぶという計画の有効性への疑念を明らかにした。精神の糧と意味を求めて古典へと回帰することは、明らかに、科学において魔術と神秘への熱望を表明するのと同じであった(一九一、また下村と吉満の議論、一九二―一九三、一九四)。亀井にとって、信念と信仰が消滅したことは、近代が神を失ったことを示していた。この議論は、林が、プロメテウスが神々から火を盗んだというギリシア(西洋)の神話に言及するとともに始まった。この原型的なエピソード以来、人間は、科学と技術を彼らの武器として使いながら、神々との継続的な闘争にとらわれてきた(一九九―二〇一)。しかし日本の神話ほど、人間と神々との反目の開始や闘争の継続というこの西洋の物語から遠いものはない。日本では、神々は他の神々とのみ戦った――この議論において、プロメテウスの神話を、文化の自然からの分離と解釈したのは、林だけではなかった。すなわち、人間は、火で武装し文化を創造することで、自然を表象する神々から逃れたのである。しかし日本の神話では、神々と同じものである自然とは、土地を耕しそれぞれの世代の生存の条件を再生産することによって恩返しをしなければならない、人間に与えられた贈り物だったのである。日本人と神々との関係においてもっとも基本的なことは、互酬(神々の恩恵に報いること)という認識であり、闘争や競争ではなかった。つまり神々の神聖な命令によろこんで従うという人間の気持ちにもとづいていたのである。

亀井は、近年の混乱から生じた近代の無信仰という問題を、「神々から追放された」人間の悲劇の主要な原因であるとみなした(二〇〇)。一九二〇年代と三〇年代の日本人の生活を振り返って彼が結論したのは、これらの二〇年間が、無信仰の経験によって特徴づけられるということであった。現今の近代という問題に対する解決策としての古典への回帰を彼が信頼しなかった理由は、それが、活動の指針を促すことなく、単なる解釈や表象へと分解してしまうということによる。これに対し、信仰と信念は、解釈の問題ではなく、受容の、そして諦念のしるしでさえあった。多くの同時代人のように、亀井は、モダンライフを広大な牢獄であるとみなした(いくつかの例では、それは精神病院であるともみなされた)。そこでは、収容者すなわち日本人は、もはやお互いにも、さらには自然や神々の世界とも、意思疎通することはできない。現代の日本人は、神々と接触を失ってしまったので、超克は、「神」への信仰に回帰することによって成されるだろうと彼は確信していた。この信念の表明に対して中村光夫が付け加えたのは、信じるというだけでは十分でなく、自ら信念を生き、彼ら自身の中に神々を見ること、すなわち「自分の手で実験してみなければならない」ということであった(二〇三)。

亀井や他の人々が、日本人の古い宗教的実践の中に、すなわち神々の中に、信念の回帰を求めたところで、西谷は、(吉満と同じく)宗教を「絶対的なものを立て」ることだとし、そして人間が、「自分の無力を嘆じ」るような場所と見なしたのであった(一九二)。仏教から引き出された主体的無(「私」に対置させられた非存在)こそが、この危機的な時局において、日本人がとり入れるべき真の主体性を作り上げるとされた。西谷によれば、主体は、絶対なるものによって与えられる超越を通して、物質の世界から離脱することができる。絶対的なるものは、文化の世界それ自身の拒絶をも意味する。それは、「世界からの全き自由、宗教的な自由」なのである(二五)。この種の自由は、「東洋的な宗教性」の中に見つけられるもので、「東洋的な自由」を構成し、科学や文化の面倒な問題を解決することができる。なぜなら、自己肯定的な近代の主体性と結びついた妄執的な意識を超越する行為は、自然界と肉体、心とその文化的領域との間に、分けられることのない結びつきを作り出すからである。西谷は、主体的無の宗教性を獲得することは、決して簡単ではないと警告する。しかし、それにもかかわらず、それは、「現実の職域的活動の脚下に国民倫理を通して開かれ得る如き宗教的な立場である」。

もし、この立場が、神々への回帰ではないとしても、それはやはり、自己と無、すなわち自然との再統合の立場であった。

その例外主義的な言い回しへの逸脱にもかかわらず、西谷は、大部分の参加者によって共有されていた感情を表明していたにすぎない。それは、知識の専門化に関する議論においてすでに明らかになっていたものであった。真の差異を作り出すような、古典や神々や宗教的主体性への様々な訴えかけは、新しい種類の人間(実際は日本人)の展望を約束する。それは、全体的で、完全で、分割されないものであった。この新しい人間は、完全性と一貫性を僭称する見せかけの普遍主義が日本人やアジア人の属性と断じた不完全さや欠如(それが生きられそして経験されたとはいわないまでも)を埋め合わせるものであった。こうした西洋の誤った認識こそが、座談会における超克への欲望を掻きたてたのである。それは、西洋で作られたモダニティという、実質のない空想(しかし批判者の一部には確固としたものであった)であるような、ひとつの近代のイメージを作り出したのである。同時に、私たちは、知識人のこのような批判的実践への情熱を、彼らが、アジアにおける、そしてアジアに対する日本の戦争の地位や、白人の帝国主義から最近解放されたばかりの民族にその軍隊が強制した近代の特殊な形式について論じなかったことを、対比して考えなければならない。座談会における巨大な矛盾の一つは、このように現在(アジアにおける戦争と日本の振る舞い)に対して眼を閉じていることが、現在の中にある過去への回帰を可能にする条件となっていることである。それは、現在を超克する道筋を照らし出すべきはずのものなのだが。それは現在の中に過去を回復するというよりも、近代への意志において、過去と現在との両方を超えていくような、いまだ来たらぬ未来の形象を示していた。

しかし、それにもかかわらず、近代に対して日本人がおこなったその批判が、主体性や文化的差異、そして人種主義に関するあらゆる疑念や強迫観念の正確な前触れであったということに注意するのは重要なことである。そしてそれは、座談会が最初に提起してからほぼ六〇年が経過した今日の私たちの歴史的情況を特徴づけるような、西洋のそしていわゆるグローバルな言説の徴となっている。[27]

たしかに座談会は、西洋による誤認と、超克であるものを超克するというジレンマによって引き起こされたひとつの幻想のなかに囚われていた。しかしそれが、過去二〇年以上にもわたる流星雨のような諸々の出来事の継起をふりかえったことの意味を考えることは重要である。それは、もう一人のモダニストであるジェイムス・ジョイスが、二〇世紀の最初の一〇年間の著述において、歴史という悪夢をのがれるための努力とよんでいたものを発見したのである。座談会は、忘れられてしまったものや、失われてしまったもの、すなわち、詩人の萩原朔太郎が「喪失」と表現したものを回復するかわりに、近代の中の時間性として古いものを救い出したり、あるいはノスタルジアをかき立てるためにわざわざ対象を喪失してそれを「発見」してみせたりしながら、資本主義的近代化や日本人によって生きられ経験された膨大な物質的および精神的な変化に関する過去の記憶、そしていまだ見通すことのできない未来において日本人を待ち受けている何かを、重層決定するにとどまった。座談会は、それが超克しようとした様々な事件の継起を正確に物語っていたのであり、排除することをめざした歴史性を再確定したのである。近代の超克座談会がたどりついた唯一の到達点は、日本それ自身が近代によって超克されてしまった場所であった。

第三章

現在を知覚する

「モダンライフ」という約束

映画や、大衆雑誌、オピニオン雑誌、ラジオ、新聞といった新しいメディアにおける大衆的な言説が、一九二〇年代の日本の大都市で始まった新しい日常性をファンタジー化しようと躍起になっていたときに、思想家、社会研究者、批評家たちは、近代とその構成要素（スピード、ショック、センセーション、スペクタクル）の経験を、見極めることに余念がなかった。その結果は、その経験をどのようなアングルのレンズを通して眺めるかに応じて、さまざまであった。こうした乱反射は、モダンライフの経験のなかからある一定の強調点を抽出したり特権化したりしながら、現在を生きる力を与え、いまだ見通せぬ未来を約束するような日常生活の相貌を提示した。重要なのは、日常生活というカテゴリー（その現在における遂行そのもの）に、モダンライフの原理を告げるものとして焦点が合わされていく経緯である。日常生活というカテゴリーは、社会調査や社会批判の条件となると同時に、将来における想像上の新しい社会・政治体を期待する機会ともなった。ハイデッガーが、『存在と時間』（一九二七年）において定式化したように、日常生活を否定性や凡庸化の源泉と見なすのではなく、今和次郎から戸坂潤にいたる多様な思想家たちは、日常のパフォーマンスのなかに、現在に対して依然として権利を主張している過去のしがらみからの脱出口と、モダンライフの完全な約束を見ていたのである。そこには、よりよい未来への希望さえ含まれていた。

われわれは、いずれにせよ、この圧倒的で重層決定された、一九二〇年代・三〇年代の日常生活に対する興味と熱狂を説明するように努めねばならない。今和次郎によると、この時代、ヨーロッパ人は、いまだモダンライフのこうした次元に関心を持つに至っていなかった。こうした評価は、必ずしも正しいわけではないし、また、日常生活を研究する今自身の「考現学」というプログラムをユニークでオリジナルなものに見せるための自己賛美の表現と受けとめられる面もあるが、やはり、かくも多くの思想家が、日常生活の地位に関して、ヨーロッパ人と同等の、もしくはそれを凌ぐような強い関心を示したということは、日本近代史上の興味ある問題のひとつである。ヨーロッパにおいて、第一次大戦後の日常生活への関心は、マックス・ヴェーバーの近代社会の独自性についての考察の影響のもと、二人の思想家、ジョルジュ・ルカーチとハイデッガーの著作において際立っている。ルカーチは、商品形態が社会関係を媒介するその方法と、その効果が「社会生活の物象化」を生み出していく帰結を定式化した。ハイデッガーは、日常性を「世人」の退落した世界(完全なる否定性の領域)へと貶め、存在の「本来的な歴史」という時間に回帰することを主張した。ハイデッガーの非本来性という観念は、まったく脱歴史化されたものであり、それに対して、ルカーチの物象化の理解は、資本主義的な現在の特有な歴史に深く埋め込まれていた。それにもかかわらず、かれらは、同じ種類の社会編成について語っていたのである。フランクフルト学派としてまとめられる思想家のなかには、特にヴァルター・ベンヤミンやジークフリート・クラカウアーに見られるような、大衆社会や先進資本主義において日常生活が演じる役割を想像する試みも存在した。こうした介入は、あきらかに日常生活に結びつけられた否定性に挑戦するものではあった。しかし、大衆や、大衆が文化と政治にもたらす影響についての低い評価に関しては、ハイデッガーと意見を同じくしていたのである。クラカウアーの日常生活に関するすぐれた論文やドイツのホワイトカラーに関する批判(*Die Angestellten*, 1930)は、商品化が大衆にもたらす効果や、それが精神的な「故郷喪失」を生み出すことの政治的・文化的な帰結を確認するにとどまっていた。ベンヤミンだけは、商品化やルーティンによって日常性に持ち込まれる疎外という存在を認識しうる新しい唯物史観を構想することを試み、なお、そこに純粋な可能性という「神秘」を見た。もしマルクス主義が、システム分析や構造分析に対する自信のゆえに、モダンライフにおける経験というカテゴリーへの反応が鈍かったとすれば、フランクフルト学派のマルクス主義は、大衆や新しい文化産業に対する恐怖や嫌悪を表明するのに忙しく、日常性の問題を回避していたといえるだろう。つまり、かれらの仕事は、二〇年代・三〇年代に思想家や作家によってはっきりと述べられていた保守的な不信感を反映していたのである。イタリアのファシスト体制下で、アントニオ・グラムシは、日常生活とよく似た「常識」と「通常文化」という概念を分析の対象とし、それとモダニティとの差異を明らかにしようとした。そしてソヴィエト連邦では、トロツキーが労働者の日常生活の商品化を嘆いているかたわらで、ボリス・アルバトフのような構成主義者は、ものを使用価値へと変容させることによって、消費者を商品フェティシズムから自由な主体となしうるような社会主義的日常の概念化を試みていた(1)。

日本は、日常性をユートピア的な渇望の現場と見なす点において、おそらくソヴィエトの経験に近い。しかしハイデッガーの導きに従って遂行的な現在を完全に忘却し、あいまいな過去を呼び起こそうとした日本人が、いなかったわけではない。柳田国男や和辻哲郎や九鬼周造らの思想家は、都市において生きられ、ファンタジー化されている新しい日常性に対して、より永続的で危険度の低い別の選択肢を提示しようと躍起になった。かれらは、慣習や価値よりも物と消費に基礎をおいた新しい文化を抑制しうるような、文化的再生産の理論を求めた。過去の記憶に呼びかけ、また存在の様式を詩化することで、時間的でかつ時間化されてゆく現在の外にある、いまだ実現していない社会的時間を僭称しうるような、文化的形態と実践に訴えたのである。歴史に方向を与えうる唯一のものである現在を相殺するために、彼らは、過去から現在に至る民族の歴史全体を前提としているような歴史的理性を呼び起こし、昔と今との間に抽象的で虚構の連続性をでっち上げたのである。この哲学を戸坂潤は、破産した復古主義と呼んだが、その強靱さは、それを生み出した歴史的な危機をはるかに超えて、現在まで生き延びている生命力のなかにあらわれている。つまり今日の日本人と石器時代の先祖との間に根本的な差異など何もないということを示そうとするあらゆる企てのなかに依然として表明されているのである(現代のイタリアの哲学者ジャンニ・ヴァッティモも、最近の批評の中で復古主義について同様の見解を表明している。かれの考えは、戸坂の初期の見解に似たところがある)。

しかし、日本人は、ヨーロッパ人と比べるならば、新しい日常性が提供する展望に熱を上げ、つい最近まで生きられていた生活とは大きく異なるような新しい生活を探求してゆくのに熱心であった。民衆や大衆、モボやモガ、カフェーの女給やバーのホステスといった、新しい社会の構成要素や主体の位置は、最新の商品を購入し利用することで有効になり、日本において、歴史上に例をみない社会生活が注目されるようになった。それは、時に「モダンライフ」もしくは単に「生活」と呼ばれた。このモダンライフという概念を際立たせているのは、すでに見たように、その物質性であり、物とその流通の中に生活が埋め込まれているということである。その物質性、すなわち、物とその流通への生活の埋没が、現在の歴史性、その歴史的な瞬間、近代という時間の徴であった。思想家たちが答えようとした問いは、歴史的現在の所与性と、それがどのようにして自らを現在として見せているかということであった。しかし、今現在が提供するものは、日常の経験を組織化するための最低限の統一以上のものではない。つまり、単なる近代(すなわち新しいものの支配)に対抗して現在について語るということは、多様に与えられているものごとを、最低限の意味の統一へとまとめ上げてゆくということである。それは、時間における統一であり、理解と再生産と認知との統合、カント派の人々が「経験の統合的統一」と呼ぶような特徴をもっていた。そしてこの現在の最低限の統一を、思想家たちは、たとえそれがどんなに不確かであろうとも、日常性の実際的で避けられない経験と見なすようになった。日常性は、単なる新しさとは異なったものであったにせよ、産業化された世界のいたるところ——植民地もそうでない地域でも——で明らかに近代とみなされた。

戸坂潤は、日常生活が、時間と空間の両方を組織化するための原理を提供すると唱え、権田保之助は、娯楽が日常性の経験から生じることを論じ、また今和次郎は、家庭の中や路上における毎日の生活や行いを主体性の源と見なした。ここでわれわれが目にしているのは、「モダンライフ」の新しさに対する単純な熱狂ではなく、この新しい生活が現在の日本人の生活にとって有する意味、つまり完成した未来に向かってそれが常に開かれてゆくという確信であった。日常生活に対してこのように尋常ならざる関心が払われたのは、ひとつには、個人的で私的な経験の世界が、一九二〇年代に歴史上初めて、多くの人々にも接近可能なものとして見いだされ、それがたちまちのうちに、国家と社会システムよりなる公的な世界に並置されたからだと私は考えている。

多くの思想家にとって、人々の新しい文化は、近づきやすく利用しやすいだけでなく、合理性と効率とを約束するものだった。それは平林初之輔が、日常生活のもつ科学的方法として賞賛したものであった。それ以前には合理化は、国家や公的な領域に限定されていたのである。日常生活の合理化は、当時の人々が「改造」と呼んだ、慣習や衣食住に関係する社会生活諸条件の作り直しを要求した。それは実際ほとんどの思想家によって、同意されていたことである。日常生活の中に埋め込まれた諸制度と結びついた「生活手段」(今和次郎)や、「生活態度」の合理化なくしては、民主主義的な主体が発達する機会もないであろう[2]。人々が自分で選択をなす場合、合理性と合理的期待という制度が近代的な慣習となった(一九二〇年代が終わり、青野季吉は、日本人のホワイトカラー層が、高まる期待を満足させる能力の限界をはるかに超え、今や精神的な停滞に陥ってしまっていると報告していた)。出現したモダンライフは、合理的で効率的で、科学的であるとさえ見なされ、情報や知識のたえまない流通を要求していると考えられた。戸坂のような思想家が、ジャーナリズムや新聞・雑誌やルポルタージュといった新しい形態のコミュニケーションに素朴に大きな信頼を寄せていたのは、このためであった。一九二〇年代の幕開けは、「文化生活」の確立への楽観的な呼びかけとともにおこなわれた。日本人森本厚吉のような熱心な支持者は、近代を、ただちに、合理的で効率的な生活の見通しと同一視した。日本人にとってそれは、近代化の過程の外側にとり残された生活の部分が合理化されてゆく可能性を意味するものであった[3]。日常性は、しだいに公的な領域からはみ出した余剰と考えられるようになった。それは、国家と社会の公的領域から取り残された残余である。そこでは、日常生活も、その経験の場所も、公的と私的領域の区別も換喩的な両者の関連づけも存在の余地がなかった。しかし日常性が、(すでに明治の民法に明らかにされていたような)公と私のより形式的な範疇の境界を越え出るような剰余の産物ではあったにせよ、それは、多くの人々によって空間そのもの、すなわち空間的な範疇(戸坂が「日常空間」と呼んだところのもの)として考えられた。それは、今和次郎や権田保之助といった人々によって記録された、街頭で「今」を生きるという新しい経験の宿る場所となったのである。日常生活の経験によって特徴づけられるこの新しい空間のアイデンティティは、既存の社会関係と、義務や行動を決定する公的・私的(国家と市民社会)に都合のよい(かつ公式にイデオロギー化された)社会編成の両方に対する挑戦となった。合理性の要求に厳密に従うように日常性の経験を変形するということは、ある人々にとっては、社会それ自身を改造し、科学の名のもとに既存の政治的社会的関係を変革するための主要な条件を構成したのである。

モダニティに関する言説が、新しいメディアにおいて構成され、必然的にもろもろの対象やイメージを重層決定したとすれば、社会思想家たちは、新しい現実を想像し、描きだすのに、その巨大な貯蔵庫を利用した。かれらは、そうした現実が、日本のあらゆる分野に浸透して、より強烈に生きられ、そして経験されるようになることを望んだのである。新しい「モダンライフ」は、主に大都市のものと考えられたが、近い将来、それが至る所に現われるだろうことを否定するものはほとんどいなかった。日常生活の威力が拡張して、国の隅々にまで行き渡ると認識していたがゆえに、かくも多くの思想家が、日常生活を新しい社会体の基礎と考えるようになったのである。そして同じ認識から、多くの人々が、現在を逃れ共同体や文化という安定した概念を描くことに別の選択肢を見つけようとしたことも事実である。一九二〇年代と一九三〇年代初頭には、その経験を吟味し、それが社会とその未来にとって何を意味するかを決定しようとする最初の衝動が生じた。結果として、日常性についての言説に刻み込まれた「経験」は屈折し、社会的な全体性を想像することができるような二次的な修正物を生み出すための材料を提供することになったのである。思想家や作家(たいていは進歩主義者とマルクス主義者であった)は、新しい配置の中に、慣習や民衆そして大衆といった、重要な想像物を評価する機会を見いだしたのである。そしてかれらは、それを、新しい人間的な秩序を思い描くための出発点と見なし、より良い生活への展望を与えるものだと考えた。より良い生活という考えには、合理性と科学への信頼が入っていた。しかしやがてそれは、政治的な目的を発展させ、それが支配的となり、新しい形式の政治社会を描き始めた。このような衝動は、たいてい、大衆のための新しい社会的・政治的秩序の建設において、科学が演じるべき役割の重要性を強調した。しかし、様々な思想家、作家そして社会科学者を結びつけ、共通の努力へと導いたものは、彼らの前に存在している社会が、疎外、消費そして商品化といった資本主義の恐るべき影響にもかかわらず、依然として未完であるという確信であった。かれらは、みずからが、民衆や大衆、かれらの生活、必要、そして欲望といった新しい社会的想像の到来によって特徴づけられる歴史情況の要請に応えていると信じていた。そしてこの歴史情況の要求に応える(つまりその歴史的必然性に従う)ことで、近代をどのように完成するかについて構想しているということも。とりわけかれらは、適切な社会科学や社会建設の計画の基礎として、新しい慣習、新しい社会関係、労働と余暇の新しい形式、そして新しい消費パターンの重要性を認識していたのであった。

こうしたプログラムは、現象学的な意味での現在と直面することで、モダンライフという日常性が、その中心において、商品形態とその影響によって植民地化されているという認識を生み出した。商品形態は、隠蔽(すなわち社会的忘却)を引き起こすことで生産の諸条件を整えてゆく。それはまた消費者への呼びかけもおこなってゆく。商品のそうした能力が、日常を異なった歴史的時間の場とした。同時に日常は、モダニティという時間のなかで、伝統と結びついた救済力をあらためて取り戻す唯一の場となった。もし商品形態が常に新しいものを生み出すという点で常に不変であり、その結果として「経験の衰弱」を生み出すとしても、それは空虚で、均質的ないま(the Now)という時間を変化させる差異をも生み出しうる。思い出されなければならないのは、戸坂や今といった進歩的な思想家たちが、過去ではなく「いま」を現在と対比させたことである。この区別は、現在(present)をいま(now)の直接的な経験と区別する、現象学的な分類から引き出されてきたものであり、ベンヤミンがかつて「認識可能性としてのいま(now)」として描写したものであった。この定式化において、現在(the present)は歴史の秩序に属すと考えられているが、「いま」は生きられた瞬間であった。労働は商品となる対象物を生み出してゆくが、日本の思想家たちは、その「社会的象形文字」を解読し、労働の社会的・歴史的特徴をあきらかにしようと試みた。他方かれらは、消費者が忘却させられているその歴史をも問題化した。そして彼らは、日常世界を、ルーティンがもたらす疎外で満たされてはいるが、しかし差異を生み出す可能性にも満たされた変革の場所として思い描いたのであった。社会思想家たちは、モダンライフを支配している商品形態を打ち破る方法を見つけることをゆだねられた。モダンライフの忘れられた歴史を回復すること(権田保之介)、もしくは消費が実際に、選択の能力をもつ新しい主体を歴史上初めて作り出したということを示すこと(今和次郎)、さらには新しい美学的意識を解き放つために、ありふれた対象を変化させること(村山知義)、もしくはモダンライフを、時間性が積み重なった、層として構造化された空間として概念化し、任意の瞬間にそれらが示す可能性を探求することにより、その構造に揺らぎをもたらすこと。こうした革命は、近代のなかから訪れたもので、柳田国男や和辻哲郎が描いたような、習慣の繰り返しや文化的な層序学に由来するものでもなければ、九鬼周造や小林秀雄によって「想起された」ような、現在が忘れてしまった未完の社会的・文化的形態から来たものでもなかった。マルクス主義批評家、平林初之輔は、新しい大衆文化、もしくは「女性文化」の確立を訴えた。戸坂潤は、習慣と道徳と日常生活の関係を考え直し、最終的に日常生活を、物理学的な空間を支配する法則と比肩し得るような歴史的な時間性を有した空間的カテゴリーとして定義した。また、今和次郎は、銀座の街頭に佇んで、考現学という新しい学問分野を実践した。こうした二次的な修正によって、近代は、一定の歴史の産物であり、そしてそれは現在によってのみ方向づけられているということ、さらにそれは、発展の段階をへて、最終的には、日本の大衆にとってかつては想像できなかったほどの新しい存在と経験の形態を生み出した特別な時間であるという主張がなされた。この点からみると、近代の諸力にあらわれている確固とした楽観主義が、カーニバルの雰囲気を、(まねるとはいわないまでも)呼び起こしたのである。ここで思い出されるのは、日常生活が、いかにユートピア的な渇望へと爆発しうるかを概念化したミハエル・バフチンである。それは、こうしたバフチン的な屈折を生み出した一九二〇年代のソヴィエトロシアの経験であった。同時にそれはまた、いまだ実現していない未来を瞬間的に輝かせるような芸術的・文化的な実験への熱狂をも思い出させる。実際、一九二〇年代の日本人は、生活の急激な商品化のなかに、近代を超克することによってではなく(一九三〇年代後半には、それは国民的な幻想への脱出口以外の何ものでもなかった)、それに超克されることによって、すなわち、それを完成させることによって達成されるような、より人間的な秩序の見通しと計画さえ見ていたのであった。

「機械というプリズム」を通して

これらのことは、芸術家、イタリア未来派の賞賛者、映像作家、劇作家である村山知義(一九〇一―一九七七)の著述のなかに、なによりもはっきりとあらわれている。村山は、日本の近代を完成に導くような見込みのあるプロジェクトとして「構成主義」を主張したのである。かれは、ヨーロッパから帰朝してのち、一九二〇年代を通じて、さまざまなプロジェクトに従事した。かれはまた、構成主義に深く影響を受けた展覧会の開催を通じて、アヴァンギャルド芸術を紹介していくギャラリー・協会でもあったMAVOの創立者のひとりであった。[4] 村山は、第一次世界大戦の後、日本社会を捉えた強力な産業化と「ブルジョア芸術」のヘゲモニーの両方を説明しようとして、「構成派」がソヴィエト連邦で、「資本主義社会が倒壊」し「社会主義芸術、プロレタリヤ芸術の独擅場となるべき順序」が確立されるにつれて、浮上してきたと述べた。[5] 村山は、「革命の起こらなかったブルジョア社会の芸術家」に「憐れみ」を示した。かれらにおいて、芸術はただ終りになってしまったからである。旧時代の芸術に回帰することを望まない芸術家たちは、産業主義へと「一大飛躍」をおこなった。「商品としての、ブルジョアの玩具としての絵画が新経済政策の終りとともに終りを告げる」(五九)。かれは次のように述べる。「これこそ形式芸術上におけるコペルニクス的転回であり」、「新しく生産体系の芸術が始まるという空前な企ての口火である」。構成主義が提示したのは、産業システムに根ざした芸術が、どのように、そしてなぜ、社会的性格を獲得すべきかという問題であった。「葉書、切手、煙管、切符、便器、雨傘、タオル、椅子、蒲団、ハンケチ、ネクタイ」――すなわちすべての機能的な品々――といった、日常生活を植民地化しているものそれ自体が芸術として受け入れられる。現実に、日常生活の空間に宿り、日々必要のために用いられるそうした品々は、使用価値と芸術的価値の両方を有するのであり、生活と芸術との一致を示唆する。しかし、ひとたび美学的な領域から離れるや、生活と芸術は分けられてしまうのだが。芸術性なしでものをつくる技術を保持する人々は、「芸術の牧師」と嘲笑的に呼ばれた。ブルジョア芸術の慣習を支配してきた芸術のための芸術は、完全に破壊されねばならない。それこそが、ロシア革命により可能となった事柄であった。「産業主義は、純粋芸術に徹底的戦争を布告した。芸術における個人主義を葬って集合主義をとなえた」(五九)。さらに重要なことは、それが、「実際的効用なき芸術は芸術にあらずと宣言した」ことである。構成主義は、生産の環境において、形成され、ただちに新しい政治的・文化的秩序の必要に応ずるものとなった。

村山は、産業社会の新しいヘゲモニー(かれはそれを産業主義と呼んだ)と、それが芸術や文化に対して有した深い意味を明確に承認していた。日本における革命を直截に主張することは慎んでいたものの、彼は産業社会を、未来の波であり、資本主義的な社会関係の終わりであるとみなした。共産主義は、なによりも芸術の

「社会性」を主張する。アナーキスティックに分裂した社会の個人主義によって特徴づけられる現在にあらわれる芸術的生産の諸様式は、明らかに無目的である。この不幸な状態の理由は、新しい芸術の様態が現実から「遊離」している点にあり、その結果、新しい芸術の様態は、「主観的に形成」された「フォルム」にゆだねられることになった(六〇)。村山は、そのような芸術上の主観主義が、「美学上の形式主義と抽象主義を絶対にまで高めようという傾向から生じた幻想である」と確信し、いかにやすやすと芸術家が、「自分をすべての存在の中心に位すると誇負」するような、傲慢な自己賛美に陥るかを説明した。それは、「社会と意識的に背馳する」ものであった。この文章に、抽象化と形式主義と個人の自我の優先に対するいち早い警戒が見られることは重要である。それらを、後の批評家は、マルクス主義と、具体的なものの科学を生み出すことがなかったマルクス主義の失敗を標的とした批評的実践の中核とすることになる。のちに見るように、一九三〇年代の前半、小林秀雄らは、マルクス主義を、抽象的なカテゴリーと公式的で図式的な考え方とに依拠し、日常生活から遊離しているという理由で批判した。村山のような思想家によれば、機械が日常性の具体的な主題を構成する。なぜなら機械は、産業主義に支配された社会の現実によって承認されたものだからである。それに対し、後の多くの思想家にとっては、機械が(人間の)精神に取って代わってしまったことが、抽象化であり、それがすなわち近代そのものであった。それはすなわち日本民族の活力や経験から遠ざかることであった。

村山の説明では、産業主義の要求を満たすために用いられる戦略としての構成主義は、生活そのものであった。産業主義的な社会が要求するのは、社会的に機能する形式を創造することであり、それは純粋に客観的な方法によって生み出されるものであり、社会総体に対応するものであり、「個人の勝手な偶然の気持ちや、主観的な趣味なんどに煩わされない」ものであった。この点で、村山の主観的という言いかたが、行為する主体ではなく、むしろ受動性や行為しないで観察する主体を意味しているのに注意する必要がある。芸術の生産において、個人的な好みに従ってものを作るような個人的主体性のあらゆる徴を取り除こうとして、村山はこう主張した。このようなよけいな行為は、社会的な協同性を優先することによって回避できる、と。しかしこのことは、必ずしも、主体性の場所を民衆(the people)へ移動させることを意味しなかった。むしろ主体性の場所は、曖昧な大衆(masses)によって代表されるような社会的集合体と、機械との間の不確かな地点をさまよっていた。構成主義のプログラムにとって重要なのは、「自然界から引き出され、テクニカルに加工された種々の材料」を芸術に利用することである(六〇)。しかしその動きは、決して自然を模倣したり自然界に対抗したりすることを意図したものではなかった。自然は、単に、人間の生産のための原材料を供給する大きな貯蔵庫としか考えられていなかった。すなわち自然は、社会にとってのモデルでも、遠ざかっているべき領域でもなかった。自然によって与えられる様々な材料から、人が利用する現実生活のさまざまな品々を作り出すことが必要となる。原材料の特別な性質が規定する法則に従わなければならないが、芸術を一定の形式に創造するには、社会的効用という媒介を経なければならない。新しい社会における構成主義の課題が、社会的に有用で美しいものを作ることであるという村山の見解は、ボリス・アルバトフの考察を思い起こさせる。それらのものの価値は、商品として交換される能力にではなく、むしろその有用性によって決定される。構成主義は、「一種の社会組織」であり、完全な「協同の芸術」であり、「民衆の食べ物飲み物である」(六〇)。

しかし、村山が概念化していた新しい社会秩序の主な特質、すなわち、その主題は、機械に対する情熱と愛情であった。ハンス・アープやエル・リシツキーのような構成主義者は、「工業のプリズムを通じてこの世をみる。彼らは色彩の助けを借りてカンヴァスの上に幻を与えようとしない。彼らはただちに鉄や木やガラスを使って働く」。ただ、「近視眼」は、その中に、「ただ機械のみを見る」にすぎないのであるが」(六三)。共産主義者にとっては、「機械こそは生産過剰の理想社会を来らせるための救いの神である」(六二)。過去との違いを、機械の出現ほどに象徴するものはない。機械は、素人や愛好家が欲するような、「繊細微妙にして低徊的な趣味」という「過去の伝統を引きずっていない」。村山は、その代わりに、「勇敢端的な機械の美を愛する」必要性を示した(六二)(この点で彼は、未来派マリネッティの興奮した賞揚を彷彿させる)。機械の存在が示していたのは、産業主義と結びついた、実際的効用のある構成であった。しかしこのつながりの中で、彼が、早くから(一九二〇年代)、自分独自の構成主義と、ソヴィエト型のそれとの区別を強調していたことに注目する必要がある。彼独自のそれは、「意識構成主義」と呼ばれ、「さらに高い統一」の追求によって動機づけられ、美の主観的観念とその反対のもの――醜の観念――との「対立」を解決しようとするものであった。自我の最高級の努力がなされなければならないと確信していた村山は、のちの回想において、「意識構成主義」の理論が、マルクス主義と唯物弁証法を知るに及び、「私の内で崩壊してしまった」ことを認める一方で、それを、「観念的哲学の枠の中にとどまるかぎり、現在でも、打ち破ることのできない理論だと」も述べている(五九)。何物にも増して必要とされていたのは、徹底した唯物論であった。もっとも一九二〇年代の初頭には、マルクス主義ですらそこから遠ざかり、文化形式の観念論(ルカーチやヘーゲル的な理論)と見えたものに接近しつつあったのではあるが。

いずれにせよ、構成主義の可能性は、それが数学と芸術、芸術的な労働と工場とを統合する能力に存在する。「構図」――構図とは、単なるロマンティックな遺物にすぎず、過去に頼ることによって最も個人的な幻想をかき立てることしかできない――の重要性を意図的に回避しながら、構成主義は、工業や機械、科学との出会いを通して、現代からインスピレーションを引き出していた(六三)。それは、シリンダーや鉄やガラス、コンクリート、円、三角など、工業的過程において用いられる方法や材料を借用する。「構成は美しさを嘲り、力、明瞭、単純、勇ましき生活への刺戟としての行動を求める」。したがって、「芸術の機械化が来るのは当然である」。そうした社会は、大衆の「協同」と「平等」という特徴をもつが、そこでは、個人の職人技による製品は、「中世紀的であり、ブルジョワ的であり、不必要な贅沢」、すなわち、「まったくふさわしくないもの」とみなされる。村山は、「数における大量生産」の過程に、大衆社会と生産システムのアイデンティティを求めた。かれは、多くの人々が、密集した空間の中に引き寄せられ、無数の労働者を一つ屋根の下に集めることとなった工場の例をもち出して、大衆社会では、大量生産以外に何もないと主張した。ロマン・ロランの『民衆芸術論』の、「飾る壁のないような絵画こそが絵画であり、壁に飾れるようなものは絵画ではない」という一節を共感とともに引用しながら、村山は、芸術を、博物館に閉じこめ少数の人々にだけ供するのではなく、それを大衆の手の届く場所におくことの必要性を強調した。大量生産が意味したのは、ますます多くの人々が芸術の機械化を受け入れるということである。その芸術とは、人々が日常生活で使用するあらゆる物品に見られるものであった。ここで彼は、単に芸術の機械的な再生産に関するありふれた観察以上のこと、すなわち、有益でかつ美しくもあるような物品を大衆の手の届くものとするような生活の機械化に注意を向けていたのである。しかし、村山は、印刷や、写真、そして映画にあらわれたこの「機械化」の過程の表象——大衆社会、機械的再生産、大量生産のあらゆる徴——にも言及した。特に印刷は、「新しい生命」というイメージを伝えるものであった。それは文章や絵画を無限に再生産できるからではなく、オリジナリティという価値に新しい理解を生み出すからである。芸術家の腕——過去にあっては、創造性や独創性の品質証明であった——にもはや制限されず、オリジナリティは、今や、映画、写真そして印刷における芸術の機械化された生産と結びついていた(六八)。

建築、特に大きなビルの建設は、構成主義者の想像力を捉えた。なぜなら、そこに工業と芸術と生産の実現可能な総合が含まれていたからである。村山によれば、都市の建築は、ロココ調でも、ルネサンス調でも、分離派調でもなく、合理的で、経済的、産業的でなければならなかった。生産の現場では、工場、学校、病院、見世物小屋、トンネル、倉庫、劇場、そしてレストラン、そのすべてが建築されなければならず、その形は、デザイナーや建築業者が使うと決めた材料の姿を充分に示さねばならない。建築の原理は、「必要かつ充分」なことである。村山のいう建築の空間は、多くの人々が限られた都市空間に集中し、その結果、仕事やビジネスや遊びのための新しい構造をもったサーヴィスが必要とされていることの承認であった。しかし、彼は、構成主義的な建築に特有の性質は、工業的生産、すなわち「工業化」に依存しているということをただちにつけ加える。なぜなら、構成主義の理想は、「箇々の家屋の建築から大都市建築の想念まで進んで行きつつある」からである(七〇)。

このように言祝がれることで、工場は、芸術と生産と量塊を調和的に統合する現場となり、新しい都市の光景を支配するものとなった。工場こそが、都市空間に集まり大衆(masses)となった無数の人々に役立つ。大衆とは、構成主義者の考えでは、社会と呼ばれる巨大な機械の中で、永遠に日の当たらない客体であり続ける人々であった。少なくとも、チャーリー・チャップリンが、かれらに、どのように歯車となり主体となるか、その方法を示すまでは。

「群集の人」――大衆文化のアクチュアリティ

機械というプリズムの中で屈折したこうした人間の姿こそ、マルクス主義批評家、平林初之輔（一八九二―一九三一）の関心を捉えた対象であった。多くの同時代人とともに、かれもまた、一九二〇年代にあらわれつつあった文化にとっての「民衆」の意味を確定することを試み、最終的に、この新しい社会的構成層の「アクチュアリティー」を、社会の主体として定義した。その社会は、いまだ、かれらの特権的な地位を決して認めようとはしなかったのであるが。平林は、いたるところに現われている新興文化の徴が、民衆によって演じられる役割とともに、現実として認識されねばならないと論じた。そこでかれが提示した命題が、民衆芸術の問題は純粋芸術の問題ではなくて、むしろ民衆の問題であるということであった[6]。平林は、純粋芸術の要求を退け、芸術の技術的な革新が実際に進行中であることを確信している点で村山と似ていたが、都市に集まり、生活し、働き、遊ぶ民衆（people）――大衆（masses）――の第一義的な重要性を支持する点において、構成主義者たちとは異なっていた。新しい技術の変化がかくも大きなものであるがゆえに、きわめて重要な政治的な帰結が生み出されたとかれは信じた。印刷術と製紙工業とデモクラシーの発達は、小説のような新しい文学形式の近年の決定的な隆盛と直接つながっている[7]。映画、写真、そしてラジオなどの新しい技術は大量消費を刺激し、単に芸術生産の条件を大きく変えただけではなく、いっそう重要なことに、芸術をより多くの人々にとって手の届くものにしたのである。村山が「文化」の虜であり、彼の大衆が「機械」の虜であったとすれば、平林は、民衆のヘゲモニーが全く新しい種類の文化生産に反映していると考えたのであった。

当初、平林の目的は、彼が「民衆のアクチュアリティー」と呼んだものの正当性を確認することに向けられていた。一九二〇年から関東大震災が起こった一九二三年の間、おそらくは「民衆」と呼ばれるこの新しい想像体に強い関心が集まった。多くの人にとって、「民衆」は社会民主主義者も革新派も認める抽象的な政治的主体であった。民衆は、資本主義的なモダニティの主体というよりも、むしろ、動員されうる自然的な構成員として見られた。平林は民衆の現実を説明しようとしながら、次のように書いた。「吾々の仲間には労働者の生活の悲惨を極度に陰鬱な筆で描写する人がある。小説の上で資本制度の講義をして聞かせたがる人がある。併し民衆はあまり好意をもたないかも知れない」[(8)]。民衆はどんな指導も必要としない。むしろ、理解されることを望むのである。「教師よりも友人が欲しいのだ」。その力に限りない信頼をよせることで、民衆は、知恵と経験の汲めど尽きせぬ貯水池となる。民衆という想像されたイメージへの平林の信頼が、民俗学者や、吉本隆明や清水幾太郎のような戦後の知識人の先駆となっていることは興味深い。かれらは、民衆に、西洋や啓蒙的知性に勝る永続的な知識を付与したのであった。

民衆文化の問題は、広く行き渡っている社会的諸制度のあり方の問題である。たとえ民衆がそれを認識できなかったとしても、それはかれらの過ちというよりもむしろ、かれらを、自身の利益に対して盲目ならしめている社会的環境の問題である。現代社会は、二つに分かれている。民衆という現実と、民衆のアクチュアリティやその欲求を認めることができない指導者階級・ブルジョア階級である。平林は、そのテクストで、休暇の不足と、それがきわめて不十分なかたちでしか利用されていないことを強調した。休暇が十分にあれば、文化活動にも十分な余暇を確保することができる。こうした議論において、民衆は、労働者と同一視されていた。文化のための余暇が不足する主な理由は、資本主義システムが、労働者に余分な時間を与えないことにある。

平林は、時間さえあれば、彼らが、ハイ・カルチャー分野の読書に打ち込むだろうと信じていた。休日には、「内職」をしなければ、生活が成り立たない人もある。また、朝寝や飲酒、女遊びをしなければ、休日ではないという人もある。労働者に対するほとんど清教徒的なプログラムにもかかわらず、平林が、仕事と余暇、労働と日常生活との結びつきが必要であるとはっきりと主張していたことは重要である。われわれは、こうした忠告を、民衆を主体へと転ずる欲望として読まなくてはならない。民衆は、モダニティに対する声なき否定的他者ではなく、自身の生活について語ることのできる知識所有者の立場を占めるような主体なのである。こうした点で、労働者の声を浮かび上がらせようという平林の努力は、同じ時期に、民俗の声を聞こうとした柳田国男の欲望と似ていた。しかし柳田の場合、それは、モダニティとは別の他者であったのだが。余暇は、芸術それ自体よりも重要である。それは、パンや睡眠とともに、労働の社会的条件を再生産し、「自由」を実現する労働者の能力と結びついている。読書が労働者の間で低い優先順位しか持たないとすれば、その原因は、社会全体にある。芸術を理解しないという理由で民衆を批判することは、現代の社会構造に広大な断層が存在し、余暇さえあれば実現されるであろう文化的な約束が労働者に対して与えられていない現状を明るみに出すだけである。平林の見解では、余暇の権利は文化への権利であった。民衆は本を読む十分な余暇を欠いているばかりか、本を買う金も欠いている。平林がこのような指摘をおこなったのは、一九二一年であったが、そのとき、日本の社会における出版と流通の大規模な変革はいまだ生じていなかった。しかし、数年のうちに、大衆読者に向けて、安価な出版と流通の形態がしっかりと根づくこととなり、岩波書店や講談社のような出版社の名前は、たちまち人口に膾炙するようになった。しかし、労働者階級の家族が、歌舞伎座の公演を見ようとすれば、その負担は大きすぎる。そのために週給や数日分の給料が費やされるとすれば、あまりに高すぎる。結果として、「民衆と芸術との間の」恐ろしいほどの隔たりは「拡大した」のである。

「民衆と芸術を近付けるにはどうしたらいゝか」と平林は問いかける。この問題の解決は、劇場の経営法を改善することや教育の機会を拡大することや本の価格を安くすることより、むしろ民衆が日々経験している生活状況と深い関係をもつものである。その答えが「改造」であった。平林は、日本社会を古い隷属の状態にとどめていた制度的なインフラストラクチャーの立て直しを目的とする「社会改造」に対する熱狂の中にあって、持続的な変革を実行するにも機は熟してはいないと結論した。しかし、文化と民衆のギャップが明確に示していたのは、どんな解決も民衆からではなく、むしろ社会から行われなくてはならないことということであった。社会的な変革を、部分的な方法で実現するのは不可能である。それは全般化されねばならない。社会制度をそのままにして民衆文化の再構築を実現しようとするのは、太平洋の水をそのままにして東京湾を浄化しようとするようなものであった[9]。社会全体の再構築が企てられない限り、芸術や文化は、決して特権階級の独占から自由になることはない。全般的な再構築への道は、かつて価値あるものとみなされていた古い芸術を完全に破壊することではない。価値あるものは、廃墟から蘇り、新しい社会環境のなかに、新しいものと並んで置き直される。価値を剝奪された過去の文化的な断片は、モダニティへと再加工され、それが生み出されたのと異なる時間の中に置かれ、新しい息吹を与えられなければならない。「芸術の永遠に藉口して民衆の解放運動を非議する権利はない」と、彼は述べた。民衆と文化の関係を密にすることなくして、芸術における永遠性などけっして発見されないであろう。民衆の生活は、芸術に接近する。「古来の大詩人が民衆に呼びかけた声は、民衆の耳に今日届いてゐるか[10]」。

人類の歴史が真実となるのは、科学や芸術、宗教などが、大衆に伝えられたときだけである。このような贈り物が、表面をなぞるだけで何も変えない場合、それは人類の歴史ではない。さらにいえば、それは真の文化ですらない。なぜなら、それは少数の人にだけ利益をもたらし、さらなる変化を妨げようとする彼らの努力を利するからである。平林にとって、社会的条件が変化したときにのみ文化と歴史が変化するということは驚くべきことではなかった。彼は、「抑圧と圧制の上に築かれた今日の文化芸術の完成に没頭する」芸術主義と文化主義の排除を進めようとした。つまり、自分たちのヘゲモニーを維持するために芸術と文化とを用いてきた芸術の生産者や管理者にとってかわろうということであった。しかし、それは、社会から、芸術や哲学、科学の古い形式を取り除くことを意味していたわけではない。平林の見解で重要なのは、民衆が文化の創造へ積極的に関与することで、管理者と生産者との間の分離が消滅するということである。「吾々の目的は功利の餌食となれる文化をすくふにあるのだ」[11]。問題は、芸術を芸術として、科学を科学として理解するということではなく、両方の独立を認識し、尊重するということである。それはすなわち、芸術と科学が、固定されたり、単一の階級に結びつけられたりすることに抵抗し、それが歴史に向かって開かれていることを認識し、尊重することである。ただ、現在だけが、歴史の運動を方向づける。

プロレトクリトの早くからの熱狂的信奉者として、平林は現在を、既存のヘゲモニックな文化との闘争を開始する特別な瞬間であると見なしていた。彼は、それを、「闘ひ」と表現したが、それは、文化と民衆との間の分断を排除することであった。あらゆるところで、日常性や商品形態、生活の近代化の進展に根ざした文化が出現する兆しがあった。目的もなく銀座をうろついている「色男」や、「フラッパー」が、起こりつつある変化のすべてなのではないと彼は見た。これらの表面的な変化の背後に、合理的な経済・政治体制が控えており、それが、「近代の母胎」として、都市芸術の成長に反映されていた。モダニズムとは、生産の新しい力に駆り立てられ、常に新しく、新鮮で、革新的なものを不断に生産し続けることだと平林は理解した。しかし彼が関心を向けたのは、生産様式ではなく、生産力に生じつつある変化、すなわち技術と科学における変化と、日常生活の機械化の進展であった。同時代人である村山知義の影響もあり、また平林自身の機械へのロマンティックな思い入れもあったが、それでも平林は、決して機械を社会の活動的な主体と見なすことまではしなかった。もっとも、彼は、大宅壮一のようなマルクス主義者の仲間から、「機械のために、民衆の現実」を忘れてしまっているという告発をうけてはいたのだが。平林は、テクノロジーの進歩と、それに続く文化の技術化によって、日本社会が近代化し、日常生活が出現したという物語を描いた。彼の語りでは、機械化は、以下の三つの段階を経て進展した。(1)機械の出現。それは、西洋の衣服や食べ物や住居(一九二〇年代の「文化住宅」を想起せよ)の模倣、外食や車の使用といった新しい行動、消費のための品物や商品の大量生産への傾向などをともなった。この段階の中心は、電力であった。(2)生活のペースの加速化と、スピードの重要性。新しい形態の輸送と伝達が発達したことにより、時空間の機械化と圧縮が進展し、その結果、生活のテンポが変化した。(3)人間の精神への、技術の影響。機械は、輝かしい未来の実現を約束した。それは、プロレタリアートが生きるものであり、また、近代社会のその行き着く果てに形成される新しい文化と進歩的で合理的・科学的な社会秩序を垣間見せてくれるものであった。真の民衆文化を作るであろう科学への信頼は、平林の想像力のみならず、戸坂潤や土田杏村、中井正一などの多くの同時代人の関心をも捉えていた。科学に基礎づけられた文化を生み出すという歴史的使命を、民衆は果たすことができる。その文化は、仕事に余暇を与え、日々の暮らしを疎外から遠ざけ、経験に具体性を付与することにより、民衆を抑圧から解放するものであった。

平林は、技術的な変化の過程や、それがどのように文化生産とかかわるかという問題に関心を注いだが、完全な決定論にいたったわけではない。なぜなら、主体がいまだに大衆に宿るとされていたからである。しかし彼が、生産力と民衆の出現との間に、密接な、そしてほとんど同質的な関係を描いたことは否定できない。彼にとっては民衆は、社会的な生産の力を表象するものであった。彼の見るところでは、社会的な生産から生ずる技術的媒介が、既存の芸術と文化を結びつけ、広範な伝達と革新とを可能にした。「映画芸術は、いかなる社会構成から決定されたものでもなくて、ただ活動写真機械の発明によって生れたものである。しかも映画は既存の芸術にほとんど空前といってよい大衝撃を与えつつある。それは顕微鏡の発明が細菌学を生み、細菌学が生物学や医学に大革命を与えたのと同じ関係であり、その重要さにおいても同じ程度である」と彼は述べた。同じく、文化や芸術において生じた変化も、単に上部構造における出来事であっただけではなく、社会の基盤から生じた運動であった。平林にとっては、こうした定式化は、単なる経済主義をこえて、より広い社会イデオロギー領域の基盤に対する、より複雑な理解を表わしていた。それは、大いなる変化を最初に捉えたものであった。そしてその変化が、のちに社会と政治体制によって屈折させられる。技術者の手によって作られた機械は、文化の領域に直接届き、その「様式、形態、品種」を変える。いかなる文学研究、芸術研究も、技術変化の役割の考察を避けることはできない。一言でいえば、「機械が芸術をかえる」のである。しかし同時に彼は、芸術が機械化され、社会階級によって決定されることが、「ある人々を戦慄させる」かもしれないことを知っていた[12]。彼が確信していたのは、そのような人々は、以前なら地動説もしくは進化論に反対していたような人々だったろうということである。技術は、芸術と文化を大衆へと近づける。芸術は、最近まで、生活から切り離され、少数の人々にのみ享受されていた。技術は、既存の文化形態を変革して新しい形式を生み出し、機械的に再生産し効果的に流通させることで、文化と芸術をブルジョアの独占から解放し、大衆の中へ位置づけ直すことを約束した。

技術と文化の関係に関する平林の考察のポイントは、現在の生活においてそれらが密接に関係しており、そして、一九二〇年代の日常生活(それは、文化生産の標的であり、またその文化が消費される場所であった)が完全に、映画、写真、出版ジャーナリズム、そしてラジオによって支配されているということであった。これらの技術は、最終的には日常のルーティンと区別できなくなる。すなわち、技術と大衆文化は切り離せないのである。文化の生産における民衆という主体の現実の役割を、彼はきわめて高く評価した。しかし、まさにこうした観察と、それを「事実」で証拠づけるという見通しが、大宅壮一による批判の口火となったのである。大宅もまた、同じ「現実」という権威に訴えたのではあるが、かれはそれを民衆と同一視した。二人のマルクス主義批評家のあいだのこの論争において問題となったのは、この歴史的瞬間における現実的なるものの地位であった。平林は、初期の「プロレトクリト」への熱狂から後退することはなかったが、しかし、それに加えて、日常生活が、商品としてまた通信手段としての技術の効果に満たされていると認識していた。そうしたことを、現在そして未来の文化的編成に関する考察を進める上で、いまや、考慮に入れる必要があると主張した。それに対して大宅は、日常生活に根をおろしたまさにその技術や商品形態を、単なるモダン相と見なした。それは、表層的でアメリカ化され薄められた文化的編成であり、彼が垣間見た新しい、真の民衆文化の建設の前には、自ずから崩壊せざるをえないようなものであった。

平林にとって、新しい技術と大衆文化が溶け合った典型的な例が、ラジオドラマであった。彼は、それが、舞台演劇とは異なっていると主張した。なぜならば、それは「音波」という媒介を通じて「成立」したからである(七五)。ラジオは、印刷技術(ジャーナリズムと小説)に比較される。それらが、文化を、同時により多くの人々に接近可能なものとする巨大な変革を生み出したからである。さらに、これらの新しい技術的メディアは、視覚から聴覚への変化を促した。印刷と同じく、ラジオの箱から流れる音波は、容易に受容されうる。聴き手が、何か別のことをしている場合でさえそうなのである(七六)。聴衆は、ドラマを聞くのに、音楽堂や劇場や広場に行く必要はない。ニュースやレクチャーや音楽を、ねころんで楽しむことができる。平林は、音が新しい装置と手続きを必要としていることを認識していた。それは、印刷された文字を補うようなものでなければならなかった。彼の考えでは、音波の利用は、文化の生産と消費において、新しい領域を開いた。それは、単に印刷に対する重要な補足であるというにとどまらず、音という知覚によって可能となる全く新しい実践であった。この意味で、ラジオは映画に匹敵する。どちらのメディアも、スピードと音によって表象されるような、新しい知覚によって動かされていた。文化に対する音の衝撃は、芸術と文学の地平を広げ、紛れもない文化の革新を開示した(七七)。

同様の方法によって、映画はさらにより進歩的であった。もっとも同時代の批評家たちは、もともと、その外貌を非芸術的であるとして非難していたのではあるが。映画は徐々に、舞台劇から独立していったのである。森岩雄の言葉を引きながら、平林は、「舞台的因襲の一切を除去し、新しい映画劇を創造しなければならない」と書いた(七七)。日本における映画は、その初期から、舞台劇と区別され、そしてこの独立こそ、映画が、そもそも民衆芸術の形態を備えていることを証明しているのであった。映画以外では音楽が、もっとも「機械化」された(八一)。平林は、こうした映画の技術化とその生産過程の進展が、「進歩と専門化」を意味すると主張した。社会進歩は、常に、労働における社会的分業の歴史として認識されてきたのであり、芸術(文化)の進歩は、芸術活動における専門化の歴史の反映であった。産業革命とそれにともなう機械生産の促進は、一世紀のうちに、人間生活の様式を変化させた。シネマが特別の脚本を、ラジオが特別のドラマを、機械音楽が特別の作曲を必要とするならば、人間が機械を支配しているのか、機械が人間を支配しているのかを決定するのは容易ではない。戦争の主体は、昔も今も人であるが、(いくさの前に自分の名のりをあげるような)一騎打ちの戦争と、戦車や毒ガスや機関銃を使用する近代の戦争との間には大きな差がある。昔の職人は機械から自由であった。一方で近代の労働者は、その奴隷となっている。機械をつくるのは人間であるが、機械は人間を支配する。芸術においても、こうした逆説的な関係が実現されるのではないかと彼は問いかけた(八四―八五)。

平林は歴史から議論した。思想を伝達する手段は、今や必ずしも文字の使用に限られてはいない。種々の造形美術は、文も言葉も使わずに、考えを伝達することを可能にしている。しかし、文字は思想を伝える唯一の手段であるとみなされてきたので、文字以外の表現や理解の様式を発見したことは、重大な事件である。今日、コミュニケーションは、電気による記号あるいは音波の送達という手段を見いだしている(八六)。科学でさえ、言葉や文とほとんど関わりなく、記号だけで表現されるようになっている。平林は、文字から特権を剝奪し、それを、より大きな記号の体系における表記法の一様式として、位置づけなおさなければならないと考えていた。ただ個性と独創を重んじる文学のみが、「文字の重要性を固守する金城鉄壁の観があった」。注目すべきことに、平林がこのような考えを述べたのは、柳田国男や折口信夫のような民俗学者の活躍と同時期であった。民俗学は、文字から排除され、声なきままにとどまってきた民という存在が、自分自身やその生活を、習慣や宗教的な慣習の中で表現していることを示したのである。しかし、文字という金城鉄壁は、メディアのなかで、そしてラジオや映画の出現によって、つまり日常性の出現によってその基礎を揺るがされた。それは、都市に来て働き遊ぶ大衆にふさわしいものであった。もしラジオが、活字や印刷機や製紙工業よりもさきに発見されたのであれば、小説という文学の普及や大衆化は起こらなかったであろう。木版をもって小説を印刷することは、経済的にも政治的にも容易ではない。その時に活動写真やラジオが発明されていたら、その急速な普及と流通によって、小説のような文学形態が出現する余地はなかったかもしれない。要するに、日常生活を植民地化するテクノロジーは、以前の印刷技術とは比べものにならないペースで、急速に大衆の意識を支配する文化形態を産出した。

テクノロジーによって可能となった新しい表現形態についての平林の考察で重要なのは、人類が猿との「共通の先祖」から進化してきた以上、文字といえども、そもそものはじめからもっていたものではないという認識である。文字は、歴史における発明のひとつに過ぎない。折口信夫でさえ、文学以前の文学の存在、つまり書記以前の文学の日本での存在を主張している。平林において、文学は単に歴史のある瞬間における一つの「技術的なメタモルフォーズ」の一例に過ぎない。「前に私が想像したように、活動写真よりもあとから印刷術が発明されたとしたら、私たちは今日小説や舞台用の脚本を映画にアダプトしているのと逆に、映画を文字に翻訳して小説をこしらえていたかもしれない」(八六―八七)。世界中で、ますます国際化が進むにつれて、文学は現実に重荷を背負うようになる。文学は、言葉や文に基づいて構成されているので、自分自身の言語しか知らない二人の異邦人が考えを交換しようとしても、その言葉や文がおなじ意味をあらわすとはかぎらない。しかし、活動写真は具体的なものや行為を蘇らせ、生き生きと視覚化する。それは文学よりも、ずっと容易に理解や相互交通に対する障壁を破ることができる。したがって、外国映画を輸入する方が、ひとびとに原文によって外国文学を読むことを期待するよりも重要なのである。平林は文学よりも活動写真を評価し、読むことに対して見ることの優位を訴えたが、それは、一九二〇年代に安いペーパーバックで出版されることとなった大量の翻訳の重要性を見逃すことでもあった。しかしたとえそうであったとしても、かれは依然として、読むという行為とそれが意味する事柄を問題とし続けた。文学作品は、物事の秩序をたどって描き、物語の論理によって運ばれなければならない。それは、時空間での多様な同時的イメージを表現することができない。空間や時間を同時に表現する能力、つまり、時間を空間化し、空間を時間化することは、現代的な現実の認識にかなったものであり、映画や、あるいはある程度までならラジオでも、表現可能となる。また文学の最たる欠点は、集団芸術に不適当なことにある。というのは、文学は、特殊なもの、単線的な語り、ならびに個性に関心を集中させるからである。人類は近年ますます社会化されてきたので、書斎の中の個人の孤独で孤立した行為である文学は、公共空間に群がっている大衆の要求と一致することはできない。個人が大衆社会において、孤立した活動としてテクストを楽しむことができない理由は明らかではない。しかし平林は映画館のような公共空間に大衆が群がり、かつては少数に制限されていた娯楽である物語の上演を楽しんでいることに注意を向けている。その結果文学はもはや「近代生活の進化の方向と一致しない」(六八)。平林は、文化が技術革新により限界にきていると確信し、その影響を、もはや無視することも、見落とすこともできないと感じていた。

しかしながら、大宅壮一は、まさにこうした技術的進歩によって開示された文化革命に対する平林の確信を批判した。大宅は平林が芸術それ自体を信奉するあまり、政治をないがしろにしていると主張した。すなわち、「素人」の要求に対して、批評や「専門家」を特権化しているというのである。大宅は、その素人を民衆と同一視した。これに対し平林は、問題は政治的(社会的)価値と、芸術や文化の生産を促す美的価値との解決不能の関係に由来すると考えていた。しかし(蔵原惟人、勝本清一郎のような)一九二〇年代の強硬派マルキストにとって、そこに明確な衝突は存在しなかった。なぜなら、政治的(社会的)価値と芸術的価値とは、「二つの直線のように、全く重ね合せる」ことができるからである。[13] 政治的価値の外側に芸術的価値があるがごとく考えることは、まったくの誤りである。なぜなら、芸術的価値は、政治的価値のなかで、完全に意味づけられるからである。しかしながら、政治的なものと文化的なもののこのような重なりの宣言にもかかわらず、両者の関係は、プロレタリアートの最終的勝利を説明しうる行動の理論と、イデオロギー的・政治的な戦術論に還元されないような文化的プログラムとの構築を試みるマルクス主義者にとって、それほど簡単に解きうる問題ではなかった。平林は、文化(芸術と技術)と政治(民衆の進歩)との関係を問題化したが、それは、政治と文化のどちらが優先されるべきかという論争に尽きるわけではない。むしろそこには、イデオロギーと科学、歴史と文化本質主義、民衆と指導、階級と大衆という、より広い一連の関係が含意されていた。マルクス主義は、確立した文化理論、いや芸術理論さえ有していない。芸術をプロレタリアートの勝利に利用しうる手段、あるいは運動としてみるような動きを「再吟味」するのは、まさに現在である。文化、とりわけ芸術は、つねに政治的価値の判断に従うわけではない。エドガー・アラン・ポーやボードレールのような作家の作品が、プロレタリアの勝利に貢献するものではないということは、何人も批判しないであろうと、平林はいう。「それどころか、一般に人類の幸福をおしすすめる拍車となるやうなものすら何一つ見当たらぬ」と彼は続けた。[14] 平林がおこなったのは、明らかにルカーチ的な議論である。たとえ作家がマルクス主義者でないにせよ、かれらの作品は、プロレタリアートの役に立ちうるし、民衆の目的に貢献しうる。偉大な作家(ルカーチはバルザックの例をあげる)は、たとえ、そのイデオロギーが、歴史の進歩的な力と背馳していたとしても、その時代のとりわけ階級関係をはっきりと描き出すからである。この議論は、平林の信念と似ていた。技術と生産力は、民衆の文化と芸術を進める上で決定的な役割を演じうる。たとえそれが、プロレタリアート自身の道具ではない場合であっても。

大宅は、この点を完全に誤解し、平林の文化的・芸術的価値の強調が、作家の「技術」を特権化し、文化的・芸術的価値の考察における「素人」の主体性を排除するものであると批判した。すなわち、新しい技術に訴える文化理論は、歴史の流れを無視した反動的な立場になりかねないというわけである。大宅の議論は、現在が大衆の時代であり、「事実」の時代(かれはこう呼んだ)であるという確信に依拠していた。こうした見解の背後に秘められていたのは、変革の時期には「芸術において、事実が技術をリード」し、静かな時期には、「技術が事実をリードする」というメタ歴史的な説明であった。転換期(大宅にとって、それは大衆の時代を意味した)の作家は、つねに「いかに描くべきかということよりも、何を描くべきかということ」に関心をよせる。逆に、作家が、「比較的順調な発達をとげている」時代にいて書く場合、その関心は、「何を描くべきかということよりも、いかに描くべきかということに向かって集中される」[15]。平林にとって、こうした区別は、たんなるアリバイであり、「材料の不足」と知的な破産を明るみに出すものであった。大宅が平林を、芸術と「われわれの社会生活」を切り離すものとして批判したことは[16]、大宅が技術革新に付随する日常生活のヴィジョンから発する議論を理解できなかったことを示している。技術革新は、人々が見、聞き、ふるまうその仕方まで、すでに変化させつつあったのである。

晩年(平林は、一九三一年、若くしてヨーロッパで客死した)のエッセイ、「日本の近代的探偵小説――特に江戸川乱歩氏に就て」(『新青年』一九二五年)において、かれは、古くからある一般的な形式を、探偵小説(かれはそれを民衆の好むところであると信じた)のようなあたらしい形式に作り直すことは、大衆文化における技術の役割以上に重要であると論じた。江戸川乱歩のようなミステリー作家の作品のいくつかを論じながら、平林は、このあたらしい、ハイブリッドな形式の意味を探求し、それが西洋においてはすでにあり、日本では近年になってようやく登場した理由を、小説それ自体の発展における格差であるとした[17]。科学や技術に対するかれの熱狂は、探偵小説への賞賛にも溢れ出している。多くの同時代人は、プロレタリア作家をも含めて、それを大衆文化の恐るべきデカダンの徴とみなしていたのであるが。平林は、日本で最初に、探偵小説を、新しい文化形成の徴としてまじめにうけとめた人物であった。「科学文明が進むにつれて……探偵小説を盛んならしめるであろう」と彼は信じた。探偵小説が、おくれて、しかも不完全にしか発達しない理由は、日本家屋の構造が、「秘密の犯罪に適しない」からだとか、人間関係が西洋と違うからとか、日常生活と民衆が官僚主義に服しているからだとかいわれている[18]。しかし、実のところその主要な理由は、日本のモダンライフと科学が、いまだ幼稚であり、新しい土壌で開花に向けて成長の途上にあるという点にある。資本主義の発達は、とくに第一次大戦以降、科学文明の進展をともない、富の集中、大富豪の出現、華美な生活、信用取引の発達、官吏商人等の不正行為の増加をもたらした。つまり探偵小説の登場は、探偵の基礎となるような、科学的・分析的精神の発展を特徴とする「社会的条件」の歴史的な水準を示すものである。平林によれば、乱歩の人気は、現在の「私」を記憶する日本の探偵小説家のひとりであるという点にある[19]。こうした観察によって平林が意図していたのは、江戸川乱歩の小説と物語が、現在の記憶と回想の巨大な貯水池を構成していたということである。彼の小説はいつも、田舎から都市へとやってきて、孤独に、文字どおり街頭で生きる人々を扱っており、彼らは、過去の関係を想起させるエピソードの中に、いつしか入り込んでいくのである。平林の考えでは、乱歩の小説は、単に利那的で即座に忘れられてしまうような余興以上の、重要ななにかをあらわしている。安雑誌に掲載された『D坂の殺人事件』『心理試験』『黒手組』などの小説が大衆読者に訴えかけたのは、まさにそれらが、都市に住んでいる読者の生活と容易に一致するような社会的関係、経験そして環境を描いていたからである。新聞記事(それはしばしば乱歩に事件の題材を与えた)と同様に、探偵小説は、事件をめぐって展開する。それは、なにかをあきらかにする以上になにかを隠しており、その表面的な説明は、より完全な説明の存在を暗示して、その解決を要求している。事件の表層を掘り下げ、完全な説明の語りを再現することは、もちろん、探偵の仕事である。彼の方法は科学的で、帰納的であり、そして彼の「実験室」がすなわち大都市である。そこで彼は、その事件の真実を確かめるための「実験」をなすのである。乱歩の主人公明智小五郎は、実際は素人である。その背景である街頭、バー、コーヒーショップ――都市の日常生活という新しい世界は、読者に、認識可能で、具体的で、親密なものと映じたことであろう。そこで人々は、友人や親類から離れて、見知らぬ人ばかりの下宿で生活する。かれらの生活は、隣近所、近くの喫茶店、バー、レストラン、そして商品や娯楽によって構成されている。平林によれば、実際、「探偵小説の読者は、活動写真の愛好者と同じように、一種の群団的批評家である。ファンの批評は、往々にして、専門批評家の批評よりも厳正で公平であることがある[20]」。

乱歩の探偵小説は、社会関係のレポートであり、それは、個人的な考慮や人間関係に閉じ込められるのではなく、むしろ都市へ新たにやってくる人々が遭遇するであろうような幅広い領域の社会状況を掘り下げていくものであった。さらに重要なのは、かれの物語では、移動によって失われた歴史や経験の記憶・想起の演ずる役割が強調されていたことである。この記憶と歴史は、柳田がすでに、慣習や実践に対する彼の関心において呼び起こそうとしていたものであった。それは、田舎から、都会に仕事や新しい生活を求めてやってきた新参者が、否応なく置き去ってくるものである。こうして社会的な関係は薄くなり、人々は、日常性という共通の経験を共有している場合にさえ、物事を異なったように見るようになる。平林の考えでは、このような世界の編成は、大宅の考えと異なり、大衆の時代という「現実」とはほとんど関係がない。彼はむしろ、「それがはらむ意義と限界をふまえたうえで、大衆が創造しうる文化形式の可能性を実践的に模索していた」のである。[21] この認識は、新しい技術と大衆によって生きられる日常生活の経験との関係を評価することでもあった。

日常生活の哲学化

平林が、同時代の社会に、大衆文化を媒介する科学と技術の効果を見ていたとすれば、戸坂潤(一九〇〇―一九四五)は、この観察を受け入れつつ、さらにその意味を考察するところまで進んだ。同時代のどんな思想家よりも、彼は、彼自身の現在を、探求されるべき哲学的な問題だとみなした。他の思想家たちは、単に、そのあらわれ(phenomenality)を、所与のものと見なしていたのであったが。しかし実際、いまだ実現されてない意味に満たされた現在の現象こそが、歴史を方向づけ、そしてまた哲学的な分析を必要としているものである。戸坂の興味深い業績は、現在の現象を彼の目の前で起こっているものとして研究したことである。彼のそのような行為は、巧みなヘーゲル主義者のようにミネルヴァの梟の飛翔によって表象される時間の必然性を受け入れることとも、哲学的な考察は常に遅れてやってくることに甘んじることとも異なっていた。「思想は日常化された」と主張することによって、日常性が哲学の主題として見なされるべきであることを示そうとしたアンリ・ルフェーブルの奮闘に、戸坂は、二〇年ほど先んじていたのである。しかし彼はまた、なぜ日常性が、すぐにも注目される必要のある哲学的な範疇であるかを示そうとした。こうした考察は疑いもなく、ハイデッガーの読解により触発されてはいるが、しかし、その最も直接的な衝動は、彼自身の認識に由来するものである。それは、文学上のモダニズムが、自我と個人的な経験によって基礎付けられているという認識であり、日常生活の加速化されつつある時間が、新しい習慣によって植民地化されつつあり、古い習慣と衝突するようになっているという認識であった。戸坂は、彼の同時代人、土田杏村(プロレトクリトと労働者教育の進歩的な主張者であった)とともに、日常生活を新しく確立された習慣とみなし、それゆえその意味が探求されなければならないと考えた。後年、日本のイデオロギーに関する偉大な著書(『日本イデオロギー論』一九三五年)で、彼は、新しい慣習によって満たされたこのモダンライフのイメージを、国民文化という虚構の抽象物と力強く対置し、日本文化の永遠性を主張するこれらすべての主張が全く破産しているということを明らかにした。

土田は、多くの同時代人と同じく、民衆や大衆など一九二〇年代に新しく登場した社会構成層に関する社会学を求めることに熱心であった。同時代のマルクス主義の動向にきわめて批判的であったひとりのマルクス主義者として、彼は、その著『大衆の社会学』(一九三二年)において、「社会」という範疇とその意味、「本質」、「法則」などに注目しながら、当時の多くの重要な主題を論じた。彼は、「哲学の社会化」を提案した点で、戸坂に似ていた。両者とも、社会を適切に分析するためには、「現実の社会生活」の内容に立ち向かい、それを拡張しなければならないと信じていた。それは間断なく変化し、基盤を移動させ、日常生活とみなされる歴史的な剰余を生み出すからである。両者とも、日常生活に対して、ものごとをありのままにうけいれる現象学的な観点に従うのでなく、それが実際に生きられ、経験されたものとして向き合い、その流動性を叙述するのに適切な概念を発見しようと試みた。しかし、その新しさは問題の半分に過ぎない。土田はいう。「かうした新奇の現象や形態が何故過去の生活の中から発展して来たか」を考察しなければならない。[22] その意味を決定するためには、マルクス主義でさえ、変わり行く光景をとらえるために改良されなければならない。大衆に関する理論の中で、土田は、日常生活を無視する「文明批評家」を攻撃したが、それは、戸坂が、「衣服」の役割を無視する哲学的実践を批判したのと同じである。[23] 土田が、大衆の主体性とそのための教育の必要を強調したとすれば、戸坂は、習慣それ自体の形式を、かれのいう「現実」の主体とみなすところまで進んだといってよい。つまり「現実」は、調査されることにより、その秘められた、もしくは抑圧された歴史を開示し、既存の確立された道徳を疑問に付すとともに、それらを、現在の必要を満たしうるあたらしい風俗へと作り直すことにつながるであろうというのである。さらに重要なことに、戸坂は、風俗の基盤を大衆に置いた。「だから風俗そのものは初手から或る大衆的現象だ。そして風俗に就いての関心そのものも亦極めて大衆的であって、大衆的にお互いの間で容易に了解されるものなのだ。風俗画であるとか、風俗美人画であるとかいう、やや難解らしい言葉も、世間では苦もなく大衆的に通用している」(四・二七三)。大衆によって生み出された現象として、戸坂が「民衆的」と呼ぶものは、同じ頃、柳田が提案していた「常民」とは異なって、お互いに交渉する多数の人間にほかならなかった。柳田が習慣を商品形態の対立項として、すなわち商品が日常生活を浸潤することの防波堤と見なしたのに対して、戸坂は、のちに論じるように、それを商品形態の表現と見なしたのである。

しかしながら、風俗を民衆(大衆)の生活と結びつけるような観察が可能となるには、ある視座が必要となる。つまりすでにあらわれてはいるもののいまだ説明されていないものを、過去から受け継がれた古い社会的慣習の痕跡から区別するような視座である。風俗の歴史や、それが社会化の形態と結びついていることを見ず、また風俗の地位やそれがどのように道徳へ進化していくかということにも関心が向けられないなかで、戸坂は現在における風俗の存在とその消えてしまった過去との間に、あるいは永遠性の主張とその産出の歴史的条件との間に、ある種の不均等が存在していることを記す。「カーライルは『サーター・リザータス』に於て、なぜこれまでに衣服に就いての哲学が書かれていないか、を怪しんでいる。衣服ほど日常吾々の眼に触れるものはないのに、之に就いて哲学が語られたことがないというのは、何としたことだろう」(四・二七二)。イギリス人が衣装哲学に考え及ぶことは考えにくいが、ドイツ人なら衣装の哲学に向いているかも知れない。カーライルは、このようにして、架空のドイツ人教授トイフェルスドレックを通じて、この教授のこの主題に関する著書がいましがた出版されたというかたちで、衣装哲学についての議論をでっち上げた。その教授は、アダム的裸体主義者で、俗世に関心がなく、衣装を含むあらゆる人間の装飾物の否定者である。端的に言えば、彼は、ドイツ観念論的な抽象的「純粋理性」の信奉者であり、「先験主義者」である。しかし、その彼が衣服の有している社会的・歴史的なリアリティに強い関心を寄せたという事実は、今日の日本人にとっても興味を引くところであろう。戸坂が憂慮していたのは、衣服が客観的な歴史において、現実的に不可欠な社会的・政治的意義を有しているにもかかわらず、哲学や文学や芸術において、カーライル以降、それほど関心が向けられてこなかったことである。哲学好きのドイツさえ、衣装の哲学を発展させることはなかった。カントは、イギリスの新聞に、床屋の哲学というのが載っていたと報告しているし、ヘーゲルは靴屋の哲学の批判をやっている。しかし、哲学についてはどうでもよい。問題は、衣服というものが物質的なリアリティをもっているにもかかわらず、それについての理論的考察がはなはだ薄いことである。戸坂は、このように述べている。フランス革命の途上におけるサンキュロットの登場は、多くの人々にとって新しい知的な意味をはっきりと示すものであった。なぜなら衣服・衣装は、つねに人々の経済生活や階級的所属、イデオロギーなどを象徴的に示すものであるから(四・二七三)。その強力な象徴作用のゆえに、衣服は社会的なリアリティをもつ。それゆえわれわれは、それを、ありふれたことがらとして無視することも軽視することもできないのである。カーライルにとって、衣服は人間を象徴するものであった。戸坂は、それが風俗を反映すると考えた。現代社会の枢要な課題は、カーライルが見落とした風俗について理論的な考察を加えることであり、それが特定の歴史によって、どのように作られるかを示すことである。たとえ風俗が、みずからを永続的なものと見せかけるために、その歴史性を隠蔽するものであるにせよ。

戸坂の風俗への関心は、歴史的文脈に位置づけられねばならない。それは、慣習(風俗)を、還元されることのない「常民」の生きた証と見なし、そうした主張を、歴史の起源や主体と結びつけていた民俗学者や文化論者への対抗であった。戸坂は、風俗(慣習)を、あらゆる社会的秩序の核心であると考えていたが、それがまた変化するものであることも確信していた。「風俗生活をしていない人間は勿論世間には一人もいない」。民衆的なものへ強く接近しているにもかかわらず、社会分析は、慣習(風俗)の形式がもつ性質とその動きとをつかみ損なった。「社会生活百般の事象に就いての考察が、或る本当の意味での大衆性をもたねばならぬならば、風俗の考察こそは、最も大事な理論上の設題の一つでなければなるまいと私は思う。之は大衆性というものの理解にとっても、必要欠くべからざる一つの社会理論上のファクターだ」(四・二七三)。社会理論における風俗と大衆との関係に注意を促しながら、戸坂は、風俗的なるものの生産にあらわれた歴史的社会的条件を問題化する。風俗は、社会的習慣と密接に結びついており、習慣は、社会の生産構造から導き出される個人の労働生活の形式によって決定される。さらに風俗は、社会の秩序として、政治的法的システムの発展と維持のために機能する。最後に風俗は、社会的意識と道徳律が、理念的な保証をえる場でもある。習慣が、個々人の持ち物や言葉にまで細分化された場合、それがおそらく風俗となる。したがって風俗は、社会の基本的機構の所産であると彼は推論する。しかし、風俗は、デュルケム的な推論とは異なり、社会的な連帯の源ではない。社会を可能とするような接着剤などではない。むしろそれは、社会機構によって生み出されるひとつの効果なのである。社会の本質は、「風俗というものに至ってその豊麗な又は醜い処の肉づけと皮膚とを得る」(四・二七四)。「結論」として、風俗は、社会におけるもっとも端的な表面現象であり、その人相であり、「社会生活の臨床的徴候」であり、「社会の本質を診断する時の症状である」。戸坂は、「デカダンス」という言葉を、この診断の用語としてつけ加えている。

もし、風俗が、社会的基盤から推論されるものであるならば、それはひとつの抽象物にほかならない。しかしそれはまた、具体性をも有する。なぜならばそれは、何かの具象化であるからだ。この二重の性格のゆえに、風俗は、社会的現実と分析の理論的なカテゴリーと見なされる必要がある。通常の社会科学は、上部構造のみを、すなわち現象のみを優先させるがゆえに、風俗のような生きた特別の社会現象の位置を、見ることができない。それは、唯物史観が明らかにしてきたとおりである。その理由は、唯物史観が、風俗の抽象的な次元と具体的な次元とを区別することができるからであると戸坂は信じていた。このことが意味しているのは、風俗は、それを一定の社会的なそして生産的な基盤に関係させることなくしては、完全に理解することができないということである。同時に戸坂は、風俗が特定の社会的編成に随伴することにより、制度のなかで生まれ教育された人間の意識を反映するものであることも認めていた。こうした場合、風俗は、イデオロギー的な上部構造の一部をなす。それは、物質的な現象と観念的な現象の両方を含み、生産関係の特定のシステムにおけるその起源を隠蔽するよう機能する。それは、具体的であると同時に抽象的である。戸坂にとって、風俗は、商品形態の論理に従うものであった。風俗は、それ自体では、経済的現象でも、政治的現象でも、文化的現象でもなく、むしろ一般的な共通現象として機能するものであり、社会的編成のあらゆるレベルに浸透する点において、商品形態と似ている。風俗を商品形態のモデルで理解するということは、「社会機構に於ける物的構造上の共存を第一義的な分析の規準」とし、「いきた社会のいろいろの一般共通な徴候・現象をとり出して、これが何か社会の本質的な諸要素でもあるように考える」社会学の欠陥を避けるような分析的アプローチを必要とする(四・二七四)。

これに対して、ブルジョア社会科学は、本質のかわりに徴候やサインを、物質性のかわりに観念や抽象を、つながっているもののかわりに自律的なものを代用する。戸坂において、こうした誤りの最たるものとされたのは、彼が好んで批判の対象とした、和辻哲郎の『風土』のような文化論者の作品ではなかった。むしろそれは、今和次郎のような同時代の社会科学者であり、その「考現学」が表面と現象のみに固執し、それが隠しているものが何かを探求しようとしない方法の具体例として批判された。「風俗」のおそるべき複雑さを説明することなく、ただ現象を表面的にのみ「つかもうとする」こうした実践の最悪の例が、新聞である。それは出来事を、「甚だ不真面目にしか」取り上げない。このため新聞は、単に風俗の通俗性や卑俗さを報じるのみで、けっしてそれが主要な社会問題のひとつであるとは考えようともしない。戸坂が批判したのは、世間が常に流行に敏感であり、流行に対して「恐ろしくおせっかい」でもあることである。この批判に含意されていたのは、社会一般が、常に、新しいものに敵意を示すということであり、「モダーン風俗」を意図的に矮小化するということである。「モダーニズム風俗は云わば揶揄われる対象としてしか世間の眼に写らない、それが世間普通の常識だ」と彼はつけ加えた。ここにおいて風俗は、社会問題としてではなく、「ささいなことがら」と見なされる。これが「通俗な風俗の観念の現状なのだ」(四・二七五)。戸坂は、風俗の動きを商品形態にたとえたが、そうした戸坂の風俗の観念は、日常性というカテゴリーに対して彼がおこなった高い評価と軌を一にするものであった。風俗と同様に、日常性もまた、探求の価値のない自明な事柄として受け入れられてきた。このために、売春婦として働く女性は、社会問題としてではなく、揶揄や娯楽の対象として見られてきた。日常生活の常識的な理解は、それを単に、「俗悪なもの」、たいくつな繰り返しとのみ見なす。哲学者たちはそれらを、「超俗物」に対比させる。哲学者たちは、それこそが哲学的思索の適切な対象であると見なすのである(四・一三六、一三二―一三五)。ちょうど柳田が、英雄や戦争や政治家を特権化するという理由で歴史学を退けたように、戸坂の見解では、哲学こそが、日常生活を、矮小で、意味に乏しいという理由で退け、通俗性を超越した世界を希求している。かれは哲学が現代の風俗という現実から、すなわちマスメディアで描かれ街頭で生きられている日常生活の世界から眼をそむけさせ、「経験」を真剣な考察の対象とさせないということを憂慮していた。哲学のメカニズムを通じて、現実は、「超俗物」へと変換され、中心的な場所というよりも抽象の世界へと置き換えられる。しかし風俗は資本主義的な発展の過程の中に、再び位置付けられなければならない。そのためには「卑俗に通俗的にしか把握されていない風俗という観念」を、「理論上意義ある一つのカテゴリーに仕立てておくこと」が必要である(四・二七六)。

戸坂は、そのような新しい範疇化の仕事として、まず、風俗が「道徳に属する」理由を明らかにしようとした。風俗と道徳を同一視することは、日常生活という一般的な実践に、つまり超通俗的なものでなく通俗的なものに回帰することであった。こうした動きによって、かれは、風俗を、同時代における実践の意味と、その生産に秘められた歴史的、社会的条件の両面から調査するという方法を切り開いた。風俗という現実は、社会によってその成員全員のために作られたものである。すなわち、風俗には、社会的抑圧と強制が伴う。戸坂によれば、この風俗の強制的な側面が、「(道徳的倫理的権威を)承認することによる安易快適感を惹き起こ」すのである(四・二七六)。風俗と一致する最も代表的な規範が、社会における性的な関係である。そして戸坂は、性的な社会的習慣が構成する表面的な内容、すなわち常識的な道徳が吟味されねばならないと考えた。かれは一方で、「風俗壊乱という一種の反社会的現象」が、「主に性風俗の破壊」をさし、それを社会風教上の大問題だと見なす政治的道学者や風紀警察当局の介入を招いている事実を認めながら、いかにして風俗が「全く道徳的なもの」でありうるかに関心を寄せていたのである。

「最近モラルの問題の一つとして恋愛論が相当盛んである」。このように戸坂は「エロ、グロ、ナンセンス」として描写される現在の流行に言及しながら、風俗と道徳への関心と衣服の物質性への興味とを結びつけようとした。セクシュアリティは、時代の日常生活の鼓動に近く、衣服と親密な関係を持っている。こんにちでは、衣服ほど性別を明示するものはないし、その社会の道徳的、性的な意味を明らかにするものもない。『日本イデオロギー論』においておこなった詳細な議論を反芻しながら(そこでかれは道徳を常識と見なした)、戸坂は、常識(いうまでもなく通用するがゆえにあたりまえに妥当してきたことがら)として通用することが、まさに道徳と風俗の力であることを認めていた。風俗は、常識的な意味では、考察を逃れるものであり、合意に根ざしているがゆえに、無条件に受け入れられているものである。したがって風俗が理論的科学的な研究に付されることはほとんどない。もっともその理論的科学的研究とは、ブルジョアにとって、常に超階級的で公平無私な視点を反映するものであり、直接的な利害を超えるものだとされているのであるが。問題なのは、事柄の善し悪しではなくて、むしろ、いかにして欠陥を修正しうるかを科学的に決定することである。例えば、どうすれば身売りがなくなるかを考えることなしに、常識の高みから女性の身売りを批判するだけでは十分ではない。道徳は、科学的でもなく反理論的でもなく、また批判的なものでもない。現代の社会科学は、あまりにも現象の詳細な記述に拘泥しすぎている。しかしそれが深刻な社会問題を解決するために、社会をのろったり強制したり、盲目ならしめるだけの風俗や道徳的規範を打倒することはほとんどない。彼はいう。「一定のあれこれの道徳律や道徳感情の打倒というより、寧ろ道徳のかかる観念自身が打倒されねばならぬ」。風俗という観念が、ただ現象学的な意味における道徳的な規範にのみ結び付けられ、自然であるという見かけが強調されるのであれば、それは、「理論的に無用でナンセンスな困ったカテゴリーに終わる」ことを戸坂は恐れた。そうではなくて、そうした関係それ自身、その社会的、歴史的位置が科学的に検証されねばならない。戸坂は、現在の道徳現象を把握しうる「有効なカテゴリー」を見つけるために、文学と、それが道徳を扱ってきた経験に眼を向けるのである(四・二七七)。

理論的な概念として、風俗は道徳に属すると同時に、知的な内容をも投影するものである。ある国の風俗は、通常、国民性と呼ばれ、したがって国民思想や人々の感情を反映している。この点で、思想は風俗において表現され、そして風俗は思想において表現される。しかし表現とは、解釈や解釈学を意味する言葉であり、けっして科学的な説明とみなされるべきではない。風俗は通常、思想や思考の表現と見なされているが、思想それ自体は、決して、風俗が現実に何であるかを決定しうる位置にはない。思想はひとつの観念であるのに対し、風俗は見ることができる。「思想という観念物が風俗という風景となってあらわれるというような神仙譚ではなくて、単に風俗が思想を云い表わしている」。すなわち、思想の存在を示唆し、表現を与えているだけである。言葉の綾にだまされてはならぬ。しかし、風俗の物質性、すなわちそれを通して観念が表現されるようなそのモノ性(thingness)が示唆するのは、風俗が意味を開示するという認識である。風俗は、知的内容が道徳と結びつくことにより、意味に対する注意を喚起する。風俗の意味は、究極的には道徳それ自身から引き出されたものであり、道徳はまた、常に理性を含む。この理由によって、道徳の問題は、常に思想の問題となる。こうした結論は、現在の風俗が有している社会的現実の特質に対する関心を、すなわち「大衆性」という次元に対する関心を呼び起こすのに役立つ。が、戸坂はまた、それが、風俗というカテゴリーに同定されるような、理論的、文学的、認識論的な内容に関する幅広い考察を打ち立てるものであることを信じた。こうした発見は、「一見末梢的な課題」を、直接に社会理論の中心的な課題へつなぐだけでなく、知識の構造における芸術や文化の実在の反映として、風俗というカテゴリーが占める意義を示すうえでも大いに役立つ。こうした動きを通して戸坂は、哲学が現象とその物質的な生産条件との関係の探索へと回帰することにより、哲学の真のそしてもともとの使命を回復することができるだろうと信じた。そしてそれは、彼の時代にあって、芸術と文化における民衆と大衆という根本的な問題を示唆していた。彼が求めたのは、道徳の社会的な位置を決定しうるような方法、風俗が道徳的な規範となり、道徳が常識となるプロセスを位置づけうるような方法であった。こうして彼は、生産関係における基盤とその確定の問題、それに続く道徳のイデオロギー化やその階級的内容といった問題に向かっていった。

日常生活は、既存の習慣に抵触する新しい実践を生み出すことにより、風俗の地位を疑問に付す。しかし、風俗は、単に、道徳の本質を隠すと同時に明らかにするような外皮にすぎない。というのも風俗は、道徳を実体化するために用いられるからである(四・二七八)。したがって、風俗は、道徳の具体化である。たとえ風俗が抽象的なものを意味する場合があるにせよ。戸坂のいうところの「皮膚」、すなわち徴表は、道徳が科学的探求を免除されているかのような感覚を与え、それが自然なものとして受け取られることを当然のこととする。こうした自然さのみせかけは、実際には具体的な階級的利益を隠すものであり、風俗の最も強力な機能である。風俗と道徳との関係や、風俗が表現する思想が吟味されねばならない理由は、ここに存在する。風俗によって実現されるこの自然さへの見せかけ（常識であるとする主張）が、社会科学者にその意味を探求させるのを妨げていると戸坂は考えた。風俗に関するこうした分析は、同時代の風俗に対する熱狂によって開始されたものでもある。それは、新しいものを無批判に受け入れ、いまだ明らかになっていないモデルのために「現在の風俗」を貶めるか、もしくは、民族の本質を明らかにしうるような、安定的で変わらない曖昧な慣習的生活に訴えるかのどちらかでしかなかった。風俗が反省や探求（記述したり回復したりするのではなく）の問題としてとらえられなくなれば、風俗は哲学から追放される。こうして、日常生活それ自体は、思想的分析の関心を逃れるのである。戸坂の見るところでは、日常性は、多くの点で風俗と似ている。それは、同時代人が、この両方を、ささいで、平凡で、卑俗で、真摯な探求に値しないものと見なしている点にもっともはっきりとあらわれている。

戸坂は次のように推論した。日常を、その他者すなわち世俗を超えた領域を想像する契機とみなそうとする現在の欲望は、直接的な事物の世界とは区別された超越論的な視座のために、手近にあるものから遠ざかることを示唆している限りにおいて、「何よりも著しい俗物の特色」を示している（四・一三六）。人々は、上を見て、みずからが不満足な条件に囲まれているということを悟り始めた瞬間に、現実を超えたものについて語りはじめる。そうした不満の種が、かれらをして精神的な領域へと飛翔せしめるのであり、僧侶のように、「逆説的」な訴えをおこなわせるのである。「考えて見ると、最も俗物的に理解されている近代哲学的用語の一つは日常性という言葉である」。それが真剣な考察をうけていないということは、たんに生きられた現実という現代世界が、空想的な精神世界のために拒絶されているということである。日常性を卑俗と見なすことは、それを本来の崇高な生活からの堕落と見なすことである。この点に関しては、いわゆる日常生活者も、本来の生活を生きていると信じている信心深い人々も、同じである。日常生活を「神学的用語」であるならば、これによりこのことを無条件に決定できる。しかし、「神学上の範疇組織は、こうした本来生活者を、例の日常生活者である無産者的大衆（大衆は昔から貧乏だった）から社会階級的に引き離すのに役立つようにできているからだ。このことを信じないものは取りも直さず彼が広い意味の神学者であることを告白しているに他ならない」（四・一三六）。したがって、こうした見解は、日常生活を、必然的もしくは盲目的な服従にすぎないものとみなし、それを皮相な現象として提示するのである。その結果それは、いまだ完成されていないような日常生活の局面にのみ関心を向けることになる。しかし日常生活は、ありふれたものというよりも、ずっと「神聖」なものと見なされるべきだ（四・一三七）。「併し話は神学のことではなくて哲学のことにあったのだ。吾々は日常性という概念を哲学的に、即ち神学的にではなく、用いなければならない」（四・一三六）。風俗に関する以前の考察や、風俗を探求のカテゴリーとなすべきだとするかつての提案を用いつつ、戸坂は、日常性を神学的な超越論的世界や超俗的なるもので置き換えるあらゆる試みを、文化的に曖昧で、政治的に危険なものとして退けた。「神学者」（戸坂はそれを「超俗物派の哲学者」ともよぶ）は、日常性の特色を「人々」という関係に見いだしている。世間の平均的な人々が話したり考えたりすることが、一人の人間における日常性をあらわすというわけである。こうした活動が日常性と呼ばれるのは、それが歴史の必然性にしばられているからだとしばしば説明されている。しかし、これはあきらかに過った見解である。なぜなら、それは信仰文学的な凡庸なテーゼを出るものではなく、慣習や歴史の必然性を文学的にかたづけるものだからである(戸坂は、それを文学主義と呼んだ。それは、形式と「純文学」なるものを特権化する文学的生産の確立された様式を意味している)。「問題は日常性の哲学的分析にある」と彼は結論している。

ここで指摘されるべきは、戸坂の日常生活の再構成とその哲学化の試みが、それに先立つハイデッガーの『存在と時間』(一九二七年)においてはじめてはっきりと述べられた日常性の批判から引き出されていることである。ハイデッガーへの依拠は、空間や日常性の空間を扱った戸坂のテクストにおいて、いっそう明らかとなる。「日常性について」という論説において、こうしたハイデッガーの痕跡は、非世俗性を本来的な生活と同一視する議論にあらわれている。本来的な生活は、現在においては、単なる平均や凡庸さへ、すなわち「俗人」の世界へと頽落してしまったという議論である。ハイデッガーのねらいは、反省のカテゴリーとしての日常性を消去することではなく、ちょうど戸坂が提起したように、それを哲学的に考え直し、その原初性のなかに、原初の存在の本源的かつ本来的なありかたを位置づけることにあった。しかし彼の現在の日常性、彼が「平均」として言及するもの、すなわち、原初の存在の直接的なありかたの「公共性」は、原存在のもともとの形態である「本来的なありかた」、すなわち、現在曖昧となっている本来的な歴史性からの頽落を意味する。ハイデッガーにとって、現在とは、「世人」にまとわりついているあらゆるしがらみから存在を引き離す可能性に開かれたものであり、また、「今日」、「いま」から「現在性」を取り除くために本来的な根源性へ回帰する可能性に対して開かれたものでもあった。[24] 戸坂の考えでは、こうした本来性への訴え(戸坂はそれを超俗物と呼び、仏教にたとえた)は、いまだ宗教的であり、したがって、それは哲学ではなく神学的な活動と見なされざるをえない。ハイデッガーは「繰り返しの光景」をもたらす堕落した日常をモダニティとみなしたが、戸坂は、その日常生活をいまや真剣な考察の対象として提起した。戸坂はハイデッガーの哲学を神学と呼んだ。初期の生産性にあふれた空間に関する諸論文（とくに「空間概念の分析」一九二八年）において、彼は自らの日常性に関する見解を、ハイデッガー的な「普通性」の理解から区別し、かりに自分の見解が、社会における通常の行動という意味でハイデッガー的に見えても、やはり両者は異なると述べた。「普通性」は、一般的におこなわれているという単なる与えられた事実であるのに対し、日常性の考察は、一般に事実としておこなわれているところのものが何でなければならないかと問うものであるからだ。場所に言及することにより、戸坂は、日常性を空間に還元する。「概念は一般に与えられてあるものではなくして求められ発見されるべきものであった、日常性は其処に成り立つ」（一・四九二）。同じく、彼は空間を空間性から分離することを提案した。ハイデッガーによれば、空間性とは、主観の制約と同じものであり、したがって「存在、が空間的なのである」（一・五一六）。日常性と空間のこうした関係については、のちに論じる。

戸坂にとって、日常性とは反覆であった。「毎日一定の社会に於て一定の生活条件の下に、感受し反省し計画し実行するというサイクルを反覆している」（四・一三六）。戸坂は、同時代のマルクス主義者たちを諭すように、たんにあるがままのことをなぞるだけでは日常生活をやっていくことはできないと注意を促した。機械的な必然性の力を拒絶した理由は、彼が「日常生活はいつもコンベンションを破り新しい必然性を造り出していくことによってのみ事実保たれている」と信じていたことによる。もし、そうでないとすれば、われわれは食っていけないではないかと彼は問いかけた。（未完成であり未完成であり続けることを運命づけられている）堕落した日常生活の外側にある（完成体としての）本来的な存在が必要であると考える人がいる（ハイデッガー）。しかし日常生活の特徴は、根本的に、生活であり生きることそれ自身であり、感受し計画し反省するというサイクルを繰り返すことにある。この意味において、日常性は、けっして神学者たちの超俗性とは異なり、けっして完結したものではなく、常に完成に向けたプロセスにあるものである。完成は、いわば最終審級においてやってくるものであった。問題は、「人々」の空間としての日常性が何を表しているかを知ることではなく、ペダンティックなアプローチを避けて、本当に文学を通して日常性を理解することである（四・一三七）。戸坂の見るところ、日常生活の特質は、実際、生活それ自体の特質にほかならない。「その特色は、一見雑然としている処の物的関係の綾をば、生活の原則が、忠実にも而も高邁に貫徹して行くという、ごく平凡な併しそうかと云って決して凡庸とは云えない処の、性質の内にある」（四・一三七）。もっともありふれたものについていえば、それは、語りようのないものであった。彼は、いたずらに高尚なものや深刻なものに訴えかける人々の無責任に言及し、通俗的なもの、世俗的なこと、物質的なことがらを忘却することが神学者の天職だと述べた。したがって、現実の日常生活の特質、その物質性と具体性は、単に肉体的であるとか即物的であるとかいうことではなくて、まさに物としての条件を具象しているということである。小林秀雄は、ありふれたものの記録として歴史をみ、柳田国男は、英雄や、将軍や、政治上の偉人、戦争や闘いにのみ関心を寄せ声なき常民を無視しているという理由で、既存の歴史を拒絶した。戸坂は、彼らを思い出させる筆致で、日常性を、ありふれたものの物質性、普通の人々の生活を植民地化するもの、つねにかわりゆく風俗としてえがいた。これらすべては、高尚なものや深刻なものの超俗的な要求に対抗して提起されたものであった。

こうした日常生活の理解は、戸坂が現実というものの地位について議論をするさいにより明らかになる。現実という言葉は、一九三〇年代の哲学的な言説において、広く用いられたものであった。この言葉は、リアルなものそれ自体に言及する用語であるが、具体的なものを抽象的に把握する能力という意味も込められていた。

同時にそれは、いかなる「現実」も、「現実的でない」ものや「偽りの現実」に代えることができた。戸坂にとって現実という用語は、現実を、社会の実際の単なる出来事以上のより高い存在の水準に想定するような、観念論哲学者の符丁のようなものであった。現実という用語は、具体的ではなく抽象的な響きをもったリアリティの概念であるから、それは容易に、「意識」や「主体」や「身辺」の「価値」たち、すなわち本当の現実をいつわるものたちによって用いられる。リアルなものを騙るこの過った観念と努力は、日常性のアクチュアリティと基礎的にも範疇的にも異なるものである。それは、「正に本当の現実の、即ち人間の日常生活の、特色をなしている当のものである。日常性の原則は他ならぬそこに成り立つのである」(四・一三七)。彼は日常性を「そこ」や「この場所」に位置づけることで、その領域が観念的な超越であれ、常に新しさのみを追求するモダンな体制であれ、それら過った、もしくは間違って描かれた現実によって隠されているということを示そうとした(ハイデッガーもまた、そこ(Da)を、空間に関するものとして提起していた)。日常性は、単にリアル、すなわち、かれが言うところの物質性において具象化されているものであるにとどまらず、また、哲学者や思想家や作家が、リアルなものと誤認しているコピーのもともとのものでもあった。

ここで戸坂が誰を対象としていたのかを知ることは難しい。なぜなら、現実という言葉に、こうした、日常生活という生きられた現実に先立つ、もしくはそれに優るような、抽象性や崇高さ、非物質性といった意味を与えていた同時代人は枚挙にいとまがないからである。のちに論じる九鬼周造もまた、たしかに有力な候補者の一人ではある。その『「いき」の構造』(一九二九年)は、「現実」にたいする考察から始まっていたからである。しかし、また和辻哲郎という可能性も考えられる。彼一流の観念論を、戸坂は多くの機会をとらえて批判していたからである。いずれにせよ重要なのは、このように、現実を、歴史から徴発されたり痕跡のなかに認められる理想化された想像体とみなすことが、戸坂の『日本イデオロギー論』(一九三五年)での激しい批判の主題となった。彼自身、「現実」という言葉を信用しないとはっきり認めた上で、現実ということばがその言葉を使用する人々にとって、自分と他人とをあざむく安易で簡便ないいわけであると結論した。

戸坂は、日常生活の規則を表すために、現実の代わりに、「実際性」(actuality)という言葉を使うことを好んだ(四・一三七)。この用語は、形而上学においてはなじみの言葉であり、イタリアのファシズム哲学者で、ヘーゲル主義的観念論者でもあるジョバンニ・ジェンティーレでさえ、この用語を使っている。この用語は、通常、形而上学的に行動によって特徴づけられる運動という意味で用いられている。この場合、このアクチュアリティの世界が物質的な領域にすぎない以上、それは結局のところ、最後の世界ではあり得ないことになる。逆に他の例では、本当のアクチュアリティは、物的世界には見いだせない、なぜなら、その基盤は、純粋な意識の中にのみ存在するからであるとされる。アクチュアリティという観念が、こうしたやり方で哲学者に使われるかぎり、この範疇は、明らかに日常生活と無縁なもの、反対のものになる。このような観念論的な危険を回避しながら、戸坂は、アクチュアリティ(「実際性」)という用語が、現実に事実性と時間性に結びついていることを示そうとした。満州事変は、形而上学的原理にかかわるという意味での哲学的な問題ではない。「処が之こそ見逼すことの出来ぬ大事な時事問題で実際問題なのだ」(四・一三八)。もし、日常生活の問題が、こうした事件やアクチュアリティを無視するならば、それはいかなる内容も欠いたものとなる。したがって、共通の事件を哲学的にそして文学的に考察することが必要である。いままで、解釈学的な形而上学に閉じ込められてきたアクチュアリティが、日常性に埋め込まれたひとつの事件として認識されるようになれば、十全な判断を下すこともまた可能となるであろう。

日常性は、形而上学の重荷から解放されなければならない。形而上学は、現実的なるものを思考から遮断し、それを歴史から、もしくは現在の状況すなわち今から、取り除く。戸坂は、歴史的な時間と日常性の法則に関する論文で、このように示し、日常が、どのようにして慣習や必然性に拘束される機械的な経験へ変えられるかを示した(三・九五―一〇四)。多様な事件の継起は、日常性において新たな意味を与える。ルーティンや繰り返しの構造を背景に、多様な事件の継起は(日常性の)内容を構成する。しかし、日常性は、同時に、事件と環境を、その意味がその瞬間に明らかになるように媒介するものでもある。日常性とは、現在の事件、遂行的な現在、「現在」の「いま」の場所であり、それのみが歴史に方向を与え、意味を付与する。しかし、日常性は、形而上学的な現実という概念によって隠され、神秘化されている。そのため、「現実なるもの」は、究極的に復古主義、原始主義のユートピアの中に位置づけられることになった。通俗マルクス主義者は、それに十分な注意を払い続けることが出来なかった。そこでマルクス主義的な歴史家もそうでない人々も、現在を分析するかわりに徳川後期の分析に熱中し、連続の論理と意味によって、現在はこの特定の過去(徳川後期)においてすでに予見されていたということ、したがって、そこで完成していたということを論じた。戸坂の解釈学と歴史主義に対する鋭い批判は、当然マルクス主義的な歴史の語りにも向けなければならないものであった(私が知る限りでは、出版物においては彼は決して同時代のマルクス主義者を批判しなかったが)。それは、偽りの連続性を提供するために、完成した過去の上に現在を描くことの虚構を明らかにするものだったからである。この意味において、過去と現在を結びつける永続的で永久的な日本文化の特徴を示そうとした文化例外主義と、資本主義論争において、ブルジョア革命に必要な条件も絶対主義を妨ぐための必要な条件も準備できなかった過去の継続として現在を描き出そうとしたマルクス主義との間には、ほとんど距離はなかったのである。

この過去は、不完全さにおいて、完全であった。満州事変と哲学の批判的実践を結びつけるこうした動きが、日本の帝国主義的な冒険に対して注意を喚起したことは重要である。その動きはまたアクチュアリティが、「現実」と名付けられることにより、哲学者や歴史家の関心を、分析を必要としている当時の重大な事件から遠ざけ、むしろ「いま」の歴史性や意味にかかずらわせることになったという点にも注意を喚起した。戸坂が提起しているのは、歴史主義と解釈学が、新聞報道に刻み込まれた常識に同期させられることにより、現在の歴史的世界の事件の毒気を抜きさっているのではないかということである。それらは、重層決定された因果関係的な諸力として機能する。事件は、重要なプロットの構造から引き離されて過去に挿入されたり、一般的な慣習的考察で置き換えられたりした。いずれも結果は同じことであった。なぜなら事件は、従属的な地位に貶められるか、具体的というより抽象的で、実際的(actual)というよりは現実的(real)な別の世界という概念の中で中立化されたからである。

神秘的に形而上学化された恣意的な解釈学は、事実が報告されたあとにアクチュアリティへと大至急で向かうのであるから、日常的な出来事の記述は、たんに「甘チャン式」と判断されるだけのことであろうと、戸坂は批判した。ニュースが砂糖でくるまれ、甘そうな概観を呈するということである。要するに形而上学的な見方が、日常生活の説明を侵し、それをあたかも悪意のない、無害で、重要性をもたないものであるかのように見せかけるのである。「日常茶飯事と云うが、そして之は所謂コンベンションの本質を好く云い表してもいるが、一体日常の茶飯が満足に行くかどうかということが、今日の大衆の日常生活に関する持事問題の最も重大なものではないか」(四・一三八)。形而上学と解釈学が、そしてやたら深刻ぶる哲学が、いかに日常生活のリズムから遠く、それに無関心であったか、そしていかにそれが、それとわからないかたちで、同時代のジャーナリズムが表現している常識に入り込んでしまっていたかということに関するこの洞察力にあふれた観察の意義を、どんなに強調してもしすぎることはない。ほとんど無意識のうちに、哲学は、日常的な出来事の報道を媒介し、それを現実と異なったものに見せたり、それがもたらす重大な帰結を曖昧にしたり中立化したりすることになった。

戸坂にとって、日常生活の「原理」をつかむうえで、時局の性質ほど重要なものはなかった。日常性の問題は、同時代人の眼前に、時局の問題と結びついた日常生活の現実を提示する(四・一三九)。さらにいえば、時局へのこうした関心は、唯物論者だけに限定されるものでなく、哲学者一般を惹きつけるべきなのである。しかし、彼はまた、時局への関心が、ある哲学が唯物論的であるかどうかの標識であることを認めていた。時局への明白な関心が存在するばあい、時局の取り扱いかたが科学的であるかどうかが標識となる。科学的な処理内容を文学的に表現することの重要性を認めながらも、戸坂は、こうした方法が、「文学主義的な思考のメカニズム」への傾向を押し進めるものであってはならないとした。しばしば人は学問からジャーナリズムに移行する。イタリアの社会思想家、ヴィルフレッド・パレートの晩年がそうであった。すなわち、「時事評論家風」になったわけである。そのパレートをある人は、学者としては駄目になったと評したが、その人は、学問を時事性から純粋であるべきだと考えているに違いない(このことは、戸坂がパレートの著作を認めていたということではないし、実際そうではなかった)。戸坂の観察では、日常性を抽象化する純粋哲学は、サラリーマンの昼飯時の歌謡曲のように、「深刻な哲学文学者」にとっての一種の趣味である。しかしながら、趣味としては、それはそうかわったものでもない。なぜなら、深刻な哲学者にとって、日常生活に向かうことは「余技」となるからである。いずれにせよ、読者は、超俗性がいかに生活において不誠実かということを理解するであろうと戸坂は述べた。現代において、ジャーナリズムの哲学的意味がほとんど理解されていないばかりか、さらに問題なのは、それが問題とさえされていないことだと戸坂は憂慮する。日常性が時事性や時局性の現場であるがゆえに、日常生活を哲学的に問題化しないわけにはいかない。時局すなわち今を哲学的に考えることは、日常的な事実性を扱う「ジャーナリズム現象」を評価したり価値判断を下すことに、したがって、なぜそれが文学と哲学にとってのアクチュアリティの問題であるのかを説明することにつながっていく。日常性の問題は、「時局」の問題と緊密に結びついており、それはもちろん、特定の時間性の認識を意味するものであった。戸坂は、超俗的な真正なる生活を希求する「神学者」や「僧侶」を批判する一方で、(おそらくは今和次郎や権田保之助のような)「日常性が世間大衆の平均的なイージー・ゴーイングな生活様式だとか何とかというようなことにばかり話を持って行」く人々にも不満であった。「彼等が僧侶でもない限り、余程どうかしている」(四・一三九)。「神学者」も「形而上学者」も「文学主義的文学意識」の持ち主(「純文学」の帰依者)も、時事的現実の問題に解釈用の範疇をもってあたるが、それは、「茫然自失するか顧みて他を云う他はない」ようなものである。それは、眼前で繰り広げられる巨大な光景も、新聞と歴史、ジャーナリストと歴史家とのあいだの関係も、見落としてしまうのである。(25)

戸坂はまた、形而上学を気どり、歴史的考察から時局の分析を排除する「歴史哲学」に対しても警告を発した。これもまた、「神学の近代的形態の一つ」である(四・一四〇)。現実の歴史は、歴史哲学や、それに付随する(感情移入的なアプローチを意味する)「歴史的感覚」によって把握されるものではなく、社会的感覚(ジャーナリスティックな時事的センス)と社会の分析を明晰に述べることによって把握される。「日常性の嫌いな超俗物派の俗物は歴史の問題に就いても、自分が袖にした日常性から復讐されている」。彼がいわんとしているのは、問題が、「歴史哲学」と史的唯物論との根本的な対立に「帰着する」ということである。前者は、彼の友人である三木清のマルクス主義からの移行によってはっきりと表明された立場であったし、後者は、同時代の資本主義論争のような経済主義的なマルクス主義によって誤られ、かれ自身が見直しを試みていた立場であった。「歴史と弁証法」（一九三四年）において、かれは感性との結合をもたらす理性を認めるような、カント的弁証法の観念を推進しようとしていた。「例えばカントに於ける弁証法は、感性と結合して初めて認識を齎すことの出来る筈だった理性が、即ち存在を自分の内に取り入れることによって初めて役割を果たすべき思惟が、それだけで独自に行動すると考えられる時、発生する」。存在と思惟との間に関係をうち立てたこの弁証法に対置されるのが、ヘーゲルの弁証法であり、それは、「思惟（論理）の外へ踏み出そうと企てながらなおまだ論理の世界に止まっている。夫は概念の・理念の・発展形式に外ならなかった」（三・七六）。後にみるように、カントの弁証法をヘーゲルによる修正より優先させることにより、物質的な存在と偶然の可能性に根ざす、まったく異なった歴史の観念が生み出された。それは、観念にとらわれ全体性に繋縛された発展的語りの論理にしたがうような歴史の対極にあるものであった。日常性を問題化する目的は、戸坂によれば、時局への応答としての批評の機能を回復することであった。批評とは、かれによれば、時局の積極的な省察であり、それは現代の事件の発生によって促されるものであった。批評の実践であるよりも「批評主義」を生み出してしまうような「解釈の形而上学」に対して、それこそが、最良の防御となる。「以上のようなものが、なぜ私が超日常的俗物を軽蔑する必要を科学上持っているか、ということの一斑である」（四・一四〇）。

戸坂のこうした「回復」への呼びかけは、哲学に、日常生活の常識的な仲裁者というその使命を回復するより根本的な欲求を含んだものであった。戸坂は、何度となく、常識の地位と、その（ギリシア）哲学とのもともとの関係について考察を行い、現在が、常識の役割を考え、それがどのように哲学と関係するかを明らかにするような、差し迫った理由を提供した。「現在の日本の或る常識水準から云えば、哲学という学問なり研究なりを、一頃のように何か日常生活から隔離した特別な世界にぞくするものだとは、実は誰も考えていない。今日哲学は可なり常識に浸潤し、用いられるべき処に可なり正当に用いられていると云ってもいいだろう。そう見える限り、哲学は相当日常的になっている、とそう一応云っていい」（四・一六三「哲学と文章」）。戸坂が論じているのは、哲学が、その十全かつ最終的な意味において、日常的になるということであり、分節化のモードとして、日常的なものにまで高められるということである。しかし彼はまた、なぜ現在、日常や常識との関係という哲学のもともとの問題が問われることになったのか、そしてなぜ哲学が、そうした誇るべき伝統から逸脱し、別の世界を語る専門言語となってしまったのかを熱心に説明した。そのためには、今こそ、日常的ではない世界と哲学との関係を穿鑿する必要がある。

哲学は、もともと文学的科学としての特色を有するがゆえに、日常的である。もし文学が、日常や常識に近いとすれば、哲学もまた、元来そうした意味をもっている。哲学が日常的であることを認めながら、彼はまたギリシアの哲学が、不必要に難しくなる可能性、すなわち、アカデミックでペダンティックに陥りかねない思考の形態をとる可能性にも自覚的であった[26]。哲学は日常的だといったにもかかわらず、今日それが難しくなっているのには理由がある。それは、今日の哲学の本質が、「反日常的で非常識」だからである。「哲学と文章」に関するこうした省察において、彼がいわんとしているのは、哲学が存在の世界から明白に分離しているということであり、それが（形而上学的な）別の世界を意味するために用いられる複雑な専門用語のボキャブラリーを構築したということである。引き返す道は、「日常語」（すなわち常識の世界の言葉）によって哲学の術語を再点検(もしくは戸坂の言葉によると、「精錬」)することである。他の科学とは異なって、哲学では、「例の日常性から来る一つの結果」として、学問的な臆測が避けられねばならない(四・一六六)。哲学を特徴づけるのは、ただ、その「日常性」のみであるし、それはまた、哲学が専門化したり、学界化したりすることに関心を持つや、失われてしまうものなのだ。その結果が、「科学的言語」である。「専門用語」への依存が高まるにつれて、哲学は、その指示対象との関係を喪失するはめに陥った。たとえそれが専門用語によって満たされていたとしても、哲学は、専門用語と「日常語」との間に、「直接な連関」が保持されるよう努めなければならない。その連関は、哲学が決して(日常生活と無関係な)術語を勝手に想像することはできず、したがってその術語は、その地盤である日常語との関係を反映し、それを保持しているということを承認することで可能となる(四・一六七)。哲学的な術語が日常語から精錬されたのちに生ずる問題は、哲学的なボキャブラリーと国語との関係である。しかし、「単に国語と云っても単に地方的な方言に分裂しているばかりではなく、もっとこの際大切なことは、夫が各種の階級語に分裂しているということだ」(四・一六八)。生きた表現としての単語や文章は、階級的な分割を有している。あたかもそれらが限定された記号であるかのように。哲学にとっての問題となるものは、もちろん、学術用語と日常俗語とのあいだの階級対立である。学術用語と日常言語との対立は、つねに階級間の対立を意味していた。

戸坂が、意味の危機を、日常世界において哲学が、その指示対象から乖離していることに由来すると考えていたことは興味深い。しかし彼は、日常語の優位を強調する一方で、階級的立場に応じて、現実の語法に分化が生じるプロセスにも注意を払っていた。この議論は、一〇年ほど前に、ソヴィエトの批評家バフチンとヴォロシノフの、マルクス主義を言語哲学を通じて考えるという、古典的かつ先見的な試みの中でおこなわれていたものであった。彼らが見いだしたのは、日常語が、コミュニケーションの基盤であり、それゆえ階級闘争の「アリーナ」であり、常に、誰の意味と声が広まるかをめぐる闘争が演じられているということであった(27)。戸坂にとって、指示対象の喪失は、日常生活の消滅を意味していたのであるが、それは、指示対象も具体性も社会的抽象のなかに消え去っていくような社会秩序のなかで、指示対象の安定と具体性の獲得にともに関心を向けていた同時代のモダニストとも相通ずるものであった。しかし、問題はさらに複雑であった。なぜなら日常語は、階級の線にそって分裂しているからである。「カント哲学やヘーゲル哲学に於ける注意深く組織立てられた学術語としての術語は、全く甚だ尤もに無理なく洗練された市民俗語＝日常語であることを注意しなくてはならぬ」と彼は主張した(四・一六九)。日本では、言語の問題は、ヨーロッパの術語を輸入し、それを推定上の等価物へと翻訳したことによって、複雑になっている。事実、哲学言語自身が、輸入の産物であり、大衆の話し言葉から凝集の過程の結果生み出されたものではない。戸坂にとって、この事実は、他のどこよりも日本において、哲学が日常生活から著しく乖離していることを説明するものであった。「日本の哲学は今だに大衆が用いている俗語を学術語としてこなすだけの階級的雅量がなく、哲学の叙述の多くは一種の官僚的な美文として取り残されている」。結果として、大衆の日常語は、最初から哲学的なイディオムの形成から分離されることになった。文学は急速に発展したのに対し、哲学言語は、大衆に使われるとはいっても、せいぜい翻訳活動にとどまっている。一方、哲学的術語と記述は、日常的なものや民衆的なものと無関係な問題にかかわるがゆえに、停滞したままであった。日常語、すなわち専門化された哲学的語彙と区別された大衆的言語へ帰るべきだというかれの意見は、安定した指示対象を見つけるというモダニストの計画と大枠では一致するものであった。それには、決して述べられることのない前提、すなわち、常識的言語こそが、物象化の過程と社会的抽象化の体制に抗しうるという前提があえて含意されていた。とはいえ、彼は、なぜ常識的言語にそうした力があるのかを決して説明することはなかったが。哲学が、常識のなかに張っている根に回帰することこそ重要だと彼は信じた。専門化は、物象化という形式を作り出したが、それは、哲学的な考察を特徴づける知識の分割によって、日常を扱うことが避けられたからである。「この専門は、再び常識界にまで還らなければならぬ」というのは、常識界にこそ本当に哲学的に解決されることを必要とする、哲学の問題があるのだから。哲学の問題は、或る意味に於て、常に時事問題・評論的問題である。「実際問題」を解き得ない哲学は遂に何等の哲学でもない」(四・一七三)。

戸坂は、哲学を、もともともっていた常識の世界へのコミットメントに回帰させようとしながら、他方で、歴史を、日々の存在という物質性へと返すために、歴史主義の呪縛(すなわち、歴史が解釈学のしるしのもとで、形而上学的なカテゴリーと発展の語りに依存していること)から救い出そうとした(三・六九—七七)。歴史の最後の原理は日常性の法則であり、すなわち、「事実性」の原理である(三・七二—七三)。彼の理解では、過去の出来事から事例を選択し、それを現実のものとして引用することは、歴史的なアクチュアリティではない。「事実とは最後の konkreta の連関的総和にあるのである」(三・七三)。彼が明らかに意味していたのは、歴史の原理が、歴史以外の秩序に対応しているわけではないということである。歴史の原理は、「物質性」と「質料性」である。それは形式によって「置き換え」られてはならず、物質性と質量性それ自体が、自己の最後の原理なのである。歴史を始源史(urgeschite)——もしくは永遠性——の視点から説明することは、歴史の原理を否定することであり、歴史自身を否定することである。これによって、「歴史的存在」は、「その存在性を増す処ではなく」、「それだけ存在性を弱められ、それだけ存在性から遠ざけられる」。こうした方法は、存在を歴史に解消することを試みる「形而上学的な範疇」に由来する。それは、「始源史の概念」にほかならず、歴史は歴史としては「消去」されてしまう。観念主義の問題は、それが常に実践の形而上学的意味と実践それ自身を同一視するという誤認に存在する。戸坂は、「実践」を、限定された観念論的な同一化から解放したかったのである。哲学的範疇としての実践、すなわち存在としての実践は、個人の倫理性と社会道徳の水準に結びつけられ、歴史的、社会的、そして生産的な活動として、再び設定された。

この目的のために、戸坂は、解釈学的なカテゴリーに立脚する歴史的時間性という原理を破壊した。その時間性は、直接的な空間性のかわりに、過去によって催眠術をかけられたかのように、「ぼんやりと」昔をふりかえるだけのものである。空間によって彼が意味したのは、「日常性の空間」であり、そこでは現実の存在が貫徹され、現在(すなわち今)において、それ自身の時間感覚を構造化する。戸坂は、現在の日常性こそが歴史的時間の原理を供給することを示すために、既存の歴史的時間性のカテゴリー(とりわけ始源史に基礎づけられた発展図式を権威づけるようにみえるようなもの)を解体する必要があったのである。こうした議論をおこなったのち、彼は、どのように日常性が真の物質性(すなわち彼が以前の議論で歴史のなかに位置づけた物質性と質料性の原理そのもの)を示すのかを証明しようとする。空間が優先されることにより、「始源史」や「永遠」という前提にもとづいたアプローチとは異なったかたちで、歴史的な時間が組織化されるのである。彼は、史的唯物論に対して、まったく新しく独創的な目的と仕事を設定することに成功した。そうした野心的試みは、あきらかに、ヴァルター・ベンヤミンやアントニオ・グラムシにも共通するものであった。彼らは、歴史主義が(それがどのような形態であれ)閉ざしてしまった歴史における実践に道を開きうるような観念の創出を試みたのである。戸坂にあっては、史的唯物論の再構築には、ヘーゲルやルカーチではなく、カントとハイデッガー（ベンヤミンの場合もそうであるが）の影があった。その再構築によって、彼は、固定した過去からではなく現在から、すなわち、現在における物質的存在から、歴史を構想することができたのである。常に現在を忘却させるような過去ではなく、一定の過去を続いて思い出させるような「時局」から構想される歴史を。忠実なマルクス主義者である彼は、同時代の、日本資本主義の性質をめぐって展開されていたマルクス主義者の論争に、決して口を出そうとはしなかった。彼の史的唯物論の見直しは、一般的な発展的経済主義に貫かれた語りとは鋭く食い違うはずのものであったが。そうした語りは、日本がはたして一九世紀中葉に、革命の条件を備えていたのか否かをめぐって構築されたものである。彼の沈黙が何を意味するか、答えることは難しい。しかし、現在という直接性と批評の優越性に基礎をおく彼自身の史的唯物論は、マルクス主義者と歴史家の両者からの継続的な批判にさらされた。それは、ちょうどベンヤミンの、非解釈学的で非経済主義的な史的唯物論のプログラムと同様であった。

戸坂のプログラムは、あらゆる歴史主義が所与とみなしている歴史的時間性の既存のカテゴリーの批判に向けられていた。すなわち、事件の継起の軌跡とそれに一貫性をあたえるような媒介的な時間性の批判である。彼のもっとも深く独創的な論文のひとつ、「日常性の原理と歴史的時間」（一九三四年）において、戸坂は、日常性が「歴史の抽象的な構造」に関係しているにもかかわらず、それが「歴史の秘密」を探ろうとする試みにおいてほとんど考察されていないと主張した（三・一〇二）。歴史の構造に関するあらゆる議論は、否応なく時間、すなわち歴史的時間の理論に帰着する。そしてそれゆえに、時間の性質を決定するよう努めねばならないのである。歴史はつねにその原理を、すなわち歴史的に時間化されたその一般的な構造を、歴史の外にある意識的な現象から引き出そうと推論する。戸坂は、歴史を特徴づける原理が歴史それ自身のなかに見いだせない、あるいはそうした原理が、あたかも別の領域からの適用であったり、非歴史的な原理からの抽出であるかのようだと述べている(三・九六)。歴史的な時間は、無であるか非歴史的な時間にのみ存在するというわけである。戸坂が展開しているのは、歴史的な時間が、現象学的な事物それ自体として特徴づけられることができず、むしろ意識のみと対応しているという考えである。しかし、自然科学において、時間は、量化され、計算され、数化される。量化とは、この場合、「刻む」という操作を導入するような数化と空間化の過程を意味している。同時に人々は、この考えに慣れきっているので、時間を一連の分けられた部分として理解しようとする。通常、人が時間を時間として理解するのは、この刻みを入れるという行為のゆえなのである。時を刻むという操作は、純粋な時間の持続に介入し、時間を理解するときにそこに必ず含まれている間隙をあらわにする。それが時間性というものなのだが、それは単に、時間のなかに含まれているというより、むしろ時間そのものなのだ。純粋持続としての意識の流れという主張でさえ、こうした刻むという操作を必要としている。それなしには、人は、決して時間を知ることはできないであろう。戸坂は、「時間」がしばしば純粋な時間性としての「時」と混同されていることを認めていた。時は、「永遠と裏表の関係」、その「影」を構成し、時間なるものの正反対物である。しかし、時間をこうしたやりかたで扱おうとする誘惑は、刻むという操作の必要性を忘却する危険を冒すことである。時間は時間である限り、刻みを入れられなければならない。自然科学においては、この刻みは、それ自体の意味を獲得している。この独立した刻みを時間それ自体に代えようとする。時間は、時限という言葉が示すように、それを時間や日付けのような部分に分割するという過程を通じて定義される。時を分けられた部分へと刻むプロセスへのこうした過度な強調は、単に時間が等質化されるということを意味している。地球の回転のような自然現象が計算の基礎とされるのは、いずれにせよ、こうした見地によってなのである。

る。戸坂は、こうした時間の理解が、刻みの機能を「誇張」したものであり、時間の現実の内容や実質を見落とすものであることを認めていた。すなわち、刻むという操作が、外在的・偶発的に行われており、時間の内容と無関係になっているのである。

時間を刻みから解放することで、区切られた時間は混沌な時になり、時間は永遠化される。「時に止まる今」、「永遠なる今」という具合に(三・九七)。これに対し、刻みを誇張すれば、結局時間を空間化することになり、時間から時間性を奪ってしまう。いずれの場合も、歴史的時間は、登場する余地がない。前者の場合には、歴史的時間が第一義であってはならないし、後者の場合、区切られた時間を純粋な空間性に変えてしまうことは、歴史を永遠化するものであり、歴史を円周にすることである。歴史は、ニーチェのいう「永劫回帰」となる。ダンテの描いた宇宙図はキリスト教的な歴史哲学の運動を表現しようとしていたが、それは天体の運動に立脚する自然科学の時間とその永遠なる循環という概念と並行している。しかし、戸坂は、このプロセスにおいて、区切られた通常の時間が忘却される結果となり、歴史的時間が実質的に無視されることになると考えていた。歴史的時間とか時についての通常の考えは、刻むというプロセスが多すぎても少なすぎてもならないものである。どのように歴史的な時間が分割されるかという問題に戸坂が向かうのは、まさにこの地点である。歴史区分の既存の慣習を受け入れつつ、戸坂は、歴史における基本的な単位やマーカーとしての時代(zeit)の役割を認めていた。時代とは時代区画(epoche)の謂であり、したがって、休止点の導入ではあるが、自然科学的な周期とははっきりと異なっている。むしろそれは、休止と終了を画す文法的なマーカーの論理と似ている(三・九八)。時の現実の区分や刻みは、(自然科学の量化とは対照的に)時間それ自体の内容から引き出される。それは、科学的時間とは異なり、その内容に関して、偶然でも、外在的でもないのである。したがって、歴史的時間は、その多様な内容に応じて、時代(perioden)へと分割される。歴史的な時間は、常に一定の内容に帰着するが、それはかならずしも形式化されたものではない。重要なのは、性格という考えであり、それは、文法的な比喩形象と同様に、時代区画によって要求される休止や刻みを組織するものである。内容を構成する多様な条件から、選択を決定し、内容を内容としてつかみ、それを組織化するのは、性格である。歴史的な時間は、多様な性格の統一に名称を与えることで、時代を一定の時代区画へと分割する。こうした性格は、個体とは区別されなければならない。それらは、それ以上分けることのできないものであるが(少なくとも、一九三四年においては、このように考えられていた)分割というプロセスをへて作り出されるものであり、戸坂は時代を切り分ける基礎をなすものと考えていた。時代の長さ(戸坂が「量」と呼ぶもの)は、その性格の性質によって、すなわち、それがどれだけ変化しやすいかによって変わる。歴史的な時代区分が自然科学の周期と異なるのは、この理由による。なぜなら、この違い(長さに応じて区切りをつけるということ)は、主として、歴史的時間の内容から引き出されるものであり、性格がそれを把握する手段として働くからである。

戸坂は、歴史的性格をモナドにたとえた。それは、窓を開けて自由に呼吸しながら、膨れたり縮んだりすることができる。このモデルによると、歴史は、異種混合的なものとなる。それが連続という唯一の意味である。もし性格が、内容を「摑む」観念や手段だとすれば、それは、人々が、考えたり創造したりできるものではない。なぜならそれは生産されるものだからである(ここで戸坂は、あきらかにマルクスの有名な宣言(人間は常に歴史を作るわけではない。自らのために作られた条件のなかに自らを見いだす)を匂わせている)。「性格は歴史の樹から時が熟すれば独りでに落ちて来る無花果の実のようなものである。人はそれが落ちる時、あやまたずに之を手に受けなければならない。人々は歴史の内に一定の性格を発見しさえすれば好い。併しこの実をどういう具合に上手に受け取るかはさし当たり、全く人々自身の性格によると云っても好い。彼の性格が歴史の――時代の――性格とどう繫がっているかということが之を決定する。問題は彼の歴史的感覚に帰着するようである」(三・九九)。依然として戸坂は、何が、現実に、歴史の樹を成熟させ実を落とさせるのか、何が、実際に、歴史的時間におけるひとつの時代を形成する性格の本質を決定するのかを問題とする。その解答が、政治である。政治は、彼の論理によると、社会関係と生産の物的諸力によって突き動かされ、必然的に階級を生み出してゆく。「性格という無花果の実を受け取るには、階級という鑑が必要であった」(鑑の音読みは乱に通ずる。検閲を考慮したものか)。戸坂は、ひとつの時代を、「有機体」であると述べ、それが死に近づくや、「他の生活体」において蘇るというライフサイクルに従うものであると考えた。彼は時代区分に関する極端な有機体的概念を回避しつつ、それぞれの時代がお互いに弁証法的なかたちで連続し、歴史的時間の全体性を構成すると考えた。しかし、彼はまた、時代の多様性(すなわち、それぞれの時代が、自らと他を分かつ、それ自身の特徴的な性格を有しているということ)が、多様なものもしくは異種混合的なものの連続、すなわち、アルチュセールがのちにいうところの一種の「断続的統一」を構成することを確信していた。そこにおいて、それぞれの時代は、多様な歴史的個性として機能しつつも、ひとつの部分として全体に対する注意を喚起する(三・一〇〇)。全体と部分の関係は、同一平面上の重層性として視覚化されながらも、ひとつの時代は、なお、その堅固さや立体性を平面化することなく取りだす性格という概念によって規定されている。戸坂が示そうとしたのは、部分と全体との間に緊密な関係が存在するにもかかわらず、部分は、全体と調和して平面化するのでなく、その個性と立体性を保持し続けるということである。この意味において、歴史的な時間は、性格と同じ価値を有する。

戸坂にとって真に重要な問題は、なぜ歴史的時間が、現在にあって、かくも緊急の問題であるかということであった。こうした関心の背後には、「人々が歴史的時間のなかで生活しているという事実」があり、「これは吾々の生活の時間」であり、「今改めて之を思い出さなければならない」(三・一〇〇)という意識がある。現在を生きるわれわれは、どのように現在が、「吾々の歴史的時間」のなかに位置づけられるかを理解せねばならない。この問題の中心は、現在がそれ自身の時間性を有するということである。なぜなら、ひとつの時代、他と区別された時間の刻みこそがその独自の性格にほかならないからである。ある人は、われわれの現在を、永遠それ自体を包摂するまでに拡張し、過去を現在に、未来を現在に、そして現在を現在に融合する。その結果、現在は過去と同じになってしまう。すなわち、まだ時間となっていないものが、時間性や永遠に等値されるのだ。こうした動きによって、今が永遠となり、現在が消失する。また、ある人は、現在を、長さを持たない幾何学の点のようなものであると考える。この場合、現在だと思われた時間の単位は、もはや過去である。こうした両極端は、同じ過ちを犯しており、誤った「現在」という観念を決して克服することはできない。なぜなら、両者とも、現在を、両端に刻みの入った時代として考えることをしないからである。折衷的な説明は、現在を、「微分」であるとか、「fringeを持ったもの」であるとか考える(三・一〇二)。いずれにせよ、こうしたすべての立場は、現在が時代であることを否定する。その時間性は現象学的な時間概念によって触発されたものであった。意識は、そういった時間観念のなかで生きることができるが、身体はそうはいかない。戸坂によれば、生活は常に現在においてなされる。「現在というひとつの時代、正に現代である」。しかし、生活が現代においてなされるということは、決して新しいことではない。現在を現象学者とは別様に、すなわち、歴史的時間の刻みによって浮かび上がってくるひとつの時代として見ることが重要なのは、この理由からである。この点において、現在は、一見無限であるようにみえるが、実は完全にはそうでない。それは、区切りと限界を有しているのである。

戸坂は、こうした現在の持続が、他のどのような現在とも同様に、それ自身の性格に依存することを認識していた。現在のユニークな点は、その長さではなく、性格にある。彼はひとつの時代の特異性が、歴史的時間全体のどこにアクセントがあるかの反映であり、それが、現在に求められることを確信していた。歴史的時間の性格は、もっとも凝縮された形で、その強調点・焦点を明らかにするのであるから、歴史的時間の堅固さは、ここに集中される(三・一〇二)。こうした動きによって、彼は、「結晶の核」を見いだしたという。すなわち、現在のなかに、歴史的時間全体の凝縮された意味を見いだしているのである。同じくこうした発見は、歴史的行為や歴史的語りの生産に関しても、現代を「座標の原点」としなければならないことを保証するだろう。現代は、彼にとって、必然性と柔軟性の場である。つまり(歴史的時間の)「核」が、「今日」もしくは「いま」において結晶しているということ、すなわち目に見えるかたちになっているということである。このような今は、現在や同時代性、現実《リアル》と同じ性質を明らかにする。なぜなら、現在も今日も、同一の原理的意味を共有しているからである。しかし、現在は、歴史の秩序に属しているが、今は、その外部に留まり、現在の歴史的可能性が生み出されるような空間を構成する。それは、「歴史的時間の刻みによって浮かび出て来る」場所である。現代は、細かな、しかし、一定の長さをもった時間に刻むという行為によって、その同一性を獲得するのである(三・一〇二)。戸坂は、ハイデッガーへの依拠が明らかになるようなかたちで、現代を今へと縮減し、その今こそが、生活のおこなわれる場所、現在がその特異な時間性を獲得する場所であることを示そうとした。現代を縮図し、現代と原理的意味を共有する今日が、「日常性の原理」である。したがって歴史的時間は、「日常性の原理」によって支配される。彼の思考において、現在は必然的に今日にまで、さらに今にまで「縮図」される。同様に今は、現代の本質と、それがその一部であるような現代性の本質を開示しうるひとつの換喩として機能する。

戸坂は、膨大な、見たところ終わりのない歴史的時間の流れを、最も基本的な存在の単位、すなわち経験を構造化する日々の相互行為へと還元したのである。「これが私たちの生活の時間なのである」。日常生活は、反復という法則によって導かれている。それぞれの日が、それ自身を繰り返し、以前に起こったのと同じことを繰り返している。「蓋し日々の持つ原理、その日その日が持つ原理、毎日同じことを繰り返しながら併し毎日が別々の日である原理、平凡な茶飯事でありながら絶対に不可避な毎日の生活の原理、そういうものに歴史的時間の結晶の核が、歴史の秘密が、宿っているのである」(三・一〇二)。日々繰り広げられる繰り返しやルーティンは、過ぎ去った昨日も、来るべき明日も、ともに同じであるにせよ、そのなかにこそ、歴史性の「核」、「結晶」が、時間的差異の神秘が、隠されているのである。重要なのは、日常性が、実践のなかに「歴史的時間の結晶の核」を宿している、すなわち隠しもっていることを認識することである。日常生活は、歴史と異なって、反復とルーティンの中でぼやかされてしまうような、ひとつの隠蔽である。すなわち、歴史的に隠されているものが、あるいは歴史的時間の結晶、「歴史の秘密」が明らかにする、あるいは開示するその探求が必要となる。戸坂の日常性に関する考えは、風俗と商品に対する考えと似ている。風俗も商品も、時間と性格をもたない、自然なもの、非歴史的なものであるかのように装うことにで、みずからが歴史的に生産されてきたことを隠蔽するように取り繕う。非歴史的な日常生活に、歴史の核が深く埋め込まれているとすれば、それは掘り出される必要がある。歴史的時間を差異化する性格というものが、歴史的時間性であることを主張する日常生活と同じ価値を持っていることを提示することによって、戸坂は、今と歴史的な現在との関係をはっきりさせることができた。それは、部分と全体の関係に近い。日常性は、時代の歴史的性格として認識されることになるであろうものの姿を垣間見せるのである。現在が常に今日の必然性と柔軟性を明らかにするといわれるとき、それは単に、現在が、実際の生活における必要性に対応しているということを意味するに過ぎない。余裕ある生活手段を持った「思弁的な」富裕者にとって現在は、おそらく、無限に延期することもできる、気分転換に満ちたものであろう。なぜなら彼らは、もし望むならば、今日するべきことを、無限に未来へと延期することもできる。もし今日が悪ければ、明日、明後日、それでよい。しかし、労働者にとって、そうした選択肢は存在しない。彼らは、富裕者とは違って、必ず今日働かなければならない。なぜなら、今日働かなければ、明日はもっと悪くなるからである。労働者にとって、現在は、今日へとつきつめられる。このようにして、「今日」の原理、「日常性」の原理が、歴史的時間を統一し支配する。

もし日常性が現在性というものに対応し、そしてそれが事実性を条件づけるのだとすれば、日常性はまた、実践性の領域をも指し示すことになる。戸坂は、日常的な相互行為における実践を、非常に重要なものと考えており、そしてまたそうした現実の原理が、未来における可能性を思い描くことと同じではないということに注意を促している。なぜなら可能性は、ユートピア的な思弁に属し、観念論哲学によって生み出されるものだからである。戸坂は、「現実性」とユートピア的な未来の可能性とをはっきりと区別して論じることを強調していた。彼は、未来の可能性を、「観念」、「想像」、「期待」と同類視し、日々の経験の現実に関係するものではなく、日常性の対極にあるものと考えた。彼がこうした区別をおこなった理由は、おそらく、すでに見たように、弁証法的な進行に反対していたことに由来する。弁証法的な進行とは、まったく理論や意識にとじこめられたままの遠い目標の実現にむけて、動いていくことだからである。彼はまた、同時代性と未来の可能性を、形式的な組み合わせとして、同一の平面で対置することをも拒んだ。そうした形式的な組み合わせは、両者が大きく異なっているにもかかわらず、同じ性格を共有しているように思われるからである。人々は、日常性を日々経験するが、ある種のユートピア的可能性は、日常的な経験と同一の実質的な現実性をもたない。たとえそれは、日々の生活と並べられるとしても、実際何のリアリティももたない。可能性を考えることは、日常の現実に立脚する理論を無効にすることであり、日常の実践をまったく不可能にするものである(三・一〇一、一〇三)。

同時代性を可能性と同列におくことに対する批判は、ハイデッガー的な死や未来の運命の要求の自覚ではなく、今の仕事こそが、みずからの生活と運命を構造化するという確信に由来している。今日いまやるべきことに、明日に延ばせないという切迫性を与えるのは、仕事の時間であり、それはみずからの死の時間により限定を受けている。「死が何時かは来るものだから、仕事は一定の時期の内に片づけられなくてはならなくなる」(三・一〇三)。同時代性、すなわち今と言われるものの特性が、現在の視角に応じた「価値の尺度」を構成する。人(つまり私)には、今日の現実性によって生み出される価値体系を、明日の価値体系によって、すなわち、いまだ来たらぬ未来によって確定される可能性によって、はかることは許されない。今日は今日の仕事を片づけ、明日は明日の仕事を片づけねばならない。それは、われわれの有限な時間的生を統一するために絶対に避け得ないことである。なぜなら、人は、仕事の計画を立てるとき、何を先におこない、何を後にまわすべきかを決定しなければならないからである。この構成すなわち現在(戸坂はそれを「今日」と呼ぶ)が、仕事の手順を反映した視角の法則を与えるのである。そこにおいて、今日は、歴史的な全体化とその空間的な配置の両方を構成する。ふつうの日々の経験によってもたらされるそうした諸原理が、日常性と結びついた原理である。社会における「私」であるところの個人を、階級の一員として見なすことは重要である。それは、今日としてのある一日を、世界歴史における一日と見なすことが重要であるのと同じことである。それは、個人が、広い世界から隔離された日常生活のルーティンの独房に閉じこめられた存在であるかのような印象を与えないためにも必要である。こうして戸坂は、歴史的な時間が、今日と明日、さらに今日と昨日との取りかえを許さないような、ひとつの秩序を確立すると提示した。もしこのつながりの混乱が避けられないとすれば、現在は可能性と（誤って）同一視されることになり、「現実性」は、顧みられることがなくなるであろう。彼の不満は、ここでもまた、それらを同列に並べるという事物を媒介するような形式論理に向けられる。そのような形式論理は、非同一性を許容し得ない矛盾律にしたがっているからである。もし物事が、同一の平面に限られることなく、他の異なる諸平面に分散されるとすれば、同一化を押しつけるのではなく、差異をあらわすことが可能となる。この議論が依拠しているのは、例えばAというアイデンティティをもつ事柄がある平面で存在するとして、それが、他の平面においては、別のもの、たとえば「ベータ」になりうるという前提である。少なくとも二つの平面の存在を認めることは、矛盾律を無効とし、多次元性を、すなわち差異の可能性を導入する。ある事柄は、ある断面において、あることとしてあるが、別の断面においては、まったく別の何かでありうる。なぜならそれは、具体的な多様性を有しているからである。この理論の意味は、異なる次元の存在を認めることであり（それこそ戸坂が弁証法に導入するものだ）、それは時間よりも空間の構造へと関心を向けることになる。それには一種の次元の堆積であり、そこにおいては、場所が事物のアイデンティティを決定する。事物が他の平面に置き直されれば、そのアイデンティティは変化することになるであろう。しかし事物の転置は、その事物が、どのようなあらわれをへて歴史的に発展するかをしめす特性をあらわすものなのである。それは歴史的な変化という概念と等価である。戸坂は、次元性、すなわち、ある平面から別の平面に移ることによってアイデンティティが変化するような事物の運動が、歴史的時間に対応していると信じていた。そしてこの歴史的時間は、単線的な発展である必要も、無限の繰り返しである必要もない。たとえわれわれが、同一のものを差異化するようなある平面から別の平面への運動のなかに、繰り返しを見いだすとしても。むしろ戸坂の歴史理論は、現代において、ドゥルーズとガタリによって分節化された見方に近い。それは既存の実践のコードを解読し、それを再コード化することであり、所与の現在においてそれを脱領域化し再領域化するのである。

あきらかにこうした歴史的時間の概念は、空間的なものである。日々は継続してお互いのうえに折り重なってゆく。しかし今日と明日は、決して取りかえ可能ではない。現在のもたらすパースペクティヴ、すなわち今日の今性は、常に仕事の時間であり、ひょっとしたら来ないかも知れないような明日の時間ではない。戸坂は、今日が、そして今が、次元性と堅固さをもっており、実践は、その直接の状況、つまり歴史的な契機に対応しなければならないと主張した。理論の課題は、日常性の原理に従うこと、すなわち、「歴史的時間の今の立体性と完全に一致」することである(三・一〇三)。別言すれば、前と後の区別という時間的なパースペクティヴ、実際には前景と後景との区別は、理論的な価値における差異を意味する。すなわち目前の現実といまだ実現されていない現実との間の差異である。時はかくして日常生活の空間に投げ入れられ、「そこ」で決定される。戸坂の現在と同様に、言語学者時枝誠記もまた、彼が発話の「場面」と呼ぶところのものを構想する途上にあった。その場面が、言語使用に物質的な枠組みを与えるとされたのである。

一九三六年に、戸坂はいかに日常性が第一義的な意味において、空間的で物質的なものであるかの説明に向かった。「吾々は日々の生活を完全にこの空間の支配下に送っているのである」(三・二三九)と彼は書いた。実際、空間の三つの様態、すなわち直観的空間(心理的空間もしくは表象の空間)、幾何学的空間(数学的空間)、物理的空間(現実の空間)は、そのすべてが日常的空間と結びついている(三・二六〇)。日常的空間は、したがって、空間それ自体の直接的な抽象であり、空間を実際的に利用する人々によって生み出される差異化されない表現なのである。歴史的にいえば、日常性の空間は、「何処」、「場所」、「位置」によって表現される。それはすなわち空間の何処であり、空間における場所であり、空間内の位置であるほかはない(三・二六二)。存在の特質に関していえば、日常的空間は、「そこ」(Da)によって表現される。それは空間を記述する唯一の方法である「特有な客観性」を意味する。このDa-性格は、延長、次元、連続、長さという属性によって決定される物質性を表す。空間において、人間は、現在性(今、今日)とその繰り返しのなかで、物質をたよりとして実践的な活動を営んでいく(三・二六四)。戸坂にとって、日常性は、実体の差異化を試みる彼の抽象化された哲学的モードにもかかわらず、常に物質へ回帰するものであった。そうであるとすれば、哲学の歴史を検討し、省察の中心問題としての空間が演じてきた役割を、いかに哲学が、抑圧し消去してきたかを明らかにする必要がある。こうした真の、隠された歴史を照らし出すことは、単に哲学的な省察において、かつて空間と物質が占めていた支配的な役割を示すだけでなく、歴史的な語りの構造自体を逆転し、歴史が、観念(そして存在Being)の軌跡や時間における実現ではなく、むしろ日常性の空間として展開してきたことを示す。こうした告発のもと、歴史的な語りは、必然的にもはや単線的な軌跡をたどるのではなく、別の形態と内容を獲得する。それは、時間を積み重ねられた層として構造化するが、そうした層の重なりは、所与の瞬間において、その層が提供する可能性を批判的に探求することによってのみゆさぶることができる。批判的な実践のみが、堆積した因襲の桎梏をくつがえし、新しい習慣を思い描くことを可能とする。戸坂の日常的空間の理論は、和辻哲郎が、「重層性」

と呼んだ、文化的な層の構造と似ている。しかし和辻の場合は初期の文化層が、のちの重なりを通して、永遠性と自己実在を証明するように影響を与え続けるとされた。他方、戸坂の日常空間の理論は、批判的な実践に、日々の営みに対する持続的な警戒という仕事を課すことにより、そうした制御しえない重ね書き的(パリンプシスティック)な効果を取り除こうとしたのである。

われわれは戸坂の思考のなかに、日常経験から引き出された知覚があらゆる省察の中心にあることを示そうとした点において、フッサール的な身振りを認めなければならない。この観察が重要なのは、経験されたものに基づいた知覚が、どのようにして抽象へと反転し、数学やその他の科学と関連するような普遍的超越性という主張をおこなうようになるのかを説明している点である。フッサールが、『ヨーロッパ諸学の危機』において、幾何学が日常的な測定のモデルから発展し、究極的にはそれを超越的なものに見せるために日常的な使用を抑圧するにいたったことを問題としたように、戸坂も、あらゆる空間の概念が、どれほど抽象的で科学的であろうと、また超越性を標榜しようとも、日常性の空間に発するものであることを論じた。しかし、こうした歴史は、空間のその後の歴史のなかで、埋もれたり隠されたりしている。日常の生活や経験、そこから引き出された実践は、それが科学へと変貌する過程で捨て去られる。ここで重要なのは、彼の議論が、科学の本来の生産において日常空間が喪失されたことを確認しているだけでなく、空間性と物質性との重要な関係をも同様にはっきりと示していることである。ある意味において、空間に関する彼の言説は、失われそして忘れ去られたこの連関の「記憶」を蘇生させ、それを現在における徴、もしくはその特権的な場所として復権することをめざしていた。現在は、物質的なものに埋め込まれた日常生活の再出現を告げるものとなる。日常生活こそが、生活と経験を構造化し、今の中で存在を媒介するのである。人間の歴史の始まりから、日常生活はそういうものであった。

戸坂は日常空間が、科学の超越的な要求を支えるために抑圧されてきたと論じた。それは経験の物質性を想起し、日常性の思考が哲学的省察へと登った最初の歴史的瞬間を回復する努力であった。同じく、想起という行為は、現在に生きられるものである日常性の権威を払拭するために必要であった。明らかにそれが前提としていたのは、観念論を称揚するような哲学的実践であり、とりわけハイデッガーによる現在の日常性に対する拒絶である。彼は、現在の日常性を、凡庸と平均の体制として否定し、存在の本源的な条件とその本来性に回帰することを要求したのである。ハイデッガーは、日常性そのものを除去することを試みる一方で、現在こそ、いま「俗人」によって生きられている頽落を表象するものであると確信していた。その結果、彼は、現存在がもともと真の使命や運命と結びついていた場所へ回帰することを欲したのである。戸坂にとって、こうした存在論は、観念論や主観的意図の痕跡(こうした批判は西田幾多郎によってもまたおこなわれている)以上のものであった。それは主権的な自我を回復し、それを物質性から分離するものであるように思われたのである。実際彼は哲学的省察の歴史的基盤は存在の本源的な意志ではなく、空間の第一義性とその問題化であると信じた(三・二四〇)。ソクラテス以前の哲学、とくに「自然哲学」と呼ばれるところのものは、完全に空間という問題にかかわるものであった。このような先行基盤の存在を示すために、戸坂は、哲学史からも科学史からも忘れ去られているような別種の語りを発掘していく。第一に、パルメニデスは、理論の対象として存在というカテゴリーに着目した。戸坂の理解では、このことは、共通感覚的な物質性が、哲学的・普遍的な意識よりも先行していることを意味していた。パルメニデスにとって、存在は、「空間的に存在すること」を意味した。第二に、ピュタゴラスは、存在の原理は数であるとしたが、それは、多様な神秘的性格と結びついたものであった。例えば、一とは点であり、二とは線であり、三とは面であるという具合に。ピュタゴラスは、必ずしも自然哲学者と考えられているわけではないにせよ、決して存在を空間と関連づけて考えるという古代ギリシアの基本的な態度を捨て去ることはなかった。第三に、存在を空間的とみなす見解は、疑いなく空間を空虚として、すなわちいかなる存在ももたないものとして、もしくは、事物が存在していないようにみえる存在とみなす。存在は空間内のものであるが、空間それ自体ではない。こうして存在と空間は分離・対立せしめられ、一方が他方からしぼり出される。統一が達成されるためには、存在が具体化される必要がある。これこそが、デモクリトスの原子論の目的であった。原子はかつて、もっとも基礎的で不可分な物質の単位であると信じられたものである。ソクラテス以後の思考では、存在が空間的な属性の制約を逃れて、かたちのない、精神的なものとなった。結果として空間は、存在の多くの特性のなかのひとつに過ぎないものと見なされるようになり、ギリシアの哲学的思考における中心的役割を失った。空間は、意識や価値、魂や文化といった問題に還元されてしまったのである。戸坂は、現在において、なぜかくも空間が矮小化、周辺化されるにいたったかを問うた。

戸坂は、哲学が、プラトン以来、自然的存在の権利をなおざりにし、「精神的・非物質的な諸規定を与えようとする」態度を本来の使命として特権化してきたと主張する。観念論的存在論が、それ以前の唯物的存在論にとって代わった。そしてこれが、空間という問題にたいする「冷遇」を呼び起こしたのである。自然哲学の基本的な諸問題に大きな不信を抱いていたソクラテスは、それを躊躇なく詭弁術に分類した。しかし、プラトンは『ティマイオス』において、この最大級の「不信」を撤回し、アリストテレスは、のちにそれを、「プラトン的質料」と言い直した。空間の問題を小さく扱うことは、観念論の導入を意味していた。もともと唯物論は空間性を尊重するものであったからである(三・二四三、三四―三五)。空間という問題は、唯物論とともに起こり、唯物論とともに衰退した。逆説的なことに、物質性という概念によって主張された「根本的な変革」は、意外にも、物質性の消去を準備し、観念論的変革をまねいたのである。分割されうる存在の「最後」の物質的単位としての原子は、一定の形態と形式と形相として現われざるを得ない。物質は存在と見なされるばかりではなく、定まったかたちを帯びた質料と見なされる。そのかたちこそが、物質を存在の名に値するものとする。やがて、この「存在」は、今日の数学的な形式へと進化した。戸坂は、存在の存在、すなわち、存在の本質もしくは実体が、物質の内部にではなく、その表象された形式の中に存在すると考えた。物質と存在はこのようにして、分離させられ、形式としての存在(表象、形象、観念)と形を持たない質料という対立をめぐって空転することになった(三・二三五)。

　この歴史的な語りは、隠された哲学の起源を唯物論と空間性の中に位置付けている。それが後に、イデア、形式、そして時間を優先させたために転倒させられてしまったのだというのである(ここでもまた、戸坂は、和辻哲郎の議論に接近している。和辻はすでに、東洋が空間を、西洋が時間を第一に考えるということを示すことにより、東洋を西洋から差異化させるという試みにおいて、そうした議論を展開していた。しかし、戸坂の説明はまた、同時代の歴史的実践に対抗するものとしても読まれなければならない。それらの実践は、マルクス主義的な屈折を受けたものですら、やはり依然として観念や時間を特権化していたからである。戸坂が、空間に対する考察を、日常性から引き出していたことも思い出そう。「人々は心理学的・幾何学的・物理学的に空間の概念を構成する前に、予め、一つの一般的な空間概念を有っていなくてはならない」。これは「専門的」知識が現われるまえの空間概念を意味している。それは、「非専門的な日常的な空間概念」以外ではありえない(三・二六〇)。日常空間とは、人々が日々の生活において実際に使用しているもっとも直接的な空間の観念をあらわしている。空間を差異化するというのちの動きには、日常性という観念が全く欠如していた。もしくはそのような観念が実際に存在しているということを哲学者が積極的に忘却したかのどちらかであった(三・三六二)。

日常性の中心にあるのは、「そこ」、かれのいい方をかりれば、Da-性格であり、それは、多様な形態の空間を統合し、真の「客観性」を示す。それはまた、ハイデッガーの現存在(そこにあること)に埋め込まれた、存在の「人間学的」概念やその「主観的」な連想とは対照をなすものである(三・二六三)。空間が客観的であることは、物質性――物質の優越を意味している。それは、現存在が暮らすハイデッガーの世界とは異なる。特別な存在の名前ではなく、むしろ一般的な存在それ自体の表現である。「吾々は日常生活に於て、実際こういう物質をたよりにして生活している」と戸坂は述べた。日常生活とは、人々がそこにみずからを見いだす実践的・物質的な環境の「場面」のことにほかならず、そのDa-性格は、人間をして、空間それ自体の源へ、みずからが住まう世界のもともとの理解へと立ち帰らせるものであった。物質性、すなわち経験されうるものに根ざした世界とその空間的な場所は、戸坂の起源についての語りを「モダンライフ」という現在へと結びつけた。

歴史編成と民衆娯楽

戸坂が、今和次郎のような、モダンライフの現象的な対象にのみ拘泥している社会研究者と、ひたすら上を見て、現在の卑俗さを逃れた別の世界を希求する「僧侶」との両方を激しく批判していた時、権田保之助(一八八七―一九五一)は、当時すでに声高に叫ばれつつあった国民性という観念にとりくみはじめていた。かれの見解では、国民性という考えは、国民生活の決定要因を凍結し、乱雑に散らかった現在を完全なる過去のうえに、あたかもこの二つの時の間に、本質的な変化がなにも起こらなかったかのように、固定するものである（戸坂の「復古主義」に対する強力な批判を思わせる）。「私には、この「国民性」というものに疑義があった」と彼は書いている。それは、「一国民には其の国民生活の往々の初めから今日に至るまで、ある一定不変の性情が与えられて居」るとするものである（『権田保之助著作集』第四巻、三二一頁、文和書房、一九七五年。以下本著作集からの引用は、四・三二一のように表記する）。権田は、超越的なものに訴える形而上学的なもしくは神学的な社会論に対する戸坂の火の出るような批判を思い起こさせる筆致で、国民性という観念が、「ある一定の性情を発現さするべく運命付けられて」いるような、神の命令にも似た絶対的な幾何学として機能すると論じた。国民生活が、この固定した性格によりその無限の将来まで規定されるかぎり、それは考察をこえたひとつの境遇となる。過去と現在と未来にわたり本当に変化するものは何もなく、物事を決定的に変えるすべはない。国民性が固定されることにより、国民生活と文化は、のちのあらゆる批判から免除されることになる。権田が、明治後期以降に開始された国民文化研究を念頭においていたことは疑いない。それは、一九二〇年代の無数の精神史・文化史から今にまでいたるものであり、芳賀矢一から国文学の伝達者、さらには和辻哲郎のような哲学者をも含む幅をもつ。権田はまた、文化を固定された不変の自然的な本質に還元しようとするその他多くのテクストの生産を、予測してもいたのであった。

民衆的な娯楽形態を研究した飽くなき社会研究家として、権田のスタンスは、一九二〇年代のマルクスに触発された批判的な実践から、一九三〇年代後半になるとファシスト的な大衆的国民文化の理論へと急速に移行した。しかしながら彼はその間、国民文化の形成を民衆娯楽の構築にみるという見解を一貫して保持した。そしてその娯楽の歴史は、本質主義者や「復古主義者」に言祝がれているような不変性ではなく、むしろモダンライフによって示されまた要求もされているような変化を明らかにするものであった。かれが疑問に付したものは、「国民性」を俗世を離れた至高の高みにまで押し上げるような「超越的の或る崇高にして至美至善なる原理」について述べることである(四・三)。はっきりとそれとわかるかたちで西田幾多郎やその他の「超越論者」たちに言及しながら、権田が、実際のところターゲットにしていたのは、当時一世を風靡していた「文化主義」の役割であり、一九二〇年代の論議におけるその命令的な声音であった。文化主義は、単に「国民性」の不変という主張を言い換えたものに過ぎない。国民の歴史のあらゆる時代に、国民性の原理は登場し、その生命を示すという訳である。国民の歴史は、こうした「「国民性」発動」の記録にほかならない。国民大衆をこうした視座から眺めると、彼らの発想やその時代での行為は、この国民性という観念から、「国民生活」から派生することになる(四・三)。こうした批判はまた、のちに戸坂潤によってなされたものでもあった。戸坂は、作り物の、非歴史的な復古主義を日本イデオロギーと断定したのである。これに対し権田は、国民性という時を超えた価値と永遠のイメージによって歴史を抑圧する新カント派的な文化主義の帰結を、一九二〇年代において、実質的にはただ一人、見抜いていたのである。実際のところ、この文化主義は、のちに、粗野で知的に弁護しようもないような復古主義へと浸潤してゆく。そして、ファシストはそれを日本の真の唯一性、日本人種の優越性の証として支持したのである。権田は、こうした生活の見方、すなわち「超越的文化主義」には内在的な危険性が存在すると主張し、それを、まったく否定するとまではいわないまでも、「疑いなきを得ない」と論じた。現在の国民のあいだには巨大な差異が存在しているので、そのどれもが同じ国民性を有していると考えることはできない。日本人、ロシア人、北アメリカ人、フランス人、ドイツ人、イギリス人、中国人は、それぞれの社会のあいだもしくは社会の内部において、その考え方、感じ方において異なっている。しかし、ある国民集団を他の国民集団から分かつどのような差異も、消えることも減ることもないような本質から引き出されるものではなく、長く複雑な歴史的発展の「最終の結果」に過ぎないものであり、国民生活の最初の項目というより、巨大な言説の連鎖の最新のあらわれなのである。権田が主張したのは、特定の集団の国民性の源として、国民生活が決定的に重要であるということであった。

　国民性のイデオローグたちは、国民生活を生み出しているような「一定不変」の本質を位置づけることに関心をよせ、それを変化から免れさせようとする。権田は、国民性にユニークな差異が存在するという主張では、そうしたイデオローグたちと共通していたが、その成長と発展の解釈をめぐって、彼らとたもとを分かつことになる。権田は、この問題を考察した同時代人と異なって、これまでもそしてこれからも変わることのない国民的本質を「認むる」という信仰を拒絶した。ここにおいて、かれは、「民衆娯楽より見たる国民性」という与えられた問題を「棄て」て、「民衆の娯楽生活に現われたる国民性情」という見通しを選ぶと述べる(四・三三)。権田は、娯楽が、つねにこうした不変の国民性を反映しているという主張を受け入れるのではなく、むしろ娯楽を調査し、その生産の変わりゆく条件とそうした条件の決定的な変化の諸契機をとらえようとした。奈良時代の山村の部落で暮らす人々や、鎌倉時代の村人が、今日の東京や大阪で暮らす人々と同じように、日常的なことがらに関して感じたり考えたりしていたとは考えられない。時間と社会的な位置(すなわち階級)という二つの力が、さまざまの集団の間に、顕著な差異をつくりだす。「飛騨の山の中の人々はあの様な性情を発揮さすべく、又五家荘の住民はあの様な性嚮を発現すべく」というかたちで。もし時間、場所、階級の違いが、集団間の差異を説明するとすれば、たとえ同じ人種であったとしても、そうした集団の生存を特徴づけている諸条件は、未来にまで持ち越される。であるとすれば、こうして「其の抑々の始めから「部落性」とも称すべきものが附与されていて、これが未来永劫に此の部落の人々に付き纏っていく」という見方が生まれる(四・三四)。しかし歴史に従えば、こうした諸集団が、国々のミクロコスモス的な表象となり、より大きな国民集団のあいだに観察される差異と同じものになると権田は考えた。「今日の事実として、国民の間に国民性情の特異点を認むる」。しかしながら、国民性が国民生活を生み出すのではない。国民生活がその時代の国民性を生み出すのである。権田は、異なる時代(歴史)と空間的環境(社会的位置)の両方において生じる差異を主張することで、国民生活が、つねに複数のかたちで存在し、同時にそれが、国民の歴史の特定の瞬間に存在するにいたったのは固有の歴史編成の産物であるということを示そうとした。国民生活を確証するのは、気候や地理や「社会的環境」である。しかしながら、現在において、社会的環境を形成するもっとも強力な要因は、「社会経済状態」である。一九二〇年代を通じて生み出された一連のテクストにおいて、権田は、現在に対して「唯物史観」の立場から向き合った。したがって国民性の形成もその批判的な実践の枠内で理解することになったのである。数年ののち、かれは唯物史観の真実性に関して態度をあらためることになるが、その場合にも民衆の娯楽に対する信念は、保持し続けた。

同時代の社会生活の他のいかなる次元よりも、民衆娯楽は、国民生活の特徴を表現する。現代社会は、巨大な社会的実験場であり、それを構成するグループに、異なる地理的環境に応じて、さまざまに生きられる経験を付与している。人々がみずから愉しむしかた、人々を惹きつける娯楽こそが、文化の生産そのものなのである。権田はまた、そうした実践が、社会的な差異を質的にも量的にもしめしている隠された性質を明るみに出すとも信じていた。国民生活は、社会的経済的な環境における根本的な変動に応じて、つねにその条件を変えてゆく。しかしこうした変わりゆく条件はまた、人々の娯楽という次元においても記録される。文化的生産も娯楽も、ともに国民生活の経済的社会的構造におけるより大きな変動の上部構造における転写ではあるが、だからといってそれらが歴史の指標として重要でないとか、あてにならないとかいうわけではない。「現在日本人の娯楽生活の根本的な基調は、然らば何であるか」。彼はこのように問いかけ、次のように答える。「私はそれを「お」の字であると云い度い。「お」の字とは何であるかと云うに日本人は日常生活の上に「お」の字を附け加うることによって、それを娯楽生活化するものであるという意味である」。単に接頭語の「お」を日常生活において使われる言葉のまえにつけ加えることによって、娯楽の存在を示すことができる。飢えを満たすために寿司や飯を食べ、汁や麺を啜るかわりに、接頭語のおを食事や麺や寿司をあらわす言葉の前につけることによって、意識化されていない飽満への欲望を、位置づけることが可能となる。「「お寿司」を喰べ、「お餅」を焼き、「お汁粉」を頂くことが、日本人の娯楽生活の基調になっている」(四・三五)。「お菓子」を食べ、「お酒」を飲むことは、単に胃の腑を甘みで満たしたり、米から作ったアルコールで酩酊することではない。人々が「お菓子」を食べ、「お酒」を飲むのは、もっぱらを酒を飲むそのこと、菓子を抓むそのことが楽しいからなのである。「お」という接頭語を単に加えるだけで、日常的なこと、ありふれたこと、機能的なこと、必要に迫られることなどが、特別なこと、贅沢なこと、楽しいこと、機能的な効用とは別のことがらになる。接頭語の「お」は、日常生活の全質変化をラディカルに推し進める。そこにおいては、手近にあるもっともなじみ深い事物が、異化され、いわばよそよそしいものとなり、習慣、ルーティン、必要と見なされていたもののうえに全く違った光を投げかけることになるのである。権田が見るところでは、消費し飲酒するという単純な行為のうちに、他のいかなる意味も必要ではない。菓子や酒によってもたらされる皮膚感覚(その物質的な肌触り)のみが意味をもつのである。人は、生け花を学び、その道において達人となり、琵琶を練習し三味線を覚え、師匠となることもできるが、それでは民衆の娯楽にはならない。技能と熟錬という問題は、民衆の娯楽という考えの外にある。それに対し人は、「お花」を学び、「お茶」を立て、優雅に「お琴」の「お稽古」をしたのである。それは新年に関しても同じことであった。「お正月」と呼ばれる改暦は、すべての日本人に遵守され、それは、新年と、それにまつわるすべての儀礼的、儀式的、記念的なことがらを意味するものであった。しかしその接頭辞は、ただ最初の月もしくは最初の日のみをあらわすために用いられた訳ではない。職人もまた、月の一日および一五日の休日を、「お朔日」「お十五日」と呼んでいるからである。新年の初めの日は独特なものであり、「お正月」という言葉はこの決まった時にのみ用いられるものであった。その用語によって伝えられたのは、単に形式的な技能の習得のみでなく、むしろある活動や儀式によって解き放たれた、幅広い娯楽の連想であった。

権田は、大衆の娯楽から、効用や功利性のあらゆる兆候を剝ぎ取ろうとした。たとえば、日本人が「お花見」をする場合、ただ咲いた花を見たいからするのではない。その言葉は、文字通り、「花見」を意味しているわけではなく、「お花見」、その活動全体を指しているのである。「花の下に毛氈や筵を敷いて、お弁当を開き、お酒を飲んで、花によって飾られた天下の春をお腹の中に入れることが、「お花見」なのである」。花はおそらく、この機会やそれに付随する諸活動の外にあり、偶然である。したがって、それは無意識のなかに入り込んでいる。「瓢箪の酒に酔うて、目かつらを着けて花の下に踊り狂い、自分自身が花になることが、「お花見」なのである」(四・三六)。同じ経験は人が、「劇」というよりはむしろ「お芝居」を見に行く時にも起こる。権田はもちろん、「お」という接頭辞を加えることでその言葉が敬称や敬語となったり丁寧な話しかたになるという通常の意味はよく自覚していた。しかし彼は、それをただ礼儀正しさの徴とみなすのではなく、それが庶民により横領され、特定の民衆文化を生み出してきたこと、さらにそれが、ある出来事を民衆によって経験されるひとつの機会へと変質させ、それを通じて民衆の「本質」が表現されるということを示そうと欲した。彼はこの変質を、現在に至るまで「民衆の娯楽生活」の核心にありつづけてはいるが、いまだ「潜んだ」ままであるような、「自目的的」なものとみなした。しかし、それはまた、いかにして「他目的的観念」が、民衆の「自目的」に「転回」せしめられるかを示すものでもあった。この観察が重要であるのは、それが、公式で高尚な文化と、それが横領され大衆文化が生み出されていくこととの関係を認識していたということである。「目的的行動にあらで、目的の到達に於て満足が零になる没目的的行動が民衆の娯楽生活を貫いている或る物である。而して他目的的の様々な事柄をも自目的的に化せんとする強い欲求がある」(四・三八)。

権田は、一九二三年の講義において娯楽の生き生きとした特徴を再び明確に述べた。それは、「生活逃避の哲学」と生活に埋め込まれている哲学との関係を論じたものであった。お気に入りの調査対象である浅草に言及しながら、彼は、生活逃避の哲学から生活を肯定できる哲学への転換が、この時この場所での「雑閙《ざっとう》」や「享楽」のなかに、カフェのさまざまな娯楽に、埋まっていると述べた。彼が注意を促していたのは、世界の平凡な物事を避けかつ無視する哲学の伝統的な使命感であり、それらは「深い山の中で露を掬い露を吸うて静かに暮らす仙人」の、世俗的な出来事を忘れて考える仕事のように思われた(四・一〇八)。しかし現代において、哲学はもはや書斎や教室のなかのものではない。なぜならそれは「街頭のもの」であるから。このように、哲学が閉ざされたゼミナールから開かれた街頭へと躍り出た理由は、加速する資本主義の発展により、社会それ自身が、あまりに急速にそして決定的に変化したことによる。哲学はそのあとを追わねばならず、さもなくば消滅する危険を負わねばならない。ここで権田は、哲学が常に遅すぎるというヘーゲル的な観察を述べていた。哲学は、人間がみずから営みその中で新しい物を経験する生活のなかから形成されなければならない。精神的労働と肉体的労働を再統合するという、例えば後の時代のグラムシのような試みを先取りするように、権田は、「今日では此の社会に住んで現実社会の真ん中に動いている人が皆、哲学者と成り得る」と提起した（四・一〇九）。現在とは、哲学が日常生活のなかに、すなわち、同時代の存在を支配するようになった事物の物質性のなかにあるよう定められた時代である。実際、哲学は、遊びと仕事が融合しているような、浅草における「人々の生活」を「極めて激しく」表現するために、書斎や研究室を去らねばならない。生活、すなわち生きることが、常に思想を生み出すのであり、その逆ではない。新しい存在の様式は、常に「生活事実が思想を作り上げる」過程から生み出されるのである（四・二一六）。

　モダンライフとは、権田の理解するところ、常に新しく、そして同じものであり、すなわち現在における流行であった。一九二三年の関東大震災前後に発表された一連のテクストで、権田は、民衆と娯楽と流行の関係を探求した。こうした問題への強い関心は、一部には、吉見俊哉が、民衆芸術の「問題化」と呼んだものや、第一次大戦後における民衆文化の理論から発していることに疑いはない。われわれは先に、村山知義や平林初之輔のような進歩的著述家が、民衆と民衆的なるものを、文化分析の現実の対象とまではいかないが、少なくとも文化的生産の主題として造形していったことを見た。民衆文化を理論化するこうした系譜は、本間久雄の「民衆芸術の意義及び価値」（一九一六年）にまでさかのぼる。それは大杉栄と安成貞雄に批判されたが、「一般平民乃至労働階級の教化運動の機関乃至様式としての所謂民衆芸術の意義」の解明を目論んだテクストであった(28)。本間によれば、民衆自身は、みずからの文化を創造する能力を欠いているので、この壮大な企ては、「教養」を高めるというプロセスを通じて援助されなければならない。この「教養」という大正ブルジョアジーの古びた主要産物は、阿部次郎のような思想家による個人主義的な理想として、もしくは武者小路実篤のような作家によるドイツ的一般教養の日本的注釈として、すでに前面に押し出されていたものであった。このプログラムは「糜爛し、疲弊し、困憊してゐる心身に何よりも先づ一種の清涼剤を与へる」(29)。別言すれば、新しい文化的表現において、すでに爆発している情熱を、冷まし、凍らせ、御しやすくするものであった。民衆文化によって提起された問題は二面ある。まず、民衆文化における民衆が、どのような民衆を意味しているのかという問題。民衆とは、単に「労働者階級」のことなのか、それとも都市のプロレタリアートなのか。それは、ブルジョアなども含むような、人類一般のことではないのか。もうひとつは、民衆芸術は、民衆のための芸術なのか、民衆による芸術なのかという問題。大杉は、芸術と民衆の間にはいるべき前置詞が問題であると論じた(30)。この論争は、「ための」派と「による」派がそれぞれの支持者を集めつつ、オピニオン雑誌を舞台に、一九二〇年代を通じて展開された。しかし権田は、民衆諸階級のために教養の理想を推進しようとする人々とも、民衆文化を調達し生産するという役割を最終的に国家に割り振ることになる人々とも異なっていた。アナーキストである大杉や、マルクス主義者である平林や蔵原惟人のような思想家は、民衆を彼らの文化的生産の対象として造形することを試みた。しかし、彼らの議論は、芸術や文化がどのように機能するのかという問題について、既存の観念以上のものをほとんどもたなかった。権田が、文化それ自体を理解する鍵として民衆娯楽の問題に向かったとき、彼はまた、文化的生産における民衆の位置や、民衆により演じられる役割をも解明していたのである。権田は、都会の大衆の文化的創造力の可能性を認めるもっとも急進的な提案ですら、知識人のリーダーシップに帰着していると論じた。それは当時のある評論家(大林宗嗣)によれば、既存の民衆の娯楽が、

「古るい低級」のものであり、新しい時代の娯楽の欲求を「形づくる」のに適さないからである[31]。権田は、一九二〇年に、「民衆の文化か、民衆の為めの文化か」という論説を書いて、文化の生産における民衆の役割に関する論争に参加した。それは、主要な論点を整理し、民衆文化の形成における民衆的主体の位置を明らかにしようとするものであった。ここでもまた彼は、古い哲学の主張や、いまや日常生活の利益にかなうような新しい文化を創り出すことが必要だといった主張を疑問に付す。思想は、民衆が生き経験している変化を摑むためには、つねに遅すぎて、新しい時代とモダンライフがその到来を告げつつある「改造」の要求についてゆくことができない。この点において哲学は、けっして改良的でも啓蒙的でもない。その失敗は、知識人(思想の生産者)が、みずからが信奉する過去の文化史の見解を超えてゆけないこと、それを手放すことができないということに由来する。知識人は思想の生産者として、みずからが文化の生産において、特権的な地位を占めていると信じている。しかし歴史が示しているのは、進歩と変化の脈動が、「今我々の眼前に動きつつある現実の事実」を眺めることにより、容易に確認されるということである(四・一九)。今日の思想家は、みずからの眼前で展開する現実のなかに変化を認めるような不快に耐えねばならない。現実もまた、「思想家の思想的遊戯」に頓着なく「どんどんと移って行く」。歴史家は、そうした出来事を百年ののちに説明できるかも知れない。しかし、思想は、その存在をとらえ、それにかたちをあたえることに関しては、完全に無力である。

権田は、当時の議論において、知識人がみずからの位置や民衆運動に関する解釈において自信を喪失していると見なしていた。通常その説明として浮上するのは、文化という観念そのものであり、民衆は忘れ去られる。文化という観念と民衆という「現実」の乖離に注意を向けつつ、権田は、知識人たちが、民衆という現実を理解するために文化という観念に訴え、その結果、一連の議論において、民衆という現実を文化のなかに解消する危険をおかしていると見なした。彼らの戦術は、「文化主義」と名付けられ、歴史の生産に対して文化的形態の永遠性を優越させるものであった(四・三)。文化主義は、実際のところ、一九二〇年代初頭に、文化の生産における民衆の台頭が生み出した不安から生じたものである。文化主義が取り除こうと試みたのは、民衆(のための)文化の立場性であった。文化主義の主唱者たちは、いわば民衆的なものを、真善美といった永遠の主張に統合することを試みたのである。しかしながら、その歴史的約束が何であれ、彼らは民衆がみずから創造できない民衆文化を創造する知識人の役割を認めている。それは、ブルジョア的な諸価値を主張することであった。文化に関するこうした議論のなかに権田は、イデオロギーや政治的立場への挑戦となるような社会的諸要素を、知識階級が取り込むその方法を見た(四・三六)。文化に焦点を合わせることで、民衆の運動は、文化の内部で明らかにされることがらとなる。こうした文化主義者の議論は、文化が万人にとっての最高の基準であり、人々は、それを完成することによりその意味を理解し体得するということを意味していた。彼らは、みずからの存在理由を、「文化の成立の為にのみ」おいていたのである(四・三三)。したがって民衆は、文化の完成にとって必要であり、民衆運動は、より大きな全体文化を実現するうえで役に立つと見なされる限りにおいて、その目的を獲得する。文化主義者は、かならずしも真の「民衆運動」それ自体を拒絶するものでなく、それに共感さえ寄せるのであるが、その焦点は、全体のうえに固定され、それを構成する部分に目が向けられることはない。「彼等に取って大切なることは「文化」という超越的の概念である」と権田は論じた。「彼等は考うる、人類の此の世界に生じてより、人類の歴史の終るまで、其処には「文化」と称する崇高至美なるものが貫いて居る。人類は此の「文化」という宇宙及び人類の至高原理を現実せしめんが為に存する」(四・三四)。

権田は、当時の文化が、真善美といった諸価値と同一視されていると考えた。それは歴史を超え、人間のなまの欲求を超え、結局のところ、政治、宗教、道徳、芸術、哲学、科学の貢献によって実現されるとされていた。文化とは、(集合的な)人間の努力によって生み出される諸価値の総和である。「人類の過去の歴史は則ち此の「文化」開展の記録であり、人類社会の現在は此の「文化」実現の奮闘の事実であり、人類の将来は此の「文化」表現の完成の理想郷であらねばならぬ」というのである(四・二四)。貴族的な文化が発達し、その完成に到達するや、それはその「座」をブルジョアに明け渡す。そしてブルジョアは、その価値の大義を、さらに一歩押し進めるのである。しかし、ブルジョア文化は、その途上で行き詰まる。すでにみずからがなし遂げたこと、所有しているものにすがりつくという絶望的な努力を試み、またその「立場」を確保し、さらなる文化の発展を抑圧せんと試みながら。このことは、なぜ文化主義者が民衆運動に共感を示すかを説明すると同時に、なぜ彼らがそれ以上進むことができないのかも説明する(四・二五)。ある文化主義者が「「文化」の専制家」であるとすれば、別の文化主義者は、「「文化」の惑溺者」である。彼らは、実際に生きているこの世界にではなく、超越的な諸価値のみにコミットしている。彼らの文化主義の内実は、たとえ、いかに普遍的な価値を主張していたとしても、超越的な文化という観念を推進する知識人を生み出した階級を超えることは、けっしてない。こうした批評において、権田が、文化の諸価値を欲望や歴史から区別し、それが、欲望や歴史の主張に対抗して呼び出されたものであると理解していたことを確認するのは重要である。それはとくに、欲望や歴史が商品形態において形象化される場合、とくに顕著であった。この商品形態こそ「モダンライフ」を植民地化すると同時にその中で経験されるものであった。この権田の文化主義に対する攻撃のなかに、彼が、純粋で絶対的な文化的価値の主張と、生きられた歴史の証としての欲望と消費の働きを対極に位置するものと見なしていたということを確認しておく必要がある。

文化主義者は、単に文化の全体性を他のあらゆる考察に優先させるタイプと、その完成の必要性を信仰するタイプ(「「文化」の専制家」と「「文化」の惑溺者」)に分けられるが、権田は、民衆との同一化を拒絶し、民衆階級にみずからの文化を創造する可能性を決して認めない第三のグループにも注意を払っていた。このグループに、民衆が、すでに上流階級によって生み出された文化を共有し享受していると確信し、そうした文化は、民衆に消費されるための必要に合わせて「調理按排」されたものだと論じた(四・二七)。この戦略は、文化の「民衆化」と呼ばれ、民衆には薄められた高級文化の受動的な受け手以上の能力がないといういまひとつの誤認に至らせるものであった(第一の誤認は、労働者諸階級を、能力がないという理由で憐れむ文化論者のうぬぼれである)。民衆は、「憐れむべき」であるから、既成の文化は、権田のいいかたを借りれば、「砂糖を混ぜ」て飲みやすくされなければならない。民衆は、貴族的もしくはブルジョア的な文化の刺激を、たとえそれがどれほど薄められたものであっても、「味わう」よう期待されたのである。これがブルジョア文化の「温情主義」の原理と呼ばれるものであり、権田はそれを、安手の社会政策であるとして批判した。社会政策は、すでに、民衆がみずからの文化を創造できるような地位に着くための民衆教育を唱道するに至っていた。しかし、そこに含まれるモデルは中産階級のものであったので、権田はこのプログラムを欺瞞であると退けつつ、近代社会における民衆の位置を議論するために文化というカテゴリーを用いるあらゆる図式を否定した。そうした図式は、例外なく、民衆を、文化を生み出す知識人と昔の貴族の継承者として文化的なヘゲモニーを主張するブルジョアとの役割を確認するような配列の中に置き直すのである。また、どのようにして下層階級が、上流階級の文化に馴染まされ、それによってかれらの主導権が奪われ、社会的紐帯が強められるかを認識することは重要である。この点において、権田の観察は、アントニオ・グラムシのそれと似ていた。グラムシは、支配階級の部分的な支配力を認め、文化の配置に例外なく含まれているヘゲモニックな関係を探究する必要を主張していたのである。知識人が民衆のために文化を構築するにせよ、それを管理するにせよ、真の問題は、そうした文化が、民衆それ自体から、彼らの主体性を通じて、すなわち、彼らの生活と経験を支配している事物と実践のなかから、出てこなければならないということである。知識人が、そのように理解できないとしても、彼らの失敗を「やきもきする」理由はない。権田にとって、「民衆文化主義」という観念は、それに付随する立場ともども、語義矛盾であり、現在のモダン社会における民衆の位置を理解するうえでは歓迎されざる障害物なのである。「民衆文化主義」を「真に」完成するためには、「「文化主義」と称する概念の化物」、すなわち「知識階級の遊蕩気分」から解放されることが必要であり、その根絶やしこそ今日のもっとも緊急な課題でなければならないと彼は結論した(四・三二)。

権田が推奨したのは、文化という概念を娯楽と笑いの歴史的経験から引き出すということであった。このことは、文化というカテゴリーを全く放擲してしまうことを意味した。なぜならば、文化というカテゴリーが用いられる以上、民衆と流行の役割が排除されてしまうからである。この点に関して、彼は明快であった。文化とは、「抽象的観念的な、知識階級の自己陶酔の産物」に過ぎない(一・三〇九)。彼らは、ふつうの人々に対して何かを示しうるような位置にあるわけではない。権田は、流行の登場を、一種の「不気味 uncanny」なことがらとみた。それは、現代社会に、常に様々な形であらわれ、現在に対して、過去(歴史)と民衆の現存を思い出させるからである(四・五八)。歴史的に、あらゆる集団は、それ自身の娯楽と楽しみの形式をつくり出す。そうした形態は、社会集団の特定の生きられた経験に深く根ざしている。この意味において、娯楽の生産は、遊びそれ自体から発する。遊びこそが、あらゆる文化的編成の主要な内容を構成するのである。ある翻訳者は、彼の『民衆娯楽論』(一九三一年)を「奇妙に学問的な」テクストと呼んだが、権田がドイツ人学者ビュッヒャーの「遊戯は労働よりも古く、芸術は経済的生産に先立」つという言葉を肯定的に引用するのは、そこにおいてであった(一・四六、二・二〇三)。民衆と娯楽のこうした結び付きほど、娯楽が、歴史的であると同時に民衆の日常生活の産物であるということこそはっきりと示すものはない(一・二三)。日露戦争による資本主義の誕生と急速な近代化、さらに「今次の欧州大戦」によって、日本社会は、巨大な社会的・経済的変革を経験し、貧富の懸隔は拡大し、「暇と金との無き民衆」が生み出されることになった(一・二四)。民衆に余暇がないのは、彼らにお金がないからである。その結果、彼らは、徳川時代や明治初期の古い職人文化の主要な条件であった、娯楽を持つことがもはやできなくなってしまった。「民衆は娯楽より離れ、娯楽は民衆より飛び去って」しまった(一・二五)。こうして彼らの生活は、空疎で潤いのないものとなったが、希望がないわけではなかった。「此の新しい民衆」が、この状態に満足できなくなり、彼らの日常生活の事物を反映した娯楽を創造しはじめたからである。こうした民衆は、彼らの社会的存在の現実の条件から彼ら自身の手で娯楽を生み出すのであり、そうした条件こそが、新しい娯楽の形式を与えるものであった。そしてモダンライフにおいて、民衆に支持されている娯楽の主要な形態が、活動写真であった。

もちろん彼のいう「新しい民衆」とは、資本主義によって生み出された社会階級であり、交換、流通、消費というメカニズムによって、「流行」という幻影に永続的な表現を与えるものであった。権田にとって、新しい種類の娯楽を生み出すのは民衆である。そのうちとりわけ資本主義と密接に対応しているのが映画であった(彼がそのほかに好んで取りあげた娯楽に、演劇と「寄席」がある)。彼が強調したのは、新しい社会編成におけるこれらの諸階級と、みずからの娯楽をつくり出す彼ら自身の能力、すなわち文化とのあいだの関係である。

権田は、民衆娯楽が、ひとつの現実であり、「自然の産」であって、観念論やいきすぎた観念化によってもたらされる「作為の産」ではないと、繰り返し主張した(一・二八九、二九〇)。それは人々が生き、そして働くところに見いだされ、彼らの生活に組み込まれたものである。観念論者によって想像されるような理想化された幻想のなかに住まうものではない(一・三二〇)。「民衆娯楽は理想論や観念論でどうすることも出来ない位、民衆の現実生活とぴったりと吻合した、否な民衆生活それ自身の問題なのである」(一・三二〇)。権田は、遊びに関する「原書」が丸善にはないと論ずる。民衆娯楽という言葉さえ、そのカタログのなかに見いだすことはできない。それが見いだされるのは、ただ浅草においてのみである。そこは、新しい階級、とりわけ労働者階級の歓楽場であり、権田の主要な研究の現場であった(一・二九二)。

資本主義の発達は、第一次大戦後に生産を質から量へと変化させ、贅沢品の需要を増大させた(一・三一四)。それはまた、資本の集中という現象をもたらし、資本の現場に新しい社会階級の形成を促した。権田が見て取ったのは、資本主義の成長が、社会生活において二つの主要な階級を生み出したことである。有産階級(ブルジョアジー)とプロレタリアート(無産階級)がそれにあたる。後者は、江戸時代や明治初期の昔風の職人や商人にかわって登場し、「新時代」の社会的布置において「民衆」の主要な構成要素となった。民衆は、ひとつの社会集団として、急速かつ堅実に発展し、そして「今や民衆の重心」は、無産者階級のうえにある。同じく、民衆の生活も、新しい社会編成を反映して急速に変化し、資産の不足が、「金の不足」と「余暇の不足」を顕著なかたちで生み出している。出来合の品物で装うことを強いられるような経済にとらわれることで、労働者は、資金の欠乏と労働市場における不安定の人質となっている。余暇の不足と金のなさが意味しているのは、労働者が、娯楽をほとんどもてないでいるということであった。権田の考えでは、これは重大な欠陥である。

なぜなら娯楽は、「贅沢」ではなく、「飢えた時に飯を食うが如くに、渇した時に水を飲むが如くに、娯楽は彼等の実生活その物の重要なる一部分」であるからである（一・三九）。娯楽のない民衆は、退屈で無味乾燥だと権田は主張する。それどころか、彼らは死んだも同然である。彼が論じているのは、労働者の生産力に関する一般的な要求（に再生産）における娯楽の役割であった。娯楽は、「極度に疲労した欠乏を直に補うが為」の手段として役に立つ（一・三〇）。労働者の生産力の再生産における強力な要素として娯楽を擁護する権田の主張を、他国の誰かと比べてみると面白い。たとえば、ジークフリート・クラカウワーである。彼は、娯楽の近代的諸形態のなかに、「気散じ」と、商品形態と文化産業の不吉な支配を見いだし始めていたのである。[32]一九二〇年代の終わりまでに、権田の同時代人である社会批評家、青野季吉は、日本のホワイトカラーの激しい社会心理学的な失意を記録するようになっていた。かれらは、失業と欠乏の時代において、娯楽と消費の欲求を満たすことができなくなってきたのである。

われわれが、権田の「民衆娯楽論」における理論化から知りうることは、娯楽が、一種の効用を意味しており、それは、単純な機械的再生産を避けつつ、しかしなお生産の隣に、その場所を見いだすものであるということである（三・三二）。娯楽は、生産とともに立つ。なぜなら、創造に役立つ娯楽は、「創造の為めの生産」に等しいからである。娯楽は、けっして単なる「生産の下僕」ではないという、そのたび重なる主張にもかかわらず、娯楽がやはり再生産の過程で機能するという結論を免れるのは難しい。結局のところ、それは食べ物や飲み物という必要物と同様だとされるからである。しかし権田の好んだいい方では、娯楽とは、「生活のひとつの表現」である。この関連で、権田が、現実としての娯楽を、社会政策的利用に供せらるる娯楽、すなわち「再創造説」と対置したことは重要である（三・二〇七）。

もし、権田のいうところの社会的現実を構成する遊びと娯楽が、民衆の現実の日常生活から切り離せないとすれば、その場所が重要な問題となる。権田は、娯楽の中心が東京の浅草地区であると確信しており、彼はそれを、大阪や神戸、岡山などの他の都市にみられる同様の地区に重ね合わせていった。これらはいずれも大都会とその周辺地域であり、そこでは増大する労働者の群が民衆の中心となり、娯楽の必要は、食べ物や飲み物に対するそれと同様に、大きなものであった(一・二四一—二六八)。「則ち学者が書斎で捏ね上げた抽象的概念の産物ではなくて、社会生活が街頭より自然に生み出した具体的事物の産物である」(一・一六)。なぜなら娯楽は、都市における日常的な出来事の空間から切り離すことができないので、娯楽と仕事は、複雑な関係を構成し、それゆえ、娯楽の時間は、常に仕事の時間へと越境し、それと折り重なってゆく(33)。権田は、民衆娯楽の基礎が、近代初期から現在に至るまでの間に、基本的に職人的・商人的な経済が資本と労働者によって動かされる工業主義となることで変化してきたことを認めていた。こうした認識は、娯楽の発展において歴史が演じる役割を確認することであり、それはまた、生み出されていく差異を確認することでもあった。そうした差異は、さまざまな娯楽の形態が異なる時間をあらわしつつ共存するという事態のなかにはっきりとあらわれている(一・三三一—三四二)。「かの所謂「民衆の娯楽」には非ずして、現代社会経済生活の必然の所産である新概念としての「民衆娯楽」は、其の発祥の地を先ず都市生活の間に発見し、其の構成と育成とを都市居住の無産階級者の生活様式と生活意識との裡に所期し得たことは、既に攻究して得たる結果である。実に民衆娯楽は現代社会経済生活が、これも同じく現代社会生活の創り出した大都会の中に、蒔種し醞醸して作り出した一新事実なのである。故に民衆娯楽の消長と推移とは、之を都市民衆娯楽のそれに最も模型的に表現されいるべき筈のもの」である。都市における民衆娯楽の展開と、各種の都市民衆娯楽の消長を把握することは、民衆娯楽そのものの盛衰を理解する鍵であった(三・二九一―二九二)。古い職人的な娯楽は、必ずしも大都市に限られるわけでもなかったし、また演芸に必要な訓練には多大な時間と資金を必要とした。しかし、資本主義下の大都市は、「興行物的娯楽」(三・三四)を生み出し、さらにそれは、「活動写真」、「芝居」、「寄席」へと分けられる。彼はそれを、三種の神器を思わせる口吻で、「都市三大娯楽」と呼んだ(三・二九三)。こうした都会のエンターテインメントは、浅草のような街に凝縮され、遊びの空間となり、また民衆娯楽の「原書」を作り出すための材料を提供した。民衆娯楽の原書は、いまはまだ完全な形では存在しておらず、形成の途上にある(三・二九三)。遊びの空間は、調査が構築するであろうテクストの空間と重なり合っているのである。

すでに述べたように、権田は、都市の住人を、金と暇を欠いた無産者と見ており、彼らの生活は、生産の過程と商品の消費の両方から切断され、疎外されていると考えていた。(34) 文化の「内容」が示しているのは、「刹那的」「出来合性」「直観性」であり、それは、説明されるまえに、その場で快楽を味わうために本能的に希求されているものであり、「直観性」である。とりわけそれは「刺戟の強烈なる」エンターテイメント、すなわち写実的で印象的なものであり、廉い生活の反応であった(一・三三〇)。権田の調査は、こうした消費者を追うことであり、それはちょうど今和次郎が、街頭や公園の、そして百貨店や歓楽街に足を踏み入れる歩行者を追いかけたこととよく似ていた。今は、そうした調査において、寄席や映画や劇場に出入りする人々の量を、注意深く表で示したのである。権田はまた、浅草とその住人を基準として用いながら、大阪や神戸、岡山のような都市における歓楽街を比較した。質的な材料を確保することにも十分な注意を払いながら、権田は、芸人、通常は「街芸人」(彼の好んだ主題)に対して、詳細なインタヴューを実施した。消費者と観客を量的・統計的に示すという目的にもかかわらず、彼の調査は例外なく仕事と階級と社会的な場所の重要性に注意を促すものとなっている。彼の調査は、その多くが、例えば大都市に見られる浅草のような地区に、すなわち文化的な「領域」もしくは「範囲」に焦点を当てたものであった。子どもたちでさえ、権田のまなざしの前では、重要な対象となった。一九一七年という早い時点で、彼は一定の年齢層の子どもたちが、何回映画を見に行くかを明らかにしている。彼らが好むのは、チャーリー・チャップリンや日本における数多いその模倣者たちによる活劇や喜劇であった。実際に、権田は、子供たちが文字通り映画館を生きていたことを記録している。子どもたちは、そこで「ラムネ」を飲み、「キャラメル」や「煎餅」や「麺麭」を大量に消費していた。彼らは、楽しみのために来て、そこで歓声を上げ、一瞬「我を忘れ」、日常生活のルーティンから逃れるのである(一・八四—八七)。しかし権田は、映画館に集う多くの子どもたちがスクリーンを見ずに、友だちと遊び話していることにも気づいていた。「其等児童の頭には教師なく教科書なく、唯彼れ等を支配し導く者はチャップリン、松之助あるのみ」(35)(一・九八)。

さまざまな階級の人々に好まれている娯楽を確認することに加えて、権田はまた、比較という観点にも関心を寄せており、それは、彼の調査にも反映していた。彼は調査を重ねるうちに、さまざまな都市を訪れることになった。それは柳田国男が真正な生活の痕跡を求めてほとんど絶え間のない探索の旅にあったのと同様であった。浅草の観客は、知識人と労働者よりなっていたが、大阪の歓楽街——天王寺——は、それに比べプチ・ブルジョアに近い層からその顧客を獲得していた。こうした意味において、天王寺は、浅草と決定的に異なっている。浅草は、労働者の群を惹きつけていたからである(一・二五三、二七三)。こうした階級の区別をおこなうことによって、権田は、労働者と知識人が、それぞれ独立に選択をおこなっているのに対し、大阪の古い商人・職人階級からなるプチブルは、いまだ「家族的行動」のシステムにとらわれていると論ずることができた(一・

二五三）。さらにいえば、岡山の繁華街は、もっと知識人化されている（知識人のなかの知識人の場所である）。そこでは、浅草のような歓楽街を造ることは明らかに無理である（一・二五八）。このことは、彼にとって、岡山の娯楽が、都市全体を通じたより強固な分業にしたがっているということを意味している。その違いは、サイズに由来するものかも知れない。だとすれば岡山はあきらかに東京や大阪に比べて小さいからである。しかしまたそれは、歴史や発展と関係するものかも知れない。岡山の繁華街は、奉還町と呼ばれ、藩の士族たちが、禄を現金化され、みずからの生活を立てねばならなくなった明治初期に発達したのである。現金化に伴い、多くの士族が奉還町と呼ばれるようになるところへ移り住み、小さな店を出したが成功したものもあれば失敗したものもある。それに対し、神戸は浅草ともっともよく似ており、階級分化を特徴づけるような文化圏が確立していた。一九二〇年代の岡山とは異なって、神戸は、高度にプロレタリア化された街であった（一・二六五）。神戸のプチ・ブルは、大阪と比肩しうるが、知識人は、岡山のそれとは異なっている。神戸は、「新しいプロレタリア」と「新しいサラリーマン」が一緒になって、彼らの「権威」を「否定」するような伝統的な娯楽形態に対する敵意を共有しているような都市であった（一・二六六）。この点について、権田は、新しく登場したサラリーマンが、「エキゾチック」を強く好み、それが娯楽の「旧い伝統的な鋳型」を壊すことへの激しい熱狂を生み出していることに気づいていた(36)。これら二つの階級は、はっきりと「異なった」趣味と方法を発展させてきてはいるが、知識人の「浅酌低唱味」やプチ・ブルの伝統趣味と比べるならば、その差異は、想像されるほどには大きくない。そこに存在するのが、「エキゾチックな神戸」、「マテリアリスチックな神戸」、そのマテリアリストの功利主義とエキゾチックの味」が相合した神戸である（一・二六七）。そしてこの意味の不均等は、「「牛肉のすき焼」を生むに至った」ことによってもっともよく示される。それは西洋料理と日本料理の融合である。たとえ浅草の雰囲気と同じであるとまではいえないにせよ。その浅草を、権田は「ポスターの衢」と呼んだ(一・二六八)。浅草においては、文化的スタイルの混交はいたるところに見られ、その娯楽世界のユニークな徴表を構成している。浅草が目覚める時、「もう其の内には活動写真も無くなります。安芝居も無くなります。仲見世も無くなります。小飲食店も無くなります。観音様も無くなり、花屋敷も無くなり、十二階も無くなります。夫等のものが、夫れ自身の個性を失って凡べてのものが集まって、其処に「浅草」と云うものを作り出すのです」(一・二六九)。浅草に見られるものは、「大きな差異」である。浅草を映画街としてのみ描くのは間違っている。たしかに映画街はそこにある。しかし、他のすべての店も活動もそこに存在しているのであり、ひとつの場所のなかに、「一つの世界」、「一種の雰囲気」を示すような構造が生み出されている(一・二七〇)。権田は、浅草が現実に、それが提供するものによってそのほかの市街から画然と区別された別世界なのだと主張した。しかもそれはより古い江戸の色町である吉原とも大きく異なっている。吉原は、商人や侍に「浮き世」における避難所を提供してきたのである。しかし浅草は、現代の民衆が生み出した場所、「現実の日常生活の延長の上に、民衆が作り出した娯楽中心地であります」(一・二七三)。東京浅草と江戸の吉原の違いは、現代のプロレタリアと徳川の町人の違いであると権田は記す。「人は浅草を日々生きている。浅草の生活は、単にものと商品の生活であり、そこに個人的な目的も動機もない」。

浅草は多様ながらも単一の全体性を構成する娯楽の世界を表現する。差異と比較という命題が、権田に、娯楽の新しい形態と古い形態、異質な階級的要素をもった文化が共存する娯楽文化のイメージを想像させるにいたった。同時代の演歌師であり批評家でもある添田唖蟬坊は、この点を、『浅草底流記』において、権田よりもうまく表現している。かれはそこで、「衆愚の浅草は同時に叡智の浅草である。浅草は論理の世界ではない。

実行の世界である。具体の境地である」と書いたのである。[37] 権田の調査では、宗教的もしくは哲学的な原理を当てはめるのではなく、「生きた世界」を調査することこそが重要であり、またその方法としては「生きた現実」を「インタヴュー」することこそがふさわしかった。それは、彼にとって、「野の草の茎にも大宇宙の理法が表されているということを意味した(一一五)。彼の方法は、綿密なインタヴューによって補足された、几帳面で正確な観察に立脚する厳密な経験主義であり、したがって、実際の社会調査を始める前に、一連の娯楽形態を選択することがまず必要であった。この技法は、過去と現在の娯楽の形態の共存、新しいものと古いものの混交、新しさのなかの古さ、日本的なものと西洋的なものとの共存の重要性を強調するものであった。それは異なる時間によって特徴づけられる文化概念の基礎となり、そこにおいて文化は、多くの非同期的なものを宿したひとつの構造としてあらわれることになった。それはまた、柳田国男の、過去と現在の習慣の混交という理解とも極めて近いものであった。

こうした非同期的な文化的想像体は、労働と資本とのたえまのない脱領域化と再領域化を通じて、資本主義により常に生み出され続けている不均等発展を、あるレベルではっきりと指し示していた。それはまた、別の観点からすれば、一種のハイブリディティを表現しており、それを権田も柳田も、日本のモダンの経験を描き出す新しい文化的布置として評価したのである。同じ文化的領域における異なる形式の共存も異なる時間や歴史(社会空間とまでは言わないものの)をあらわしているような諸要素の混交も、現代日本を特徴づけている不均等が、政治経済と文化の両方において、画一的な均衡が達成されることによって最終的に克服されるであろうということを意味していた。差異、すなわち不均等の比較と認識は、活力の徴であり、やがてきたる同質化と平均化の脅威に対する防御と考えられた。しかしそこには、資本主義社会のただ中でより古い文化的・社会的形態の存続を約束するファシズムの政治戦略の罠に落ちる危険も存在していた。彼らは、脱領域化という資本主義のプロセスを誤認したのである。文字通り準拠となる既存の文化を破壊し、目にも鮮やかな不均等の光景をつくり出すそのプロセスを、既存の文化の最終的な説明ではなく、最終的な再構築へ向けての第一歩と解釈することで。権田は、他の多くの論者たちと同じく、資本主義がどのように現在に行き着いたかを理解することはできた。しかし、混合文化(過去と現在の要素、日本と西洋という要素の循環)という見解が示しているものは、資本主義の進展が継続することであり、それが遂に不均等、すなわち文化の差異を排除し、均等な文化にしてしまうということであった。文化的基盤の平準化、同質化を権田は何よりも恐れた。権田や他の論者たちが、ファシズムを信奉するにいたったのは、「モダンライフ」へのこうした恐怖(一九三〇年代に権田や他の論者たちはこう呼んだ)の結果であり、政治的選択と決定とが文化的形式の表現と一体化するような歴史的情況のもとであった。権田の論点は、消費者を国民的な共同体へと転化することにより、現在の情況を導いた脱領域化というプロセスそれ自体を停止させることを狙ったものであった。

この場所にたどり着く知的な旅路において、権田は浅草の街頭を調査し、そこで民衆娯楽の参加者と生産者の観察とインタヴューに多くの時間を費やした。この調査は、『娯楽業者の群』(一九二三年)に記録されたものであるが、それは広大なパノラマをなすひとつのカタログであり、主要な生産の場とその主体を確認することを狙ったものである。たとえば、水商売・客商売の女、娼妓、芸者、私娼、料理店の女中、待合の女中、カフェのウェイトレス、蕎麦屋の女中、宿屋と下宿屋の女中。また、落語家、喜劇俳優、講釈師などの芸人の世界。それから、踊、琵琶、唄い物、生花、茶の湯、尺八、謡いなどの「遊芸の師匠」。さらにあらゆる種類の大道芸人(三・四―一七八)。街頭の娯楽を描いたこの広大なカタログは、権田が民衆娯楽のさまざまな主体におこなったインタヴューで満たされている。そこにおいて、この世界のもっとも著しい特色をなすものは、過去から現在までの異なる歴史を表現する異質な諸要素の共存と循環によって生み出される差異の光景である。権田の統計的な調査は、田舎から都会の花街へとやってくる若い女性たちを記録した賀川豊彦や安藤政吉のようなのちの時代の調査者と同じく、無数のインタヴューからより抜かれた質的なデータによって支えられていた(これはまた、賀川と安藤が描いた社会の肖像と同じく、強い道徳的怒りによって動機づけられていた)。さらにいえば、ここにおいて、彼の方法は、今和次郎のプログラムとも響き合うものであった。もっとも今は、おそらく、主体をインタヴューすることよりも、街頭や都市の他の現場でおこなわれた観察を記録することのほうにより重きを置いたのであるが。権田がおこなったのは、ある年(例えば一九二一年)における、地区ごとの売春宿の分類や、そこで働く女たちの数である。また権田は一〇年後に賀川や安藤がおこなったように、さまざまな宿における客数とその総収入を計算した(二・二八—三八)。この問題に関して、かれは女性が補充される地域として、新潟、秋田、山形などの離れた県と、東京に隣接する地域とをあげ、その生活環境、労働条件、コスト、支払い、そして一般的な日常生活について述べた(二・三一)。鑑札・無鑑札の売春婦たちの生活のあらゆる点におよぶこうした詳細な情報は、そうした環境にある主体との直接的な交渉から生まれたものである。

売春婦たちが権田の統計的な想像力をとらえたとするならば、大道芸人こそ、かれが質的に描き出すことにもっとも苦心した対象であった。かれの民衆娯楽のカタログは、一連の伝統的な形態をも含んでいた。それは一九二〇年代の初頭に、いまだ浅草において実演されていたのである。そうした大道芸人には、流しの人々がおり、その技能は、猿回し、大道尺八、演歌者など多彩であった。また、昔ながらの語りの技術を有するさまざまな芸人もいた。居合い抜き、籠ぬけ、大道講釈師、人形芸人たちがそれである。こうした大道芸人たちの数が減りつつあることを憂い、権田は、かれらが中小諸都市の歓楽街ではいまだにその勢力を保っているものの、大都市においては、ほとんど見られなくなったと記している(二・二七)。「甚だ惜しい様」であると権田は嘆くが、「それは仕方のないことです」とも述べる。もし今日、地方の小都会や村邑にいけば、なお古い形式の大道芸が生き残っていることがわかる。大道芸人の社会的重要性の差異は、現在の日常生活の完成度を示すしるしであり、資本主義的近代化のプロセスを特徴づける地域的性格と都市と農村とのあいだの不均等を示している。権田が、一九二〇年代の初頭に、都市と農村とのあいだの不均等を、それぞれの場において大道芸人がしめる相対的地位のなかに見いだしていたのに対し、柳田国男は、一九二〇年代の終わりに、その分化を、大都市が農村から人間と物質的資源を吸い上げ、農村が都市の犠牲にされているということに対する注意信号と見なした。しかしこのことは、権田が大道芸人の苦境を、コメントを必要としない単なるデータと見なしていたことを意味しているのではない。

権田にとって、これら大道芸人の現代生活における地位について調査をおこなう「可成り大きな意味」は、民衆娯楽の古い形態がどの程度実際に消えつつあるのかを発見することにあった(二・二七)。この点について、彼の文化の保存に関する関心は、同時代の民俗学者たちのプロジェクトと一致するものであった。彼らはすでに、習慣や実践を、資本主義的な近代の強制のもとで消え去ってしまう前に集めることに躍起となっていたからである。権田が大道芸人とのインタヴューにおいて望んだのは、死につつある芸術の最後の残り火を保存することであり、浅草の痕跡を保存することであった。それは民衆の風俗や実践を研究していた柳田や渋沢敬三ともよく似ていた。もっとも権田は、進歩が、映画や演芸場のような新しい形態の民衆娯楽を否応なく押し上げていくであろうこと、さらにそれらはすでに、多くの民衆の支持を獲得し始めていることを認めてはいたのだが。しかし、同時に、古い形態の娯楽が観衆の支持を集める力を失っていることを認めることは、明らかに彼にとって苦痛であった。観衆は、さまざまな理由により、古い形態の娯楽を楽しむために必要な忍耐と知識とを失っているのである。大道芸人やその後継者たちは、早晩消えゆくことを運命づけられていると権田はいう[38]。こうした事実を認めることで、権田は、歴史の諸力に駆られた物質的進歩(便益)への、さらには継続する歴史的変化から古い形態を守ることは不可能であるという見通しへの愛憎半ばする感情を表明したのである。「それらの放浪演芸者が何故現今のように衰えて了っただろうか。それは現代人の「心」の変遷によると言えばそれまでだが、殊に都市にあっては、交通機関の繁雑から、街路の意義が変化して了ったからだろうと思われる。大道芸人の衰頽はそこにある。……街路はただ歩くための路であって、その他の何物でもなくなったのである」(二・一二九)。しかし、彼は、それがまさに、資本主義によって開始された物質的進歩の避けられない帰結であることを知っていた。その種の物質的進歩は、日常性を街頭の生活に投影し、そしてそこでは、今和次郎のような他の調査者が、すでに同時代の風俗に対する調査を遂行していたのである。権田にとってさえ、街頭は「モダンライフ」の場であった。

　権田は近代都市の発達が、大通りを生み出し、それは芸人たちのためのホールや舞台の建設へとつながっていったが、他方、大道芸人たちを排除してもいったと述べている。電車が文字通りに四通八達し、「時速二十哩以上の快速力で疾駆し去る」。街路は、自動車やタクシーやバスで混雑し、大道尺八や大道法界屋が思い起こさせるような「悠々自適するような生活」は崩れて、もはや「許されなく成って来た」。江戸時代において、その芸のゆえに賞賛されたものも、もはや周辺的存在として、「果敢ない生活の手段として」、演じられるに過ぎない(二・一二六―一二七)。実際、彼は、消え去ってゆく伝統芸の大道芸人に弔辞を述べながらも、同時に「モダン生活」の到来を告げる。「近代的大都市という怪物」が、「街頭の生活」を生み出したのである。[39] こうした言葉は、関東大震災以後の一九三一年に書かれたテクストに記されている。彼が研究の対象とした古い娯楽場の多くが破壊されたのちのことであった。なぜ、「唯物史観」の主唱者をもって任じる権田が、過去の封建的な時代やその生産様式に帰属する芸能や芸人の消失を悲しまねばならなかったのか、それを知ることは難しい。彼が、芸人たちの実践と活動のなかに、公共的な社会空間における芸人と聴衆との直截で親しいコミュニケーションを見ていたということかも知れない。いずれにせよ、彼が伝統芸とそれと結びついていた社会関係の消失を惜しんでいることは明らかである。新しい形態の娯楽、とりわけ、大規模な映画館や演芸場で繰り広げられる娯楽は、芸人と聴衆とのそうした直接的接触の可能性を減少させる。彼の芸人へのインタヴューには、縁遠い社会にも直接接触したいという彼の欲望が表現されていた。その欲望は、交換価値のシステムによっては影響を受けないような新しい媒介の概念のはじまりを告げるものであり、距離(交換)によってもテクノロジーによっても媒介されていない世界の痕跡を指し示すものであった。

一九二三年という早い時点で、権田は、資本主義社会が交換価値のシステムに束縛されていることを見通しており、それを「もの」の流通——消費と商品化——と呼んだ。こうした初期の観察は、「流行品を需要する消費者」を観察するというより広い文脈でなされたものである(四・六〇)。現代社会は、単に自然的欲求を充足することに「「生活」の意義」を認める時代ではない。むしろ現代社会は、生活の意義を、人々の購買力のみにかかわる基準のなかに固定したのである。真に重要なのは、あるひとがものを買えるか買えないかということである。ものは、それ自体としては、交換価値のシステムによって与えられた価格以外のどのような意味も有してはいない。「生活の意義」は、完全に消費の可能性によって決定されている。「汗を掻きながら夏トンビを着るという不快を忍んでも、其の夏トンビを買い得たと云う点に生活の有意味を認めるという状態である」と彼は書いた。「自然的欲望」の充足の対象の好悪が問題なのではなく、単にそれを買うということが問題なのである。人々は、単にものの所有を求めるとき、意味を求めながらも意味を見失う。したがって、「自然的欲望」(ほとんど使用価値と意味的に等しいものとなっている)に立脚する娯楽に、現代社会においては、そのもともとの意味を失い、商品を買うという行為のみにその意味のありかを認める「所有欲」に置き換えられる(四・六二)。「不便なる物」と「不都合な物」に違いはない。なぜなら、使用ということは、取引においてもはや機能していないからである。消費者は買うという行為に没頭する。もはや流行の品を買うという行為をやめることができない。この世界を支配するものは、流行、すなわち、同じものの永遠の新しさである。そしてあらゆる意味は、「買い入るる」という単純な行為からのみ発する。「「人」が「物」を決定するのではなくて、「物」が「人」を支配するのである。言い換えれば「人」があって「物」が出来て来るのでなくて、「物」があって「人」が出て来るのである。斯くて人は流行の駑馬となり、流行に駆り立てられて、得意の裡に「人」を自滅させて行く」(四・六三)。ものへの欲求が、最後の最後にいたるまで、けっして充足されることのない欲望の体制を強化するに過ぎないということを、権田は早くから見抜いていた。生活の商品化は、人間の消失をまねく。人間は、同一なるもののなかに永遠の新しさを追い求める消費者に置き換えられてゆく。現代社会においては、営業者が「流行を製造」すると彼は主張した。ものは必要や使用に応じて生産されたり流通したりするのではなく、新しいものが常に求められるがゆえに、生産され流通せしめられる。大衆的な商品は、こうした枠組みのなかに位置づけられねばならず、そこにおいては、人々が必ずしも必要としていないようなものに対して需要が創られていく。しかしこうした構造は、逆に、大量に生産された商品によって動かされてもゆく。

それは消費者の好みに応じた選択を無効にするものである。「同型の同質の大量需要を作り出」すからである。すなわち、同質化である(四・六五)。「大資本」への集中により、同じような商品の大量生産が必要となる。価値について考慮されるべき唯一のことがらは、利益を生むかどうかである。このようにして、「物」が実際にひとを選ぶ。ベンヤミンの商品形態に関するのちの記述を思い出すならば、「物」が、ひとに呼びかけるのである(四・六六)。こうした「妖怪変化」により、諸個人は圧迫され、押しつぶされ、平準化される。それは人気、流行の支配であり、同じものにおける永遠の新しさである(四・六七)。

それから八年後、その後の五年間にわたる沈黙の前夜、権田は、商品化のための生産というこのテーマをもう一度取りあげた。現代社会の主要な目的は生産であると、彼は『民衆娯楽論』のなかの「社会生活と娯楽」のなかで書いている。「「物」を高調して「生活」を軽視する傾向は、実にこの新しき特権階級の哲学なのである。此の思想傾向は……其の「生活」を犠牲として、これを「物」の殿堂に捧ぐることを称揚し且つ強調する」(三・二〇九)。この傾向の重大な帰結が、恵まれない人々を抑圧して生活し、その使命が「奪うて生活する」ことにあるような、新しい階級の誕生である。もし第一のルネッサンスが人間生活を宗教的な迷信の支配から解放したとすれば、第二のそれは、人生を、生産惑溺から救い出さねばならない(三・二一〇)。生産のための人生ではない。「物」のための「生活」ではない。権田が拒絶しようとしたのは、創造や娯楽に役立つ生産を、生産のために再生産されたものとみなす見解であった。このような体制の制約のもとでは、諸関係の既存のシステムのみが単純再生産のプロセスを通じて維持され、娯楽はたんに媒介的で決まりきった役割を演じるに過ぎない。この点で権田の娯楽に関する議論は、バフチンの笑いやカーニヴァルに関する考察と似ている。両者とも娯楽を、社会的秩序の反復という要求を越えたものと見なしているからである。権田が、街頭におけるエンターテイメントや古い娯楽の形態の残滓のなかに、そして演者(生産者)と観衆(消費者)との直接的関係のなかに見いだしていたものは、このような力であり、それはいまや日々大都市から姿を消そうとしていた。

権田は古い芸能を好んだ。なぜなら、それらは街頭で演じられるものであり、そこで人々は、車やバスによって追い散らされるおそれなく、集い出会うことができたからである(10)。同じく彼は、震災の直後、火災によって破壊された場所や破壊される以前の環境への愛着を「捨てる」必要があると即座に提案した(四・一四六)。この見解を、彼は今和次郎と共有していたのである。一九二四年の東京の復興を地区ごとに概観し、震災以前に存在したような生活を蘇らせようとする努力を賞賛しながらも、彼は、火災による破壊以前の状況に戻りたいという夢は、もし焼け落ちた場所が、もともとの形態に修復されるのでなければ、結局のところはかなく消え去るほかないと結論した。古いものを回復しようとする「出発点」は誤りである。その理由は、ここでもやはり、歴史である。震災以前もしくは震災の時点で経験されていた社会生活とそれに付随する経済的発展に戻ることができない以上、帝都の復興に「飛び込」んでなじみのラインに沿って「新興日本」を創造しようとする試みは誤りであるほかはない。重要なのは、そのかわりに、あたらしい社会生活を計画することである。「新しく働かんとしている社会経済の関係の省察の上に、将に進まねばならぬ真の道程を発見すべきである」(四・一四六)。東京の破壊された部分は、いまとなっては歴史に属しているような社会的経済的条件の集合を表わしている。それは、新しい諸力の組み合わせによって、いまや追いこされてしまったのである。

街路樹が新緑に蘇って、ペーヴメントに初夏の陽が躍ると、……シンガポールかバルセローナの町ぐらいのエキゾティックな匂いはする銀座街を、ラッパズボンにおかっぱ頭はとうの昔の流行の残品、渋いようで派手なハンティングと、女のスカーフにでもしたらと思う色合のや、羽織の紐にも間違えられ相な細いネクタイとの間を覗き出している象牙の面のように無表情なノッペリした顔と、太く短い脚は永い間の因襲の悲しむべき遺物として致し方がないにしても、映画で馴染みのアメリカ女優好みの軽い衣裳も小じんまりと柄にはまり、カフェーの女給の纏うような派手な模様のキモノを着付けて、口紅を濃く、頰紅を猿の如く、眉毛を細く長くへの字に描いたコケティッシュの顔とが続く。映画館がはねて人雪崩が押し出す時、カフェーの灯が紅く、ダンスホールにジャズの音が冴える頃、そう云った男や女の群が勇ましく登場して、潑溂として躍る。活きる。(二・二四〇―二四二)

この長い一節において、権田は、街頭のモダンライフのスピードとスペクタクルと燃えるような色合いを捉えるために、フォト・モンタージュの技法を用いている。ここには、構文や秩序はほとんどなく、並列的なイメージが、同時に、閃光のように、運動のように、エネルギーのように、あらわれている。運動のなかにあるイメージ、色、人、ものの爆発がともに事物の布置を構成し、「モダン生活」なるものを指し示す。戸坂潤が、理論的考察の対象としたいまの日常性である。このモンタージュにおいてすら、権田は、「変態的嗜好性」をみとめ、それが「モボ」や「モガ」と呼ばれる人々の間に華々しくあらわれていると考えた。かれらの自己表現は、アメリカの映画からとられたものであり、それはフラッパーの時代の到来を告げていた。権田は、そうした「変態的嗜好性」を見落とされてはならないと考えていた。それは「或る魅力」と「或る嫌わしさ」を同時に備えている。こうした傾向は、都市の産物ではあるが、それはまた、広範な変化をも表現しており、それは結局のところ、日本人のあらゆる生活の分野に浸透していかざるをえないものであった。したがって、「江戸時代の匂い」が残り続けることを期待するのは現実的でない。しかしまた「モダン生活」は、新しい時代の生活が動いている場所に、新しさが生きられている特定の場所に限定されている。そうした場所が、銀座であり、丸ビル十字街であり、日比谷であり、新宿であり、神楽坂であった。銀座、新宿、神楽坂で現実に生活しているひとは、特別な事例である。別の地域に住んでいる人々が、こうした地域に日々集まってくるのである。カフェ、バー、レストラン、映画館、ダンスホール、これらすべてが「モダン生活」の座となり、街頭の延長となる。それは「シュトラーセ」の生活であると権田は述べる。彼は、このような生活が家庭では花開かないこと、したがって、それが家庭の空間的・感情的束縛からの解放を提供すると主張した。街頭におけるモダン生活の主人公であるモダンボーイ、モダンガールも、家に帰れば、「牙を抜かれた虎」、「髭を切られた猫」である(三・二四二)。権田は、街頭をブルワール、シュトラーゼと結びつけようとした。モダンライフの中心となっていたヨーロッパの大通りに匹敵するものとしてである。モダン生活は、街頭を創り出し、常住不断に営まれるのではない生活パターンを生み出してゆく。それは、相互に無関係なさまざまな人間の時間と、生産から切り離された消費が支配するような余暇の時間で織りなされる生活である。

したがって、モダン生活は、二つの基本原則のうえに成り立つ。「生産生活の捨象」と「近代に於ける生活解放」がそれである(三・二四四)。モダン生活は、人々に、仕事も家族も放擲することを促し、そして人々は、青野季吉がその過程を記録したように、家庭中心の生産生活の大いなる試練と縁を切り、労働の重荷から逃れ、家やそれに伴う諸義務の困難からの解放を求めた。街頭はひとつの逃げ場を提供したのである。モダン生活は、あらゆる形態の解放を押し進めていった。それは、封建遺制に対する正面攻撃を、平等と自由に基礎をおく新しい生活を構築する必要条件として敢行したのである。生産生活の重荷を放擲するという誘惑が、多様なグループに、街頭において新しい生活を造り出すようなうながしていると権田は考えた。「変態的嗜好性」に言及しながら、かれが憂慮していたのは、モダン生活のとらえどころのなさとそれに付随する「必要悪」である。それは、一九三〇年代の初頭までに、明らかに、エロ・グロ・ナンセンスという新しい形態の娯楽、社会関係、セクシュアリティへの傾向を示し始めていた。それは街頭から溢れ出し、新聞や、江戸川乱歩のような作家の作品のなかで、日々劇的に表現されつつあった。より新しい娯楽の登場が、古くからの遊里をもはや不要のものとする。街頭は、過剰を指し示し、それは遊びと消費との汲めども尽きぬ可能性に至る。しかしそれは将来において、非常な警戒を要するものとなるかも知れないものでもあった。変態的なるものへの欲望は、「銀座に、日比谷に、カフェーに、映画館に、レストランに、ダンスホールに、……に、つまり「街頭」に、その遺憾なき発展」を楽しむことになった。「初夏の陽に映ゆるペーヴメントの上に、新緑に翳ろうベンチのあたりに、冷たいマーブルの卓の傍に、モダン生活的変態嗜好性は躍っている」(三・二四七)。

権田にとって、変態嗜好性は、民衆娯楽の終焉の先駆けであった。終わりなき遊興のための生産生活の捨象と、「生活解放」が、労働によって提供される「均衡」、すなわち仕事の時間と娯楽の時間の必要な関係を掘り崩してゆく(三・二四五)。彼は、文化の生産が、人々の日常生活から切り離されることにより、そうした文化から独立性が失われてゆくことをおそれた。文化が、消費と商品によって表現され、それに置き換えられること、ものが支配し、あらゆる意味が空っぽになってしまうことをおそれたのである。終わりも意味も存在しないようなこうした商品化の過程のもっとも重大な帰結は、消費と「もの」の同質化、すなわち同質性における永遠の新しさであり、民衆娯楽の平準化であった。権田は、この過程にさまざまなやりかたで言及している。「趣味性の一致」、文化の同質化に注意を呼びかけた「プロレタリアニズム」という表現など(四・一七〇—一七一)。これらすべてのことは、大震災までの民衆、すなわち労働者階級の娯楽を特徴づけていたような混合的で不均等な文化的配置が、どんどん排除されていることから生じているのである。彼はこうした新しい状況を、「伝統なき趣味」と呼び、いまや「伝統や約束」から切り離され、「ナンセンスの趣味」を抱くにいたった現代文化の諸効果を忘るんだ。そこでは、あらゆるものが例外なく、「何だ詰らない」、「馬鹿馬鹿しい」と思われてしまう(四・一六九—一七一)。生活の平準化の進展と、階級、職業、性、年齢の社会的区別の消滅を、近代社会によって導入された経済的、政治的、社会的自由に帰することによって、彼は、そうした社会的カテゴリー間の区別を歴然と維持していた中世社会の実例を、娯楽とそれを享受する社会層との一致の必要を示す歴史的なモデルとして持ち上げることになった。こうした遠い昔においては、多様な社会集団が、それ自身のユニークな娯楽の形態を有しており、それは娯楽という領域において、封建的な階級システムを反映したものであった。境界を越えることは禁じられ、禁を犯すものは、「社会の秩序公安を紊るものとして顰蹙された」(四・一七〇)。権田がおこなっていたのは、明らかに、封建的な過去の浪漫化であり、その秩序への熱狂を誇張することであった。それはまた、そうした娯楽を分ける階級的な境界が、農民や侍によって恒常的に侵犯されていたということ、そしてこうした混合的な要素が徳川後期の文化に活力を与えていたということから目をそむけることであった。権田が、中世社会の娯楽の秩序を、現在に対する鏡として持ち上げたとすれば、今和次郎は、のちに見るように、そうした秩序が趣味や消費を特権階級にのみ限定していたという理由で、その消失を歓迎していたのであった。

いまやあらゆる種類の娯楽活動に、金を支払いさえすれば参加できる。権田は、こうした社会的制約の消失を「娯楽享楽の機会均等」と表現し、社会一般の人々によって共有される「趣味性の一致」という現象を生み出す契機であると考えた。こうした傾向は、逆に、封建的秩序の崩壊を超えて生き延びた「旧い階級的伝統的娯楽の民衆化」というプロセスを押し進め、「特殊的娯楽伝統の打破」をもたらすことになった。それは、「新生の娯楽共同の観念に即した新娯楽の生誕」により促進されたものであった(四・一七〇)。貴族的趣味の横溢したダンスやゴルフ、洋楽や能楽は急速に一般化し、社会全体に拡がり、「何の遠慮なしに」接近可能なものとなり、万人が等しく一つの場所に集まって楽しめるような娯楽も生まれてきた。これは、あるレベルにおいて、プロレタリア化の表現であり、また別のレベルで、伝統と慣習の両方に対する「反抗の心持」の醸成であった。そして遊びの新しい文化は、「権威」と「権力」に対する抵抗を助長する。そのもっとも極端な表現形態が、「ナンセンスの趣味」としてあらわれているものであり、映画や劇場が、それを補完している。権田が言及しているのは、伝統と約束の無視であった。それこそが、新しい娯楽の形態によって危険にさらされているものなのである。この点を代表するものが、当時劇場や演芸場で大流行していた「レヴュー趣味」である。それはつねに、微温的な一般感覚と性的陶酔が醸し出す「蠱惑的刺戟」を強調し、「無脈絡の統一」を生み出すにいたっている(四・一七三)。しかし、権威への対抗も、ナンセンスを助長するレヴュー趣味も、おなじ源泉から生じたものである。権田は、その源泉が、慣習に対する否定の衝動であると確信しており、それが、資本主義下の物質主義的社会という無限地獄によって助長されたものであると考えた。[41] 彼はこうした発展を、民衆に対する裏切であり、民衆は無理矢理に人をくすぐるような終わりのない瑣末な娯楽の「牢獄」に囚われているとみなした。趣味が同質化し、もっとも一般的な共通の特徴にまで下落することで、古い民衆娯楽は破壊された(三・二〇―二二)。さらに憂慮すべきことは、こうしたプロセスが農村にまで浸透し始めていることである、そこは、あらゆる伝統的な階級的・地域的娯楽が残存する場所であった。それがいまや「国民生活」と呼ばれる大きな坩堝のなかに投げ込まれつつある(三・二三)。もし、以前の民衆娯楽が、働くものの日常的経験から生み出されていたとするならば、新しい国民大衆は、「機械によって美術を国民大衆の生活に入り込ましむべき美術工芸の新しき運動のそれの如く」、「大企業的組織」や「機械の技術」にふさわしい新しい娯楽の形態を構築するよう努力しなければならない」[42]。かつては民衆によって生み出されていたものが、いまや大企業と資本と国家の仕事となったのである。

一九三〇年代の初めには、権田は、当初批判していた資本主義的近代化がもたらす均質さに見合うような別種の国民共同体を構想し始めるにいたった。彼は、新しい娯楽を生産する国民共同体への呼びかけが、止むことのない同質化の誘惑と変態嗜好性に囚われている消費社会の問題を解決しうると信じた。そこで彼が訴えたのは、新しい文化の形成であり、それは「大衆の喜び」をその基準として動員するものであった。こうした喜ぶ大衆への同一化は、初期の構成主義的プログラムを思い起こさせるものであり、いまや喜びを仕事に結びつけたドイツの国民社会主義の生産主義的な悪夢へと近づきつつあった。しかし、それはまた、柳田国男、高田保馬、和辻哲郎といった同時代人によって推進されていた、共同体的で文化的プロジェクトとも軌を一にするものでもあった。新しく目覚めた娯楽は、新しくそして多様な娯楽の混合物を融合する能力をもつ「調和的な溶媒を育む」ことによって、国民大衆の生活の上にうち立てられる。国民娯楽の新しい形成は、かつての民衆文化を特徴づけていたような、混合した、不均等な文化を再び生み出すであろう。娯楽の確実な先細りと、伝統的エンターテイメントの凋落を意識しながら、そしてまた、「新しく登場しつつある娯楽」の形式を確立するための必要条件である「平等化」と同質化の絶え間ない進行に駆り立てられて、権田は、こうした極端な立場へと追いやられていった。それは、古い娯楽が、かつては、不均等な混合物のなかに、その重要な意義を有しており、そしてそれは、「民衆」、すなわち労働者の歴史的な場所に対応したものであったということを認めていたからであった。昔の娯楽文化は、制約と慣習によって特徴づけられるものであり、それは無意味な商品化によって、掘り崩されていったのである。アメリカ映画やレヴューによって触発された広範な同質化、趣味の低下、「ナンセンス」への傾斜は、権威に対する反抗を触発し、享楽好きなすべての人間に開かれているような、娯楽文化を確立したのである。こうした文化に対して制約を回復しようとする動きは、一九三〇年代に明らかとなった社会不安を示しており、それは、資本主義社会のただ中で、大衆を共同体的へと結びつけることを狙った政治的アジェンダとも類縁性を有するものであった。権田は、他の多くの論者たちと同様に、資本主義的市民社会の危機に対して、ファシスト的な解決法を声高に叫ぶようになった。それは、アリス・カプランが、第三共和制下のフランスに見た、「ファシズムの集合」であった。そこでは近代を特徴づける分裂が、ゲマインシャフトのイメージにより書き換えられたり消し去られたりした。そこで民衆と大衆は、あらたに民族として再生するとされたのである。しかしまた、権田は、同質性のなかの永遠の新しさという残酷で仮借ないこの体制を前にして、歴史的な形成体の喪失を嘆いてもいた。彼のプログラムでは、(消費者とは異なる)国民共同体に役立つような新しい文化に向かうために、街頭で生き、働き、楽しむ民衆ではなく、国家と大企業によって管理される制約と慣習への呼びかけがおこなわれた。商品化は、「変態性嗜好」へと行き着き、日本社会に合意の危機をもたらした。彼がもっともおそれていたのは、おそらく、薄められた嗜好が、娯楽の一般化、すなわち同質性と結びつくこと、すなわち、無味乾燥な日常性の恐怖であり、それを彼は「プロレタリアニズム」の属性としたのである。[43]「日常生活の解放」と「生産的生活の退位」によって引き起こされる合意の消失を防ぐために、権田は、娯楽文化の条件を洗練することにより、合意をふたたび確保し得るようなアレンジを試みた。文化とは、多様な集団と異なる位置のあいだの交渉であり、それらの差異が、文化の形成のなかには刻み込まれている。新しい国民共同体という概念は、したがって、覇権的な編成の確保を狙ったものであり、統一(もしくはそれらしきもの)の部分的な完成に利するかも知れないと期待された。彼はそうした統一が、「階級性」「平等性」「基準の喪失」などによって消え去ってしまうことをおそれたのである。国家に、いまや、統一をもたらしうるような、もしくは、日本国民の歴史的統一を回復しうるようなあらゆる理論を横領することに躍起となっているが、それはいまだに、そうした統一的な観念が存在しないがゆえなのである。権田はそのことを認めていた。

一九三七年、日本の華北の侵略の年(それは同時代人には、耳に優しく「支那事変」と呼ばれていた)、権田の民衆概念の観念は、一〇年まえの時点から、一八〇度の転回をみせた。

新東亜の黎明に高鳴る暁鐘が世界新秩序の建設の日を告げつつある現時代は、国民生活一切の領域に於ける新しき組織体系の樹立への激烈な情熱と不屈な意欲とを鼓煽している。而して此の全体主義的理念と国民協同的情感とは、従来の余りにも自由に放置され個人の恣意に一任されて来た国民の娯楽と娯楽生活とに対して、全く異った意義と機能とを認め、全く新しき方向と施策とを求めざるを得なくなった。斯くて「国民娯楽」が時代の新しい要請となった。[44]

国中に鳴り響く新秩序を宣言するベルの音の中で、権田は、明らかに、国家と大企業、すなわちコーポラティズム的構造物を、新しい国民共同体とその娯楽を確立する基礎と見なすようになっていた。それはあたかも娯楽を定義する仕事が、国民生活それ自体に還元されたかのようであった。そこで、共同体は、国民的な享楽という線に沿って組織されている。「国民であることを楽しむ」、スラヴォイ・ジジェクが、ナショナリズムをこのように呼んだのも、それほど昔のことではない。不均等に対する解答が国民的統一であり、それが必要とするのは国民的な享楽であって、昔、労働者やその他の社会集団によって経験されていた混合的で歴史的特徴を有していた娯楽ではない。権田は、第一次世界大戦以来、大衆の娯楽が、活動写真に根ざしており、それは社会民主主義、経済的自由主義、個人主義の「波」のうえにうち立てられたものであることを、たやすく認識することができた。民衆の娯楽はそこで進化し、そうした一定の限界内で発展したのである。しかし、日中戦争は、これらすべてのことがらを変えた。「時局」が「民衆娯楽」そのものを終わらせ、「国民娯楽」という考えを生み出したのである(三・二三)。戦争の勃発は、娯楽の縮小、一種の「空白」をもたらし、そこで人々は、ニュース映画のみを見ていた。「南京陥落」の時の「興奮」は、「安定した深い感情」となり、日常生活のなかに新しい娯楽の欲望をふたたび蘇らせた。権田が、この新しい文化的編成のなかに感じ取ったのは、慣習の力が、無意識のうちに娯楽を含むということであり、また、「娯楽が、無駄な時間つぶしの遊びではなく」、むしろ「真剣でありながら平静な気持ちを何時いかなる時でも保ち続けるための生活規定」であるということであった。戦争がもたらした「消費節約」は、「「ぜい肉」をそぎ落とし、本当の自分、真の民衆の生活要求を出現させた」[45]。しかし、かれはまた、こうした新しい自覚が、「大衆性」と「指導性」、「自由と規律」、「娯楽」と「教育」との関係の再考を必要としていることに気づいてもいた。しかし、こうした動きは、娯楽の形成を歴史に結びつけようとした当初の熱心な試みから、どれほどかれが遠ざかってしまったかをはっきりと示すものでもあった。彼は、娯楽を管理するために大規模な構造的経営の権威にみずからをゆだねた。しかしそれは、彼が恐れ避けようとした同質化を、ふたたび呼びよせただけのことであった。

街、隠れ家、主体性

「現代風俗」と題された一九二九年のエッセイにおいて、今和次郎（一八八八—一九七三）は、調査をおこなった場所において書き留めた一連の図を収録している。そうした場所のひとつに、東京の井の頭公園があった。それは、地図であり、数字と、女性、男性、子供、年齢などを示すシンボルによって満たされていた。その地図は、「井の頭公園のピクニックの群」と題され、一九二六年四月一八日、午後三時一〇分の日付がある。春爛漫の東京にふさわしく、多様なグループがこの公園や他の公園の戸外の数時間を、ピクニック、もしくは座ったり昼寝をしたりすることで過ごすのが習いである。この図には、短い記述と説明的な凡例が記されており、今は、その図が、「花見」の時期におこなわれた調査に由来するものだと説明している。「花見」とは、権田が論じていたように、季節の花で知られる公園で日曜の晴れた午後などにおこなわれていた民衆の娯楽の一形態であった。(46)

多様な活動に興じる異なった集団によって公園の地理を組み立てたこの地図は、一見奇妙にも思われるが、そこに不真面目なところはない。興味深いのは、今が記した凡例の詳細であり、それは人や集団を厳密に同定し、彼らの場所やその多様な活動を正確に記している。

1、青年女子三人、中年婦人一人、男の子二人、つみ草をしてゐる。

2、青年男子と中年婦人と女の子とがベンチで茹卵を食べてゐる。
3、ミカンを食べてゐる。
4、中年婦人はミカンを喰べ、一人の中年男子はタバコを吸ひ、別の中年男子は菓子を喰べてゐる。
5、皆で南京豆を喰べてゐる。若い婦人は子どもを抱いて乳をのませてゐる。
6、兵士三人、その側に子どもが三人立つて兵士をみてゐる。
7、袢天を着た男二人、自転車から下りて道草。
8、お酒を飲んでゐる八人の団体、うち六人は横臥してゐる。一部に白いキレを敷く。
9、ベンチに並んで腰をかけてゐる。二人共黙す。女煙草を吸ふ。
10、ボーイスカウト八人。炊事をして食べた残物あり。
11、女子洋装、立ちながらシトロンを飲んでゐる。
12、横臥してゐる青年男子二人。
13、若い婦人と中年女、若い婦人は赤坊を抱く。
14、女が便所を捜す、紙をもってウロ〳〵する。
15、ベンチに腰かけてアンパンを。
16、犬を伴れてゐる。
17、お爺さんと乳母車、お爺さんは子供にオシッコをさす。
18、二人でドーナッツを喰ふ。
19、バイブルを読む。

20、静かに眺めてゐる。お話をしながら。
21、池のほうの景色を眺めてゐる。

今の説明は、次のようなものであった。「これは現代人の生活していた風俗の片々である。蝶々のやうに飛んで舞つてゐる際の片々姿である」(三)。その他の語りは加えられていない。なぜならその形象と内容とが、モダンライフについて、さらに人々がどのように娯楽の選択をおこなっているかについて、それ自身の物語を語っているからである。しかし、今の記述は、細部において豊富かつ正確である。それは、座ったり、寝ころんだりしながら、パリの公園で暖かい午後を満喫するたくさんの人々を描いた、スーラの初期の点描画の傑作、「グランド・ジャット島の日曜日の午後」のようである。この両者に通底していたものは、人々がどのような着物を着ており、どこに陣取り、何をしているかということに関する細部を、特権化して見せたことである。建築の素養があり、すばらしい製図が引けた今は、スーラの絵画に関しても、また知っていたに違いないのである。

井の頭公園内を満たすこうした人々の目録は、それ以前からおこなっていた現代風俗に関する新しい理解と、その「科学」から引き出されたものであり、それを彼は「考現学」と呼んだ(彼はそれをmodernologioと訳した。疑いなくエスペラントの言葉である)(五)。それは、研究の方法と、彼のより大きなプログラムを示唆する関心との双方を明らかにするものであった。戸坂潤は、すでにそうしたプログラムを単に現象学的であり、またあまりに記述的であるとして否定していた。しかし、このプログラムの背後にあるのは、大都市、とりわけ一九二六年の東京に出現したモダンライフと、こうした経験を媒介する上で近代風俗が演じた役割を理解したいという欲望である。「私達の研究対象は、変態的なものをさけて、一般社会民衆の日常生活であり、それを主とするものである」(二五)。今は、フィールドの輪郭(ブルデューの champ という概念がより適切かもしれない)や、モダンな社会を説明するのにもっとも適した属性と方法を決定するために、近代風俗の研究を導入するという「口実」を利用した。しかし彼はまた、「われ〱の考現学」が、「消費生活の学」であることも認識していた(二五)。彼は、きわめて早い時期から、「商品」を買うことがモダンライフを理解する枢要な部分であると理解しており、それが単なる好奇心のきまぐれではないと考えていた。調査が明らかにしているのは、購買のパターンには、模倣のあとが顕著にみられるということであり、「上級模倣から風俗の伝播が起る」ということである。今は、フランスの社会学者、ガブリエル・タルド(その著作を今は知っていた)が、模倣に関するその古典的な著書において認識したような、模倣の形式というものを考案したのである。タルドの著作は、より低い階級が、どのようにより高い階級の風俗と様式をまねるかということを説明したものであった。この点に関していえば、「模倣(imitation)」、もしくは近年のポストコロニアル理論においてよりファッショナブルに「擬態(mimicry)」といわれるようになったものが、工業社会において社会的連帯を補修するセメント、もしくは、階級対立や公然たる紛争をそらすための明白な保障と見なされていたのである。今にとってそれは、社会的連帯を確保する刺激というよりも、多様な風俗や商品を大量に流通させる回路であった。彼の仕事の目的が、こうした現象を可能な限り量的に説明することであったことは認めるとしても、彼の関心は、むしろ商品と風俗の多様性と増殖、モダンライフの徴としてのその圧倒的なボリュームにつなぎ止められているように思われる。商品と人々とのたえまのない流れとその無限で無尽蔵な流通能力が、真にモダンなレジームを示していた。すなわち、絶えざる流通のうちにあるものと人が、モダンライフという大きな物語を構成する。大量の商品化というプロセスのなかに埋め込まれているものは、主体性という概念であり、広大な主体位置のタブローの生産であった。人々は、大都市の街頭や公共空間での日常的な出会いにおいて、そうしたさまざまな主体の位置にすべりこみ、その場所を占め、また別の主体の場所へ逃げ込んでゆく。今は、考現学が「使用対象物」として商品を扱うと宣言した。たしかに、財貨そのものは同一ではあるが、それに向ける視角、もしくは観点が異なっている(一四―一五)。永遠に同じものという見かけにもかかわらず、商品の「生命」は、見地と属性の多様さにある。それは、ものとの絶え間ない交渉にある人々の生活と似ている。したがって、「現代の研究」は、そこにおいて商品が使用されるような、あらゆる「状況」を研究するという原理のうえに築かれる。今は、ここにおいて、商品というものが、異なった人、異なった場所で異なったかたちをとること、その使用法が、見かけ上の同一性にもかかわらず、いかに人と場所で異なるかに注意を喚起した。

調査のねらいが定められる場所は、まず家庭でなければならなかった。なぜなら、家庭こそが、社会構造の主要な構成要素だからである。家庭生活は、家庭の制約の内部で営まれる。しかし、調査者が、商品を買う人々の行動を見ることができるところとしては、そのほかにも重要な場が存在する。学校、軍隊、劇場、街頭がそれである。こうした現場のすべてが、物と人との交渉が生じる空間、買うという行為がその物体の使われ方を開示するような空間である。今の強調点は、権田の観察とは対照的に、物によって引き起こされる個人の欲望に訴え、買い手に呼びかける共感ではなくて、使用の優先性、商品と統一された使用価値を明らかにすることにあった。のちに見るように、青野季吉は、権田よりもさらに進んで、満たされない消費者の欲求(呼びかけられはするが応答できない苦しさ)が、サラリーマン階級を絶望とパニックと不幸に落とし込むさまを描いた。今は、商品のなかに使用価値をみる見地から、おそらく素朴ではあるにせよ、自分の調査が「財貨そのものゝうちに含まれたる社会的意味」を明るみに出すと信じていた(一五)。大量消費のために生産される財が、永遠に新しい物を永遠の同一性において繰り返すなかで、「社会的意味」という用語が何を意味していたかを知ることはむずかしい。今の著作は、彼の現代風俗についての興味(彼はそれを都市考現学の使命だと見なしていた)が、商品の重要さと人々が商品に与えている社会的意味を、消費という行為を通じて考察する方法を切り開いたことを示唆する。商品を合理性を伴った風俗ととらえることで、今は現在を、一九世紀からも一八世紀からも、はっきりと区別した[47]。買うという行為において、ある商品ではなく別の品を選んだからといって、もしくはそれを想定される使いかたとは一致しないやり方で使ったからといって、人々はなんらかの「反逆」をおこなっているわけではない。しかし今は、商品に社会的意味と生命を与えることで、買うという行為自体が買い手に主体性を授けるものだと確信していた。買い手という演者が、いまや客体に働きかける主体を演じるがゆえである。買うことと消費することは、今によると、物に社会的意味を与える行為である。そして主体性とは、何が欲しいか、またそれはなぜかを知り、そうした知識に立脚して行動することができることであった。近代的主体と、商品化と消費のプロセスにおけるその形成についてのこうした理解は、彼の研究計画と関連していた。それは様々な場所や状況、開かれた公共的な空間(街頭、公園、彼のお気に入りのひとつである百貨店など)にいる人々を観察するものであった。そこで彼は、人々がとりうる無限に多様な主体の位置を記録した。それは、服装やジェスチャーや行動にあらわれているものであった。今は、主体位置の創造を、銀座のような一定の場所に関連して連想されるスタイルと密接に結びついたひとつの「構築」として描いた。しかし彼には、近代の風俗を装い、人々を消費へと誘う商品の仮借ない力についての感受性が欠けていた。この点に関し、どちらが主体でどちらが客体であるかを知ることは、社会的意味の真の源泉を決定することと同様にむずかしい。しかしながら、観察されるものから観察するものを区別しようとする努力を通じて、彼は、のちに見るように、主体を客体から区別し、両者の内容と、その関係の秩序を固定しようとした。

当初今は、調査を積み重ねてゆくことで、現代生活の案内書の頁ができると信じていた(一六)。役に立つ目的のために情報を集めることだけに関心があるわけではないと読者にことわりながら(もっとも彼の調査計画は、市当局から依頼されることが多かったのではあるが)、今は、モダンライフの条件を説明するうえで役に立つ社会的事実を集めて選択することで、現代風俗についての有益な知識を得ることができ、現在を特徴づけている生活のスタイルをのちの時代に伝達することができると信じていた。ここで彼は、同時代の民俗学者たちの欲望を、いまいちど明らかに示すことになった。彼らはすでに、風俗と民衆の生活の痕跡を記録することを試み始めていた。風景から消え去りつつあるものを保存し、その記憶を、もはやそうした生活を経験したり、そのなごりを見ることすらもできないような未来の世代に伝えるという目的を持ってのことであった。今は、現代生活の風俗もまた、いまだはっきりと説明されていないような生活の形式に取って代わられることによって、記憶や歴史になるということを、確信していた。だからこそこの「現代人の生活振り」に説明を与えることが必要となる。小津安二郎の戦後初期の映画が、実際に、この仕事を引き受け、今が一九二〇年代と一九三〇年代の現実として描いていたモダンライフの空間を再構築しようとしたことは興味深い。それは、一九五〇年代と一九六〇年代という戦後世界において、急速に消え去りつつあったからである。

今和次郎の計画について際立っているのは、現在の社会編成を、彼が現代と呼ぶところのひとつの全体性へと変換する決意であり、それはただちに、その条件に合った調査の方法を案出する必要を生み出した。実際のところ、現代とは、戸坂の「いま」と同様に、歴史的な全体化のひとつの形式を構成し、それは現在と過去とのあいだの異なった関係を主張するものであった。過去とは、今の考え方では、ただ、現在がいかに違うかを示すためだけにあらわれるのである。一八世紀以来、社会的慣習の発展については、タルドの分析からとられたひとつの説明がおこなわれてきた。しかし、今は、伝統というカテゴリーを通じて過去との連続性をうち立てることには何の関心もなかった。現在とは、真正な差異の瞬間であり、歴史意識の新しい諸形態を提供するものである。すなわち、「現代」というありかたは、歴史的にいえば、歴史の失敗を表す過去の否定によって定義される。風俗の発展に関するこのような見解は、のちに見るように、連続的な段階から構成されており、時間的にひとつの段階が次の段階につながるものである。しかし、こうした諸段階は、たとえ、現代が、合理性の体制《レジーム》を示しているとしても、かならずしも因果関係の順に展開するわけではない。今が示そうと試みたのは、モダンな風俗の歴史に先立つもの――封建的・近世的な過去――が、結局のところ、どのように「今という時間」になったのかということであった。それは、歴史的時間を全体化し、その場所を「そこ」、すなわち日常性の空間であると見なした戸坂の「いま」という概念に、きわめて接近するものであった。戸坂は、歴史家の時期区分の伝統的な諸形態(例えば、日本の資本主義をめぐる大論争に参加していた同時代のマルクス主義的歴史家によって活発に実践されていたようなもの)に対して沈黙を守りつつも、単線的な発展ではない歴史の概念を押し進めた。それは、差異を発見するために段階を超え、解読から記録へと動く異なった歴史意識のために、語りを否定したのだといえる。同じくわれわれはここに、歴史を全体化する語りから、歴史叙述の焦点のモンタージュへの移行を見ることもできる。それは、権田のような人々が、モダンライフの光景を記述するためにすでに用いていたような方法とも比較可能であった。こうした動きは、戸坂の歴史的な時間についての透徹した批判と同様に、過去との時間的な連続性という仮定に立脚する近代観念を疑問に付するものであった[48]。日本資本主義論争をおこなっていたマルクス主義者の歴史理論でも、のちの近代化理論でも、歴史的連続性についての新しい表現によって伝統が復権され、同じ時間の枠組み、すなわち似たようなモダニティの概念が提供された。つまりそれらは、同じ、しかも粗悪なコインの両面にほかならなかった。しかし、戸坂や、権田や、今の場合、モダニティは、一連の社会的実践によって生み出された歴史的時間の異なった形式として、すなわち、質的に異なった経験の形式として思い描かれた。それは、過去や伝統との、もしくは日常性という異なるレベルとの関係から「意味を引き出すことができる歴史的経験の決定的な変異」を帰結するものであった[49]。権田や今のなかに、具体的な文化形式に訴えることで時間を歴史化しようとする方向への、明確な動きが読みとれる。一方、戸坂が、特定の風俗の批判と日常性という空間を再設定することによって示したのは、どのように歴史が抑圧され、そしてどのように現在すなわちいまが、現在の情況を理解したうえでの批判的実践を要求しているかということであった。

今のいうところの現代とは、関東大震災以後の時代を意味していた。それは活気のあるアメリカの物質文化の大がかりな輸入が、古いものであれ新しいものであれ、とにかく震災を生き延びた、既存の風俗や実践に重なった時代であった。一九二〇年代に、アメリカの都市生活をすでに変貌させていたこうした文化の徴表が商品であった。その生活様式は、欲望を価値へと変え、その結果、大量消費がもたらされた。今に関していえば、商品は、詩的対象物となった。ベンヤミンは、未知の買い手に対して商品が有する魅力を、「世俗の光を浴びた商品」と呼んだが、その商品の背後にあるのは、商品形態のさらに大きな形像であり、それは、すでに権田が認識していたように、日本社会における社会関係のモデルとなっていたのである。したがって、現代は、大震災後すなわち一九二三年以降の時代に区切られている。復興と空間の再構築をおこなわなければならなかった東京に、モダンライフが導入された時代である。当時の多くの観察者は、アメリカ化のペースが、大震災以後早くなりつつあり、それが復興の需要によって景気づけられていると考えていた。もっともそうした言説は、生きられた現実においては、想像されるほど行きわたっていたわけではないのだが。しかし権田はすでに、新しく輸入されたアメリカナイズされた大衆娯楽の覇権を報じていた。映画、ラジオなどは、一九二〇年代の後半までには、日本社会にしっかりと根ざしていたのである。変化の証拠は顕著であった。だからこそ今は、震災後の焼け落ちた土地に同じものが再生されないような新しい経済的政治的諸条件を提案するにいたったのである。平林初之輔は、科学と合理性を言祝いだ。大宅壮一は、すでに論じたように、それを、「理想」も道徳も持たない、「不完全」で「浅薄」なものとして否定した。それに対し、戸坂潤が、モダンという時間と日常性という空間を想像した。そしてそれは、新しい風俗と道徳を必要とするものであった。

今は現代を、われわれの眼前で「動きつつある現在」ととらえた[50](一)。「一歩戸外に出ればそこに私のこゝで対象とせんとする光景が見られる」。しかし、彼が新しい調査対象を生み出したり、それに対応する方法を考案したりするのを促進していたのは、東京の復興であった。彼が目を向けるものすべてに、すなわち、中産階級の家庭に、多様な出会いの場に、野に公園に、「現代風俗」が存在した。座って新聞を読んだり、雑誌の頁をめくれば、それで、とくに説明を必要とすることもないと思われるかも知れない。しかし、注意を促すような物事もあると彼はつけ加えた(三)。それを把握し、物語ることは、むずかしい仕事である。今は、現在への関心が、大震災以降に芽生えたものであると告白していた。すなわちそのカタストロフによって引き起こされた破壊が、ただちに、風俗の不確実な地位についての彼の関心を呼び起こした。そのときに彼は、友人吉田謙吉とともに、「一九二五年初夏東京銀座風俗記録」、「本所深川貧民窟付近風俗調査」、「東京郊外風俗雑集」のような、一九二五年の『婦人公論』に掲載されることになった一連の共同研究に取りかかったのである。これらの研究は、銀座の街の観察者の目に映った風俗の詳細に焦点をあて、ショウ・ウィンドウを眺めている人々の割合や、街頭を歩く人々の、日時、年齢、性別を記録するという都市風景の調査方法を確立したのであるが[51]、「考現学」という新しい「科学」を名乗る衝動を説明したものではない。そのテクニックは、必然的に、換喩的なものである。すなわち、観察された銀座の生活(銀ブラ)の詳細が、「そこに出現した人びとの新しい生活様式」への注意をうながす[52]。彼自身の証言によれば、彼は第一に、風俗やはやりのファッションといった現象を、具体的な場面において分析するという隠された動機を持っていた。明治末年に「工芸図案を学んでニヒルにおちた」と彼は告白している。「工芸図案」は彼を満足させるに至らなかった。民衆の生活や風俗は、すでにあたらしい「民俗学」の主題を構成しており、柳田国男やその仲間たちによって実践されていた。しかし、こうした方向は、今にとってあまり魅力的なものではなかった。彼は、伝統的な農家建築やそこでの生活に関しては、日本の民家について出版した一冊の本の中で、すでに言い尽くしていたのである。彼はあきらかに、現在における過去の痕跡のなかにいまなお残響する実践を維持したり保存したりすることよりも、形成の途上にあるような風俗を観察し、記録することに関心をもっていた。彼が都市に向かい、文明人の生活の「実態調査」としての「考現学」を創始したのはこうした文脈においてである。それは、都市において、文明化された人間たちによって生きられる生活を対象とするもので、彼らの自我は、現代風俗のなかに埋め込まれていた[53]。こうした移行は、「大正一二年の震災時分からであった。それまで私達は、かの死の都から逃げ出してしまつた芸術家達と同列な仕事をしてゐた。私達はあの頃の東京の土の上にぢつと立つて見た。そしてそこにみつめねばならぬ事がらが多いのを感じた。私達は、少なくも私自身は、そこでまがりなりにも営業者としてのペンキ屋をはじめ、また小さいしらべものをやつたりして、毎日焼野の上をさまようた。私に於ては眼に見る色々なものを記録する事を喜んだのはその時から劃然としてゐる」[54]。今が調査したのは、このような「荒れ地」であり、そして火事による破壊のあとに建設されつつあった急造の掘立て小屋を、せき立てられるようにスケッチし、観察を記録した。記録しスケッチするという方法は、彼が以前民家の調査をおこなったときに、すでに実践していたものであった[55]。こうした関連において、今の民俗誌という観念に注目してみるのも面白い。それは写真ではないにせよ、スケッチをたやすく取り込むものだったからである[56]。彼の偉大なる同時代人、柳田国男は、のちにみるように写真を完全に拒絶した。なぜなら写真には、観察者を風景の外部へと押し出す危険があるからである。この動きは、主体がどのように客体と関係するかという問題を、はっきりと示すものである。のちにみるように柳田は、観察者と観察された物とをひとまとめにし、この二つを超克する共感の力に訴えることによってその差異を消そうと試みた。柳田は、現地人についての知識を現地人の知識とごっちゃにし、同じ場面にあるという理由で、彼が研究する対象と彼自身との距離を消してしまった。柳田においては、観察者も、街を歩くときは、観察されるものと同一の場面にあり、彼らと風俗を共有している。これに対し今には、現地人の知識を特権化するいかなる主張も存在しない。街頭に立ち、通りすがりの人々の運動を記録する調査者と、日がな銀座を通り過ぎるそのときどきの群衆としての歩行者とのあいだには、いまだに距離が認められていた。今は、大震災以前に、山村や僻地において記録をとる場合にも、それと「同じ心構え」を説いていた。当時東京は、いくら複雑とはいえ、都市生活の環境を記録できる場所とみなされていた。大震災以後、状況は一変し、登場しては消失する風俗の弁証法は、錯綜した波となり、そこに異なった種類の方法が必要とされるにいたったのである(一・一六)。

われわれは、今の自己反省的な自覚に、十分な注意を払わねばならない。それこそ、彼の考現学を特徴づけるものであったからである。調査の現場のなかにみずからを埋め込みたいという彼の欲望は、現れては消えてゆく景色を、眼前を通り過ぎるままに見ることが正しいとする主張となった。よく比較される柳田とは異なり、今は、みずからの正しさの根拠を、解釈学的な特権にではなく、観察という経験のうえにおいていた。柳田は、他者に関する知識を提示するよりも、むしろみずからの視座を他者の経験のなかに解体した。それに対して今は、モダンの経験が、それに関する知識とは別であり、それゆえこうした区別を考慮に入れた特別な調査方法を必要とするという前提から出発した、彼は、モダンの風景のなかで生きる経験についての知識を引き出すことに関心を寄せていたのである。「考現学とは何か」というエッセイにおいて、彼は、集団生活の表面にあらわれた現代の風俗を調査し分析する場合、主体と客体、すなわち研究者と被研究者との関係は、文明人と未開人、医者と患者、裁判官と犯罪者の関係のようなものであると述べた。「われわれ(調査者)が一般人のもつ習慣的な生活を離れて、常に客観的な立場で生活しているのであるという自覚がなかったならば、あまりに寂しいことのような気がするのだ」。別言すれば、今が望んだのは、分析的な理由から、観察者の位置を、調査現場の外部に固定することであった。いっぽうで彼は、それがひとつのフィクションに過ぎないこともよくわきまえていたのであるが。医者は、患者を治すためには、偏っていてはならない、すなわち客観的でなければならない。しかし、医者はまた、そうした人間状況の一部でもある。個人としての生活を構築する一方で、われわれは、世間の生活を観察する立場に立っていることを認めることもできる。しかし「われわれ」と「現代人」とのあいだの関係は、「油」と「水」の関係に似るべきなのである。よりはっきりと、今は次のように説明する。現代の研究者は、植物学者や動物学者と選ぶところがない。たとえその対象が異なるにせよ、彼らと同一の立場に立ち、観察に関して同様の見解を共有する。「考古学の態度と照らしてみると、それは遺物遺跡にたいする心境である」。つまり、考現学においては、街のショウ・ウィンドウの品物を歴史博物館の陳列品と同列にみるのである(一・一七)。目の前を過ぎてゆくこれらの物事を賞賛することはたやすい。しかし重要なのは、それを記録し分析することである。「モダンガールのさまよう姿」があらわれるその舞台の場合、「それらのうちに立ち、それらの前に立って研究の仕事に従事している間、その室内、そのモダンガールの存在において、われわれはわれわれ自身もそこで生活している舞台だということを忘れている」必要がある(一・一八)。

東京を研究し、民俗的なデータを収集する新しい方法についての今の定式化は、一九二三年以降の復興に見合うものでもあった。都市の出来事は、震災の前と比べて、モダンとなり、文字通り新しいもので占領されることになった。今はその生産のペースがあまりに急であるがゆえに、風俗の巨大な変化を記録する必要があると考えたのである。友人の吉田とともに、彼は銀座の街に行き、その風俗を、通行人によって実践されるままに直接調査した。しかし、彼の関心を占めていたのは、華やかな銀座の店やカフェやレストランよりも、むしろ多様性であった。今は、より貧しい地域も同様に調査した。深川の通り、早稲田大学近辺の状態、新婚所帯によって営まれる家庭や公園などである。[57]

今にとって、モダンは「文明人」の要件を構成するものであった。彼をこうした情熱的・熱狂的なモダン探索に駆り立てていたのは、風俗の進化に立脚する歴史的進歩の観念であった。一九世紀後期から二〇世紀初期のフランスの社会学者ガブリエル・タルドが問題化したように(そしてわれわれの時代に、ドイツの社会思想家、ノルベルト・エリアスが再度取りあげたように)、風俗の進化に関するこうした見解は、風俗を人類史における文明化の力と認識していた。タルド(かれの代表作は、模倣に関する論文である)は、エミール・デュルケムを批判しつつ、社会が発展し洗練されるにつれて、より新しい諸階級が、模倣のメカニズムによって全体性のなかに取り込まれてゆくと論じた。低い諸階級が社会に参加し始めるやいなや、それらは例外なくより上の諸階級のマナーや風俗をまねる。タルドは、こうした働きが、分業の統合的な力によって、新しい諸集団が社会秩序のなかに統合され、闘争や紛争が避けられるとするデュルケム的な社会連帯論(「有機的連帯」)への強力な挑戦であると考えていた。デュルケム的な考えに対し、タルドの理論は、風俗の場所が時間とともに変化していき、より多くの人々の手の届くものになるという発展の語りを生み出すものであった。こうした図式において、タルドは、風俗を、今による翻訳に従えば慣習を、はっきりと捉えたのである。慣習は、一八世紀に支配的な力となり、一九世紀には流行がそのあとに続き、そして合理性が二〇世紀を支配するに至っている(58)(一・二九―三七)。今は、習慣、流行、合理性というこれら三つの契機が、日本では、通常の社会秩序のなかで折り重なり、対立しあいながらも、異なった生活のスタイルや競いあう時間性を許容しつつ、共存していると考えたのである。政府でさえ、第一次世界大戦後、「文化生活」の熱狂的推進者たちとともに、日常生活の合理化を推進し始めた。それは通常、新しい生産と経営を意味していたのである(一・三六―三七)。今は、合理性という最後の、そしてもっとも最近の層を取りあげ、それを四つの独立した調査カテゴリーに割り振った。一、人の行動に関するもの。二、住居関係のもの。三、衣服関係のもの。四、その他。それぞれのカテゴリーが、現代を生きる人々のあいだの大きな多様性を示唆していた(一・一九―二〇)。さまざまな環境をひたすら歩き、街の多様な人々と出会うことによって、汲めど尽きせぬ調査対象を発見しうる。「身体の細部における癖」、「腰のかけ方やすわり方」、「街路上における通行人の構成」、「それにつれて起こる露店ならびに商店街の構成」、「公園の散歩者」、「演説会の光景」、「各種の行列」、「議場の光景」、「スポーツの観覧席」、「カフエーの一隅や劇場の廊下」、「お祭りの人だかり」、「野や道における農夫、漁師の仕事ぶりや休養の状態」、「荷揚げ人足や道路工夫の活動ぶり」(一・二〇)。今の調査項目は、都市におけるモダンライフの現実というモンタージュと対応していた。

今の不平は、風俗の歴史に関する既存の調査や批判が、歴史家中村幸也が「日常生活の歴史」と称するものを決して超えないということにあった。それは、外見上の形式や変化をこえて生活の条件を吟味することがない。確かに柳田国男は、『遠野物語』のような古典的な研究で、そうした行為や慣習の外見的な形式を支える思想や感情を表現しはじめていた。しかし彼は、既存の風俗と新しい風俗との共存を目録化した後年の『明治大正史　世相篇』においてすら、風俗の外見上の特質をこえて踏み込むことを自制していた。記述が意味を表現するのに適しているとしていたのである。柳田は、その後最終的に思想の内的な核にまで透徹しうるような一種の深い解釈学へと向かい、それを実行しうるのは、その場面の一部となっているものだけであると考えるに至ったのである。これに対し今は、通常の生活の表面に簡単にはあらわれてこないような思想や感情の深みを吟味することに留意してはいたものの、その民俗学的方法に例外的な特権を与えることはなかった。彼は、日常生活そのものの内部に位置づけられた学をめざし、生活を物象化することがないような方法を発展させようとしたのである。その方法は、厳密にそして熱心に、特殊なものに関心を向けながら、調査対象が位置づけられている環境全体に言及することで、社会的意味の詳細を決定しようとした。こうした特殊と全体との組み合わせこそ、彼が考現学と名付けたものであった。彼はそれを modernologio と訳し(五)、実際には古代の遺物遺跡の研究であるところの archaeology と、意識的に対置した(三)。もし古代の遺跡や遺物の研究が、科学によって動機づけられた考古学という学問分野において実現されるとするならば、現代風俗を研究するための方法論もまた、たとえ、現代風俗の事実そのものが、科学的なものとは一般には考えられていないにせよ、同じく科学的なかたちで発展させられなければならない。今は、考古学に関して多くを語ろうとはしなかった。考古学とは何であるかを問うという作業そのものが、その真理性に疑義を挟むものだったからである。とにかく今は、（〈『通論考古学』を著した〉浜田耕作教授のような人物に従いつつ）、考古学が、現在まで広まっている人類の過去の物質的な痕跡を調査する学問であるという主張に満足していた。「考古学は一つの纏りたる内容を有する科学と云ふよりは、寧ろ物質的資料を取扱ふ科学的研究方法と云ふを当れり」と彼は書いている(四)。彼は、考現学が、現代の対象を研究するための適切な方法を与えていると確信していたものの、その分野の新しさのゆえに、一貫性を欠くことを憂慮した。それゆえ、物質的なデータや社会的な意味を持つ物品の評価に立脚した方法によって対象に接近することが重要となる。考古学は、歴史学と関係している。歴史学は考古学を確かめ、その価値を実現する。しかしこのことは、考古学を、歴史学の要求にこたえ、その語りの細部を満たす手助けをなす補助学にすることでもあった。民俗学者折口信夫は、ほぼ同じ時期に、民俗学が、国文学の「補助学」として機能すると述べていた。

modernologio を特徴づけているのは、いま現在との一体化である。それは、いまあるもの、眼前にあらわれるものに焦点を合わせ、考古学が掘り起こし吟味するような古いもの、痕跡や遺跡と著しい対照をなす。調査者の目標は、人類の現在を研究することである(四)。実際、考現学は、歴史となる（そして考古学的な遺物となる）まえの「物」の世界を調べる。それは「原始民族」を理解するために用いられる民族学の方法に似ている。考現学とは、「まだ史の領域に入らない一歩手前の生々しい風俗」を記録し分析することである。民族学も、考現学も、歴史への移行をくい止めるものであり、現在を現在のまま保持し、過去への転落を免れさせると主張していた。風俗の科学についていえば、それらはまた、人々の生活を高めるためにも用いられる知識であった。民族学と考現学は、調査の対象によって区別されるものの、同じ方法を共有している。それは、現在を、調査がおこなわれ、かつ観察対象である風俗の文脈をなすような時空間として、切りとるものであった。考古学は、歴史と語りに訴える(物品はもはや生きたものでなくかつて生きていたものの名残りである)。それに対して考現学は、社会学に依拠し、その補助学として位置づけられる。今はまた、考現学という方法が、日本生まれのユニークなものであると主張した。彼の知る限り、西洋に同じようなものがあるという話は聞いたことがないというのである(五)。この点に関して、彼は正しかった。一九二〇年代を通じて、日本の思想家や作家たちは、モダンライフを対象として概念化し、それを調べ、分析するための調査項目を発展させていたからである。たしかに、ヨーロッパにおいても、ゲオルク・ジンメルからマルティン・ハイデッガーにいたる思想家たちが、モダンライフと日常性の空間を問題化した。ジンメルの場合、日常性は新しいもののレジームと終わりなき現在を示し、ハイデッガーの場合には、その否定性、凡庸さ、世人(das Man)との結託に関して警告が発せられた。たしかに日本においても、江戸時代に、喜多川守貞の有名な『近世風俗誌』のような、各種の名所図絵という重要な先例があった。しかしもし、こうした昔の研究が、「私達の仕事」と似ているように見えるとしても、そのなかに、「分析的な科学的な色彩」を見ることはできないと今は主張する(五)。折口信夫もまた、一八世紀後期から一九世紀初期にかけて平田篤胤によって発展させられた徳川期の国学と、柳田国男と(折口自身のような)その賛同者の民俗学との間に、同じような比較をおこなっていた。両者を分けるのは、科学的分析の違いであり、国学も民俗学も、おなじ道徳的情熱を共有しているとはいえ、国学に科学的分析はないというのである。こうしたあきらかな類似にもかかわらず、ひとつの想像体(現代風俗の領域)として日常生活を研究することは、まず日本人によって考案されたという今の主張は正しいといわねばならない。それは彼らがみずからのモダン経験を、どのように屈折させたかの徴表を形成している。今の現代風俗への関心は、徳川期の先人とは異なり、生活の諸慣習をレポートすることよりも、モダンライフの事物に媒介された経験を把握することに向けられていた。そして、こうしたひとつの近代的な想像体の把握が、結果的にその否定物の生産を促したのである。つまり時間のない本質的な文化やモダンな風俗の挑戦に抗しうるような共同体を「思い出す」ような理論化の巨大な営みをである。

生きられた現在の生活経験を抽出する今の方法は、「現在の原始的民族」を調査対象とする人類学者が採用する方法と似ていた(五)。考現学は、この経験の主体すなわち近代的主体と、その理性的行動を把握しようと試みる点においてそれと異なっているのみである。考現学の方法それ自身が、この主体性と合理性の徴表であった(それはちょうど、一九二二年の文化普及会の設立が、森本厚吉にとって、近代的な組織の徴表であったことと同様である)。今の調査項目は、人々が「眼前で」繰り広げるさまざまな合理的主体の位置の観察であった。柳田のような民俗学者は、その同じ合理性から疑いなく便益を受けていたにもかかわらず、方法的な観察者としての合理性の座を、近代的合理性と主体性の埒外にとどまると想定された民衆に同一化させていった。このために、民俗学は、科学的な厳密性の追求すなわち柳田の事実性探求への妄執と、民衆の感情の奥底に到達する手段としての民衆への一体化という解釈学的努力との内的緊張を、けっして克服することができなかった。民俗学者たちは、個人的な主体ではなく、集合的な主体を追求した。それは、無時間的で、非近代的であり、その痕跡が、いまに残っている場合でも、現在的ではなかった。これに対し今は、民俗学と民族学との連関を保持するかのように、彼とその仲間たちがおこなった仕事が、「主として文化考現学」にかかわるものであると認識した。「かくしてわれわれの考現学は、時間的には考古学と対向し、空間的には民族学と対向するものであって、専ら現代の文化人の生活を対象として研究せんとするものである」(六)。

このような今の思考における日常的な主体性という問題はのちに考察することになろう。ここでは、主体に関するこうした関心の多くが、彼の方法と目的のなかに刻み込まれているということのみを述べておく。今は、彼自身の作品を、「新しくつくられてゆく東京」の、継続的な「記録作成」であると述べた。これは、ソヴィエトの映画監督、ジガ・ヴェルトフの「カメラを持った男」を思い起こさせることばである。彼は、それを、以前「山の中や不便な田舎の土地」でいろいろな記録をつくった仕事と同じ熱意でおこなったのである(七)。しかしその時とのちがいは、ここでも震災という事件であった。一九二三年まで、「大都会」における事物の記録作成は、それほど難しくも、複雑なものでもなかった。なぜなら、その状態はいくぶん原始的であったからである。地震後の街の急激な復興は、一夜にしてもとのものとはほとんど共通点がないような「東京らしい建設」をもたらしたのである。新しく復興した東京という空間が、彼の民俗学的な視線を捉え、調査のフィールドを提供した。『婦人公論』の編集部に助力と励ましを受けながら、彼は一九二五年に銀座の街の生活と風俗を調査した。

私達は数日の間銀座の一角にたてこもり、数十項にわたつた通行人の風俗の統計に従事したのであつた。それから、相続いて、全東京の現はれの認識の為に本所深川の貧民窟や労働者の街の風俗のしらべをやつて見た。そして更らに、それらと対照されるべきところの山の手の郊外のそれをもやつて見た。そしてそれらの仕事に従事した事から次ぎの結果が私達に持ち来たされた。即ち、総ての風俗は分析され比較されてはじめて夫れ〴〵の意義が湧いて来る事を。そして外面的な事項としては、一と通り現代文化人の習俗に関する調査の技術に対する小さいながらの自信が出来、やり得ない事、やり難い事、そしてやり得る事の各々の限界をはかり得る修業の初歩をやり了へた事となつたのだ。(七―八)

今は、戸坂や平林、さらには権田とも異なって、全体という概念から議論を組み立てることが少なかった。もっとも全体性は、特定の風俗に対する彼の調査の地平であり続けてはいたのだが。彼の関心は、タルドの語りへの傾倒や、現代が合理性の時代であるという時代全体に対する認定にもかかわらず、特殊なものに向かった。この新しい時代は、未形成、未完成であり、生まれ出る途上にある。今の出発点は、社会的全体性でもなければ、構造的・制度的分析でもなかった。埼玉県の農村に関する調査(一九二四)において、彼は、全体に光を投げかけうる意味を、断片のなかに見ようとした。[59] 簡潔にいえば、彼は全体という観念を構築しうる断片を集めたのである。断片的な観点、現代生活のかけら、その「遺跡」や「遺物」から、彼はモダンライフに関する研究を始めた。このことこそ、彼が考現学を、表面的な形式の解明にのみ関心を向けるものではなく、むしろそこに閉じこめられている現代人の内面生活を明らかにするものだと述べたときに、言いたかったことであった。客観性が規定されるには、主体と客体との分離がなければならないのはもちろんだが、必要なのは、特定の観察の方法よりもむしろ新しい社会的現実を経験する新しい様式であった。今は、一九二〇年代の多くの人々と同じく、新しい経験を表現する方法を発見しようとした。そのような努力はのちに、文化論者や共同体主義者によって、そしていまや記憶のなかに封印されているかつて経験された時空間を回復するという目的のもとで捨て去られることになったのだが。すべては流れていき(「眼前を動いていく」と彼は飽くことなく言い続けた)、どんな事物も、永遠性、固定性、安定性を主張し得ない。調査者の位置ですら、ヴェルトフのカメラのように、動き、その視線を変化させ、たえまなくその場所を変える。もし運動と変化が、モダンライフのペースを特徴づけ、スピードのなかに結晶しているとすれば、把握され、経験されるのは、生活の断片のみであろう。考現学の仕事は、事物との出会いを特徴づけている速度と、人々が異なる場所において、どのようにそれを経験しているかを記録することであった。今は、権田と同様に、この壮大な光景を、現在という調査フィールドとみなした。それは、過去と永遠の新しさが直接混じり合う異種混交的な時間であり、常に移動する社会空間でもあった。「目にみえる存在」すなわち観察されうる現在は、過去と未来の関係を統括する歴史的全体化のひとつの経験として現在という時間性を示す。今の考えによれば、現在は永遠であり、それはジンメルの、現代社会の前で延びている終りなき現在という考えと似ていた。街頭は、壁のない「歴史博物館」であり、「ショーウィンドーの品物」という展示で満たされている。ベンヤミンもまた、ベルリンやパリのような大都市の通りを、物品の調査に歩き回り、それを地図上に整理しようと試みた。しかし、今は、彼とは異なり、「眼前を過ぎる」すべてのものを、詳細にいたるまで記録することで満足した。彼の詩学は、商品をモダンライフのアレゴリーと見なしたのである。今の方法は、その場に実際に行くことを要求した。彼のいいかたでは、「家庭に於ける室内、押入の内部、集会所、モダンガールのさまよう姿、それらの内に立ち、それらの前に立つて研究の仕事に従事してゐる間、その室内、そのモダンガールの存在に於て、われ〳〵はわれ〳〵自身の生活してゐる舞台なる現実をわすれてゐるのである」(九)。何事も見過ごされてはならない。たとえ、道に捨てられた煙草の吸い殻であったとしても。農村(そこは彼が『日本の民家』において、最初にこのようなミニマリスト的方法を適用した場所であった)においてすら、彼の視線は、もっとも微細な項目につなぎ止められていた。彼は、散歩の途上でそれらを発見するや、ただちにスケッチした。彼にとって、スケッチ帳、鉛筆、巻尺は、昆虫学者の捕虫網や毒ビンと同じであった[60]。家庭という社会空間の一隅を占めているあらゆるものが目録化され位置づけられた。その場所はそのものの配置をそのままあらわしていた。震災前におこなわれた埼玉の研究プロジェクトでは、彼はこうした細部への関心と同時に、品物がフィットする場所を厳密に叙述することの重要性をも強調している。その報告の後半で、彼は、農具を含む「生きた」道具や器具と、それが農家のどこに置かれているかを記録している。光景をイラスト化することにより、こうした多様な品物が、どのようにうちの中や土間あたりにちらばっているかを見ることができる。彼はいう。「ときどきこの土間を歩いた人の足跡を、この図にはレコードしていないが、本当はそれをも記入すべきはずなのである。わずかなものの散ばされ方からは、当然そこにいる人の動作を注意することになるのである。すなわち舞台芸術において、主要な要素をなしているところの人間の、いろいろな場合における動作を注意することに、この図は関係をひいているのである」。この方法は、「人間というものを概念だけで取り扱」うような建築の研究に対比される[61]。その場所とそこを満たしているものとに注目すれば、人間が存在する場所において無意識のうちに構築されるということがわかる。「いろいろなものをとり散らかしている有りさまそのまま――に厳密な態度で注意を突き進めると、人間の動作の源泉の心理を考えることになる」[62]。しかし、今の田舎に関する観察は、同じく時間の地位を強調するものであった。「都会は漸次に画一的な世界的な文化の波にひたされて行きつつある。日々進歩して行くあらゆる文物をとり入れて、愉快な歩みをしていけるにかかわらず、田舎ではそれらの取り入れられる度合が少ない。極徐々にそれそれに接触して行くに過ぎない。だが言い換えると、都会は日々変わっていて、今日のものは明日はもうないのだけれど、田舎では一度植え付けられたものはなかなか消失されることはなくて、その土地の色彩となっていつまでも保存せられてのこっている」[63]。都市は、遠い世界文化や日毎に変化する品物の流れと結びついている。それに対し田舎は、異なった時間の中に閉じこめられている。そこは、取り除かれているが故に、何も消え去ることがない。実際今は、とくに震災後、東京のような日本の都市を「二重生活」という特別な場であると見なした。つまり、西洋的モチーフと東洋的モチーフとが融合した場所という意味であった。

今は、調査が、人々をその多様なふるまいにおいてとらえるようつとめるべきだと提言した。それはすなわち、彼らが、多様な主体位置を占め、それを特定の状況下において、演じているがゆえである。「いちいち個性の違った人々が、おのおの違ったもののとり片付け方をしていることから、ある人が日常起居している部屋の有りさまは、的確にその人の性格を反映していると考えても、さして無理なことでない」[64]。表面にあらわれ、人々を条件づけているのは、物と住まいである。それらは、ピエール・ブルデューのハビトスという観念の先駆けとなるものであった。もっとも、ブルデューのように社会的連帯を維持するのに役立つ単純再生産という主張を欠いていたが。今は、「ミイラ取りがミイラになる」こと、「生活とりが生活してしまう」ことを懸念していた。つまり調査の主体と調査されるものが同じ位置をしめてしまうことの危険、さらにそれが調査の「客観性」を掘り崩してしまうことへの自覚である[65]。柳田国男が、確信犯的に犯したこうしたアイデンティティの混乱を避けるため、今は、現代風俗を、過去と未来との関係において、そしてより広い比較という枠組みにおいて見ることを主張した。このことは、なぜ彼の調査が、ライフスタイルの異なる地域(彼のいうところの「風俗圏」)。銀座や深川や高円寺などのサラリーマンが住む郊外など)を対照することに関心を寄せていたかを説明する。しかし、それはまた、調査者が、どのように調査対象である風俗の舞台から離れ、現代生活の形態を客観的に把握すべきかをも明らかにした。こうした動きは、調査者に、特定の調査対象に対して、適切な判断を下すことができる主体性を要求する。今は、現代風俗における個々人の主体的実践を確認することができるような、調査者の主体性を探究した。距離の見通しによって、省略を未然に防ぎ、望ましい客観性がもたらされると考えたのである。この最良の例が、「物品調査」の多くの図表や索引であり、そのうちもっとも有名なものが、銀座の調査におけるものであった。それは、体の半分に和服、半分に洋服をまとった男女の立像であった。そこには、物品を示す数字が書き込まれており、それをかれは凡例で説明していた(一・七二)。このような主体性の確立は、考現学が科学性を主張するための重要な前提であった。他人が経験したことを調査の対象として経験するということは、はっきりと知る立場にある調査者が自らの主体性にもとづいた「価値評価」を行使するということである(一・一七、四三、五三)。今にとって、こうした主体性を確認することは、考現学という新しい学問の基盤を構成することであった。評価の基準は、調査者の「生活態度」(lebensgefuhrung)を反映するものではあるが、それはかならずしも考現学の対象である人々の日常生活に一致する必要はない。調査の結果が社会的に重要であることを望むなら、慣習がどのように主体性の形成を媒介したり妨げたりするかを示しうるような、モダンライフの諸実践に焦点を当てることが必要となる。

主体の形成にかかわるこうした確認をおこないながら、今は、みずからの学問に、はっきりした使命と内実とを与えている。その使命とは、観察された外面的な形式の中に、社会的な意味を見いだすことであった。そうした風俗を生きそして経験している個人にとっての意味を把握することである。そしてその内実が、東京のような大都市で生きられ、経験されたモダンライフであった。「私の研究は主として日常生活に就いての分析であ」ると彼は書いている(一七、二五)。考現学は、日常性、つまり現代社会のローカルでもっとも基本的な単位に焦点をあて、「物質的なもの即ち現代人が使用しつゝある財貨物」に関心を集中させる(一一)。今は、押入や衣服を「住宅内における生活」の一部とみなし、それがなにものにも還元されない日常性すなわち「常識」なるものに属すると考えた。そしてそれは、周到に街頭から区別されていたのである。人々は街頭で遊び、「日常生活からの解放」を経験する。ひとはそこでは「自由」である(九・二六〇―二六二)。押入や衣類の重要視に見られるような日常生活のもっとも基本的な経験単位への接近は、ある意味において、日本の民家に関する初期の著作において彼が表明していた関心からの逸脱であった。それは同時に柳田が、住居とは一連の間取り図以上のものであると今を批判した際に強調していたことがらでもあった。柳田は、今の『日本の民家』についてこう述べている。「君のかいた家のことは家のなかに生活している人間をぬきにしている」[66]。今は、のちには、形式的な特徴のみならず、住居のあらゆる側面に関して説明し、住人がそれらとどのように関係しているかを明らかにすることに関心をむけるに至った。「ジャンパーにズック靴、買物袋、イガグリ頭」のようなものは、日常生活において、個人によって発展せしめられた独立の様式である。今は、みずからの若き日のニヒリズムと人生の無意味さという感覚に言及しながら、「虚無を克服し、全人間性を回復するのは、生活の場をおいてほかにはない」と記した[67]。

観察は、人々の行動に向けられた。歩く人、生産にかかわる品々、行為、集団、品物をみる人々である。「歩速度や歩き方、腰のかけ方や坐はり方、身体の細部に於ける癖、街路上に於ける通行人の構成」などわれわれの眼にとまった無数の光景が、調査されなければならない(一三)。過去から続く風俗をも視野に収めることで、彼は古い社会風俗と現在のそれとの違いを明らかにすることができると信じた。そうした差異の問題は、すでに震災とそれに続く都市の復興によって答えられてはいた。しかしその一方、変わらないものの存在は、モダニティが、過去と現在との混合により成り立つということを示していた。実際過去は、現在に至るまでその存在を続けている。モダニティは、風俗の登場と消失のリズムを常に奏でている。それはあたかも日本が、決して終わることのない現在という時間にすでに入ってしまったかのようにである。永遠なる現在という感覚は、今の思考を特徴づけるものであり、戸坂の定式化にも通じるものであった。もっとも今は、哲学者たちとは違って、「いま」を中断する可能性など想像しもしなかったのであるが。観察の舞台として今が描いた「いま」は、商品の支配によって係留されており、それが永遠なる現在という意味を重層決定している。「いま」は、それが模倣する商品と同じく、歴史と生産の条件を欠いている。この点では、今のいう主体的な消費者も、彼らが消費する商品と選ぶところはないものであった。

衣服を調査するにあたり、今は、これらの「商品」がどのように実際に街頭や集まりの場で消費されているか、どのように年齢や性別が多様なファッションに影響を及ぼしているかを記録することが重要であると主張した。調査は、日常生活を植民地化している消費に含まれる社会的なものの全体を明らかにする。モダンライフは、交換過程にしっかりと接合されている。そして消費という行為は、模倣の欲求により、突き動かされるものである。タルドと同じく、今も、「模倣」に関して、「上級模倣から風俗の伝播が起こる」と述べている(一四)。彼は、上級のものを模倣したいという下層階級の欲望、すなわち階級を商品と同一視するかのような欲望により引き起こされるたえまのない消費を測定し、こうした伝播を量的に説明することが重要であると考えていたが、そうした欲望や消費が、それ自体で、社会的連帯を生み出すとは考えていなかった。むしろそれは、「経済の論理」との出会いというモダン経験、すなわち、民衆と商品文化との対決であった。この衝突が、たえまのないファッションの要求に対抗して展開される闘争において、「使用価値」に立脚した「日常性の原理」

を探索する「出発点」であると彼は主張した。彼が望んだのは、その新しい学問が、ひとつの主体的態度とでもいうべきものを育成し、人々を、消費や商品化のたえまのないサイクルといった経済主義の罠にからめとる無用な商品を買わないようにとうながすことであった[68]（五・四三四）。この点に関して、考現学という学問は、あきらかに現在の経済学の代替以上のものであった。「同じく財貨を扱ふ学なる商品学とわれ〳〵の考現学との関係を念の為に考へて置くならば商品学に於ては生産されたる財貨を単に価値（交換価値）対象物として扱ふに反し、考現学に於てはそれを使用対象物として扱ふにある」（一四—一五）。使用価値についてのこうした関心の中心にあるのは、家庭環境と、その空間をしめる物品である。今は、早くから住まいと衣服とに結びついた根本的な日常性を、銀座や新宿のような街頭や娯楽と解放の場である歓楽街の生活とを区別していた。後者では、「反日常的生活態度」が形成され拡がってゆくのである[69]。とはいえこうした街区に見られる多くの店や百貨店、レストランやバーなどが促進する行動も、やはり「日常経験」に影響を及ぼしてゆく。彼のいわんとするのは、人々はまず家庭において買うべき便利な品物を選び、対象物に一連の意味を与えるということであり、次に街頭、とりわけ商店やカフェにおいて、同じものに異なる意味を与えるということである。街頭で人々は、「必要以外」のものを買っていると彼は観察した。同じく、カフェにひとりで座るとき、そこで消費がおこなわれているのである。家庭において用いられるマッチは、カフェの小さなテーブル上では異なって用いられる。カフェは、「街の騒がしさのなかのオアシス」と見なされ、その「気分」は、「家庭内の日常生活への反逆をモットーとして成立している」[70]。娯楽は、「愚の骨頂」から生まれ、物品が無駄にされるまで増大する。しかし、今は、家庭や書斎から、街頭や盛り場への継続的な動きがあると信じた。家庭と街頭は異なる活動によって特徴づけられてはいるものの、結びついており、お互いがお互いを必要としているのである。重要なのは、商品が使われるあらゆる場所における物の配置である。もし家庭が現代社会組織の基本単位を構成するとすれば、そこはまた、日常生活が管理される場所でもあった。

したがって、今は、日々拡張し「眼前」を動いてゆく物品とその流通こそ、商品という神秘に込められた社会的意味を引き出すために考現学が把握すべき対象であると主張し続けた(70)。われわれにはすでに彼が商品の考察により、顕示的消費を避け、人々を流行の暴政から解放する方途を発見するという問題に関心をよせていたことを見た。今の理解した流行は、諸刃の剣であった。たとえそれが、「無駄な生活」と結びついているにしても、それはまた人々を、伝統や、慣習や、礼儀などの鉄のくびきから解放する力を秘めていた(71)。封建時代において、日本は、儀礼によって支配されていた。その帰結が、主体性の欠如と「日常生活の軽視」である。伝統によって支配された社会は、習俗や伝統よりなる封建的無意識によって動かされる。「思想も生活も上から与えられたまま……で経過したに過ぎなかった」。礼儀は、科学と合理性の敵である。社会に対する習俗の支配は、他人に「見せ」、また「見られる」必要に基づいている。今は、こうした社会が、明治維新の呼びかけと新しい社会の確立とともに消え去ったと説明した。新しい社会は、習俗や儀礼よりも、理性の支配と「流行への嗅覚」に基づく。封建日本は、適切さという法に従っていた社会であり、その法が、家の建築の間取りや大きさや服装のきまりを決めていた。それはその人の社会的地位を示すためで、日常生活のルーティンを明らかにするものではない。支出は、社会的ヒエラルキーに沿い、すべてのものが、階層に応じて割り振られた適切な服装、行動、住まいで満足するよう期待されていた。こうした儀礼の支配の結果、少なくとも公的に認められた自由な表現など存在の余地がなかった。社会的連帯は、こうした儀礼の諸規則を、あたかも自然からの命令であるかのように遵守することによって確保されていた。儀礼とは、封建的な社会生活の継ぎ目を秩序ある調和へと目張りし、弥縫する「セメント」であった。

しかし、儀礼の支配に立脚する社会は、日常生活の可能性をまったく排除する。そうした社会は、今によれば、「非主体的」で、「非反省的」、したがって、非自己意識的である。その住人は、上から発せられた命令に応じて行動するよう動機づけられている。消費は、儀礼化、儀式化されている。衣服と住まいは、実際の使用価値よりもむしろ、儀礼的な価値と区別の経済によって決定される。今が憂いたのは、習慣的儀礼に根ざす封建社会には、「日常生活の形態」や、住人の必要に応じた「住まい建築の形態」を決定する「自由」が欠けていることであった。封建社会がしばしば無慈悲なまでに依拠したのは、ひとつの想像体に属する抽象的原理の実行であった。その原理を人々は内面化し、美は制約された。今にとって、あらゆる芸術を決定するのは、効用であるべきであり、儀礼や支出ではなかった。そして効用とは、日常生活において有用であるという承認を意味した。日常的な行為は、日常的な出来事の具体的な形態から区別されるべきではない。この関係が、建築のデザインを決めるべきである。

儀礼的生活は、無駄、すなわち「無用のものを使うこと」に立脚している。衣服は、儀礼的な目的のために着られ、特別な機会でもないかぎりタンスの肥やしとなる。人々は、ただ儀礼的な目的に役立ち、みずからの社会的身分を特徴づけるような、実用とはほど遠い住居に住む。生活は、人間の目的のために生きられるのではなく、礼儀の諸規範を満たすために生きられている。儀礼と儀式に支配され、人間という現実の参照枠が枯渇した生活はまた、肉体と精神を分離する二重生活である。精神あって肉体なく、倫理あって生活なし。(72)こうした点から、今は、徳川幕府によって、政治的正統性の条件として押しつけられた精神労働と肉体労働の分離というイデオロギーに言及する。生きられた身体は、徳川時代の経済や社会に存在の余地はない。多くの作家や思想家が、とくに震災後において徳川期における前近代的な生活を蘇生させようと試みていたまさにそのときに、今が封建生活を批判していたということは重要である。一九二〇年代から一九三〇年代初頭にかけて、江戸時代の文化秩序の統一されたイメージを蘇らせ、それが資本主義によってスポイルされたことを強調する大きなうねりがあらわれた。われわれは、こうした動きを、「江戸趣味」と呼ぶことができよう。それはノスタルジアと同時に、モダニティに対する一般的な不満によっても動機づけられていた。震災後の数年間帝都復興のただ中で、一八世紀後半の町人的物質文化に立脚した江戸の消失と、あらたに参政権を獲得した大衆、安易に造られた消費財、新しい娯楽の形態(映画、ダンス、バー)、新しいテクノロジーとコミュニケーションによって特徴づけられた東京の登場という「二都物語」が構築された。物質性から切り離された倫理生活とは対照的に、流行、ファッション、新しさの登場が、一九世紀を特徴づけている。流行の追求は、資本主義とともに始まり、新製品の消費に駆り立てられる社会的・性的な競争をもたらした。今は、流行の過剰を非難はしたものの、そのなかに、人々を、習俗と儀礼のくびきから解放する力をも見ていた。しかし、消費は、上流階級の模倣という欲求に駆られているがゆえに、意味ある生活態度を発展させることはできない。今が、「日常生活を通じての自己生活の倫理的研究」に関心を向けていたということは重要である(五・一五)。必要なのは、習俗にも流行への欲求にも媒介されることのない主体性という概念を構築すること、個人的信念を反映するような意味の審級を表現する主体性の概念を構築することであった。モダンな日常生活は、意味が生産される現場である。なぜならば、そこで人々(今のいう「生活人」)はいろいろな主体位置を知り、それらを生きる。人々は、日常生活の合理性という倫理に基づいて生活し、意味を生み出していくのである。彼らは、決して「日常生活を軽視」することはない。それは過去の習俗からも現在の流行からも忘れられたものではあるが。

こうした「日常生活の理論」の重視は、単なる効率性や利潤の極大化を是とするような経済原理よりも、むしろ、「文化的価値」、すなわち、生活を、人々が生き、再生産している住まいや衣服の日常的な形態と結びつける必要を強調する、彼がいうところの「合理的日常倫理」の形成と結びついたものであった[73]。主体的生活は、習俗と流行に対する闘争から生じる。そうした条件を哲学的に省察し、人々を伝統から解放しうるような生活の科学を構築する必要がある。

今は、モダンの日常生活の重要性を認識したり考察したりする人間が、日本には、ほとんどいないと見なしていた。西洋とは異なって、日本は明治維新時に、ただ政治革命のみを実現し、真正な「生活革命」を達成することには失敗した。したがって日本は、けっして西洋的生活の外面的模倣を超えでることはできず、合理的に責任を持ってふるまう主体が担うような日常生活を創造するには至らなかった。維新は、不幸にも、習俗そのものに対する「生きた批評」、真正な批判を生み出すことがなく、モダンライフを経験する可能性ももたないまま、形式のみをとりいれることに甘んじたのである。彼のいわんとするところは、ひとびとに現実に根ざした「日常生活への態度」をあたえうるような、資本主義的近代化のプロセスのことである。今は、生活の進歩的な合理化を進めることができるような「合理的な日常性の倫理」が、日本においては、第一次大戦後にいたっても、それほど普及していないことを認めていた。モダンライフの合理化とは、森本厚吉の「文化生活」に対する初期の熱意と同じく、「生活革命」を追求する個人のうちに、精神と肉体のエネルギーをひとつに合わせる倫理的資質を与えることであった。こうした「生活革命」という概念には、一九一九年の五四運動から溢れ出した、中国の知識人、作家、学生によって開始された文化的革命を思わせるものがある。「生活革命」とは、良識ある判断と評価の基礎として、日常的なモダンの経験から引き出された合理的な倫理を内面化した主体的自我を構築することにほかならなかった。ときに今は、この日常的な倫理的立場を、住まいや衣服、教育や娯楽といった「日常生活の手段」と生活との関係を決定する、人々の責任のひとつであると主張した。合理的倫理のこうした理想化は、のちに、家庭生活の科学的分析や、主体性に関する実存的基礎づけを中心とする、「生活学(日常性に関する科学)」というひとつの学問分野の基礎を形成するにいたった。考現学がもともと日常生活という主題を確認し、記述することに関心を向けていたのに対し、生活学は、「日常生活の研究」に向けられており、合理的生活を広く実現するための科学的計画に焦点が移動している。社会のモデルは、家庭であり、そこにおける二重の意味での分業である。つまり台所を中心にしておこなわれる生産と、リビングルーム、ダイニングルーム、ベッドルームを拠点とする消費である。こうして家庭は、主体を構築する特権的な場所となる。モダンライフに関する今の理論のもっとも重要な点は、余暇と仕事を結びつけること、すなわちこの二つを固定された個々別々のものとする一般的な理解を否定したことにある。彼の見るところ、家庭は街頭と結びついており、お互いはお互いに対して開かれていた。この理論が、民法という墓石に刻み込まれた「家族国家」イデオロギーという官製の理念への挑戦であったことは指摘されるべきであろう。今の考えが、国家が信用を喪失した戦後期において、家庭を、企業やその他の社会のモデルとして持ち出そうとする欲求の先駆けとなったのは、歴史の皮肉であろう。重要なのは、今が家庭を新しい形態の主体性の場として、したがって、習俗と流行の圧制からの解放の条件として、見ていたということである。彼は娯楽を、仕事による疲労を補うための、彼のいうところでは、精神的に疲れた人々を癒すための手段であると見ていた。しかし、彼はまた、仕事のないところには、娯楽も楽しみもないことを認めていた。そして仕事の種類と量がリクリエーションの「適切さ」を決定するというひとつの定式を提案した(五・二〇〇)。適当な労働と適当な娯楽は、日常生活において調和あるかたちで存在しなければならない。(74) こうしたプログラムのねらいは、疎外と過剰を避けることであり、無意識的な生活のゆがみを正すためであった。もっとも、彼自身、けっしてこういういい方はしなかったが。権田と同じく、彼も過度の遊びと消費傾向を憂慮していた。それは男性にとっての、酒と食事であり、女性にとっての、衣服への欲望であった。どれもが日常生活を弱め掘り崩すものである。生活は、「合理的な生き方」と「精神美」との調和、物質的存在形態と精神的存在形態との適切なバランスにあるべきである。

家庭に関する考察の結果、今は「造形論」と、「工業芸術」が演じる役割について考えるにいたった。モダンライフにおける美の形式を推進するためである。造形することは、一九世紀と二〇世紀において、資本主義的な利潤追求が、社会から具体的な生活手段、すなわち効用と美とを消し去ったときに問題化された。フランク・ロイド・ライトの帝国ホテルを、「ややこしさのうちにある落ち着き」と論じ、「あれには何か東洋的な味がある」と締めくくる一九二七年の論文において、今は、「建築は他の純粋芸術と違って、いつも工作物としての健康性がなければならない」と述べている。美は、「工作の美」という原理を肯定することで発見されなければならないということである。「いつもそのものの健康性から開発したようなものでなければならない」。ライトは、どのように機能性が美的原理を満たすかを示す道を開いた。建築は、装飾を避け、そのかわりその「使用価値」に由来する形式を追求しなければならない。そこに「物質と構造の合理性」が伴うのである(九・二五、二四三)。別の箇所において彼は、建築が人々にみずからの生活を管理する楽しみにあふれた場所を提供しなければならないと述べた。それは、芸術家の生活の反映をめざすべきではなく、「現実の人々の生活」を反映すべきであり、建物それ自体のうちに、日常生活を包摂すべきなのである。つまりつねに具体から抽象へと動く生活の諸形式は、時間と空間に従わなければならない。すべては日常生活の経験に回帰するというのは、戸坂を思い出させる筆致である。すでに最初の著書である『日本の民家』で述べていたように、日常生活それ自体は、家庭の生活からはじまる。家庭生活こそ、そこから様々な社会体や社会システムが生じる小宇宙である。今にとって、家庭生活は、「政治の温床、国民思想の苗床、国民の真の力の源泉」であった。(75)

上巻注

序

(1) Gianni Vattimo, *The End of Modernity* (Baltimore : Johns Hopkins University Press, 1988), p. 165.

(2) Krisin Ross, "Watching the Detectives," in *Postmodernism and the Re-Reading of Modernity*, ed. F. Barker, P. Hulme, and M. Iversen (Manchester : Manchester University Press, 1992), pp. 49-50.

(3) Vattimo, *The End of Modernity*, p. 165.

(4) Karl Marx, *Eighteenth Century Brumaire of Louis Napoleon* (New York : International Publishers, 1969), p. 15. カール・マルクス、植村邦彦訳『ルイ・ボナパルトのブリュメール一八日』(大田出版、一九九六年)六―七頁。

(5)『斎藤緑雨 石橋忍月 高山樗牛 内田魯庵集』(「日本現代文学全集」第八巻、講談社、一九六七年)二八九―二九一頁。

(6) 澤田謙「都市の叛逆」、鹿野政直編『大正思想集Ⅱ』(「近代日本思想大系」筑摩書房、一九七七年)二七〇―二八九頁。

(7) Mabel Berezin, *Making the Fascist Self*, (Ithaca : Cornell University Press, 1995), p. 13. ファシズムという政治的用語ほど、歴史家の不安をかき立て、その定義や意味に関して同意を得ることが不可能だと宣言される言葉はない。読者は、日本のような、ヨーロッパの外のファシズムも扱っている近年の最も包括的なファシズム研究として、Stanley G. Payne, *A History of Fascism, 1914-1945*, (Madison : University of Wisconsin Press, 1995) をひもといてみるがよい。この著作は、その扱う幅においては詳細を極めているが、現象を一般化することにはいささか臆病であり、まるで経験の特異性を語れば、妥当な定義に到達することができなくなるとでもいわんばかりである。しかしながら、注意深く一般化を避けることのなかにも危険はある。それは、今までファシズムであると考えられてきたものが別の何かであった、歴史的に特殊な現象は、ほかでは起こりえないし、二度と起こることもないということを安易に前提としてしまうことである。それは、ファシズムが通常自らのアジェンダが優れたものであることを説明するのに用いる例外主義の主張に、無意識のうちに手を貸すことになるのだ。われわれは、こうした議論を、三木清のテクストのなかに見出すことができる。彼は、ドイツやイタリア型のファシズムを批判し、彼自身の政治的、社会的秩序の概念とは区別しようとした。しかし、それは驚くほど、彼が批判した当のものと似ていたのである。いずれにせよ、現実には不可視のこの主題に対して注がれてきた努力には、驚くばかりである。

(8) Nikos Poulantzas, *Fascism and Dictatorship*, (London, Verso Books, 1979), pp. 17-19.

(9) Ibid., pp. 19-20.

(10) Ibid., p. 67.

(11) Ibid., p. 252.

(12) われわれは、これを、パーソンズ効果と呼ぶべきであるかもしれない。それは、ロバート・ベラーやクリフォード・ギアツらによって、説得的に概念化されている。

(13) 私は、第二次世界大戦までの日本の政治的・社会的歴史を確かに特徴づけているこの観念を、アルノ・メイアーの優れた、そして挑発的で有効な著作に負っている。Arno J. Mayer, *The Persistence of the Old Regime, Europe to the Great War*(New York : Pantheon Books, 1981).

(14) Slavoj Zizek, *Tarrying with the Negative*(Durham : Duke University Press, 1993), p. 209.

(15) ジェイムソンの『ポスト・モダニズムと後期資本主義の文化的論理』(Frederic Jameson, *Postmodernism, or, the Cultural Logic of Late Capitalism*, Durham : Duke University Press, 1991, p. 204)を参照のこと。そこでジェイムソンは、「モダニズムとその文化についての比較社会学」についての呼びかけをおこなっている。ジェイムソンは、資本主義と世界宗教の関係を調査したヴェーバーの初期の研究を彷彿させるように、「資本主義がこれまでの伝統的な諸文化に与えた途方もない影響、人間の生活や知覚に対して加えられた、いまや取り返しのつかない社会的、心理的ダメージを測定する」ことを主張する(304)。フランツ・ファノンは、それよりも早く、植民地化と資本主義が、「文化のパターンを略奪し」、諸価値を「無視し」、「叩きつぶし」、「空虚にする」ことによって、古くからある「準拠システム」を現実にどのように破壊するかを示した。F. Fanon, "Racism and Culture," in *Toward the African Revolution*, (New York : Grove Press, 1967), p. 33.

(16) Ernst Bloch, *Heritage of Our Times*, trans. Neville and Stephen Plaice (Berkeley and Los Angeles : University of California Press, 1991, pp. 37-185. この著作は、一九三〇年代初頭に書かれ、一九三五年にはじめてチューリッヒで出

版されたものである。ここでブロッホは、非同時性の同時的存在という概念を、ナチ・イデオロギーの魅力を説明する方法として導入し、そのイデオロギーが、いかに遥か昔の神話的過去から引きだされた諸要素と産業化された現在との共存に依拠するものであるかを示した。この重要な概念の簡潔な説明としては、Ernst Bloch, "Nonsynchronism and the Obligation to Its Dialectics," *New German Critique*, no. 11 (Spring, 1977), 22-38, を参照。

(17) Nakamura Takafusa, *Lectures on Modern Japanese Economic History* (Tokyo: LTCB Internal Library Foundation, 1994), pp. 1-128.

(18) Perry Anderson, "Modernity and Revolution," in *Marxism and the Interpretation of Culture*, ed. C. Nelson and L. Grossberg (Urbana: University of Illinois Press, 1988), p. 324.

(19) Ibid., pp. 324-326.

(20) Theodore Adorno, *Critical Models*, trans. Henry Pickford (New York: Columbia University Press, 1987), pp. 41-49.

(21) 戸坂潤『日本イデオロギー論』(岩波文庫、一九七七年)一九九頁。

(22) Alice Kaplan, *Reproductions of Banality*, (Minneapolis: University of Minnesota Press, 1987).

(23) Mayer, *The Persistence of the Old Regime*, p. 192.

(24) See Nakamura, Lectures, pp. 3-50.

(25) Jameson, *Postmodernism*, p. 310

(26) 柳田国男『明治大正史 世相篇』(講談社、一九九三年)一八七―一九〇頁。

(27) 同上、一九―二二頁。See also, Fredric Jameson, *Fables of Aggression: Wyndham Lewis, the Modernist as Fascist* (Berkeley and Los Angeles: University of California Press, 1979), p. 14.

(28) Jameson, *Postmodernism*, p. 311.

(29) 松山巌『乱歩と東京』(PARCO出版局、一九八四年)。

(30) 山本明「社会生活の変化と大衆文化」『岩波講座 日本歴史』第一九巻(岩波書店、一九七六年)三〇六頁より引用。

(31) Peter Nicholls, *Modernisms*, (Berkeley and Los Angeles: University of California Press, 1995), p. 7; W. Benjamin, "Central Park," trans. Lloyd Spencer, *New German Critique*, 34 (Winter, 1985): 46.

(32) 河村望『日本社会学史研究』下(人間の科学社、一九七三年)二三九頁。

(33) 同上、二四一頁。

(34) Gilles DeLeuze and Felix Guattari, *A Thousand Plateaus*, trans. Brian Massumi (Minneapolis: University of Minnesota

Press, 1998), pp. 214-215.

(35) Gilbert Allardyce, "What Fascism Is Not: Thoghts on the Deflation of a Concept," *American Historical Review* 84 (April 1979): 367-388.

(36) Perry Anderson, *The Origins of Postmodernity*, (London: Verso Books, 1998), p. 112.

(37) Slavoj Zizek, *For They Know Not What They Do*, (London: Verso Books, 1998), p. 186.

第一章

(1) E. Sydney Crawcour, "Industrialization and Technological Change, 1885-1920," in *The Cambridge History of Japan*, ed. Peter Duus (Cambridge: Cambridge University Press, 1988), vol. 6, pp. 385-450; also Takafusa Nakamura, "Depression, Recovery, and War, 1920-1945," in ibid., pp. 451-467; and Koji Taira, "Economic Development, Labor Markets and Industrial Relations in Japan, 1905-1955," in ibid., pp. 606-653, especially 619-629.

(2) Ibid., pp. 385-421.

(3) Nakamura, Lectures, p. 14.

(4) 竹村民郎『大正文化』(講談社現代新書、一九八〇年)四〇頁。

(5) 同上、四三頁。

(6) 同上、四五頁。

(7) 澤田「都市の叛逆」二八一頁。

(8) 同上。

(9) 同上、二八二頁。

(10) 柳田国男『明治大正史 世相篇』一七二頁。

(11) 松山巌『乱歩と東京』一三頁より引用。

(12) 同上、八二―八三頁。

(13)『平林初之輔文芸評論全集』下巻(文泉堂書店、一九七五年)七七六―七七八頁。

(14) 山本「社会生活の変化と大衆文化」三三一頁。

(15) 同上。

(16) Taira, *The Cambridge History of Japan*, p. 619.

(17) Ibid., p. 619-629.

(18) 南博編『大正文化』(勁草書房、一九六五年)二四六―二四七頁。

(19) 同上、二四七頁。

(20) 同上、二四九頁。

(21) 同上、二五三頁。

(22) 森本厚吉『新生活研究』(一九二二年)、山本「社会生活の変化と大衆文化」三〇三頁より引用。

(23) 佐野利器『住宅論』、山本「社会生活の変化と大衆文化」三〇三頁より引用。
(24) 南『大正文化』二五七―二五八頁。
(25) 同上、三六四頁。
(26) 山本「社会生活の変化と大衆文化」三〇五頁。
(27) 南博編『昭和文化』(勁草書房、一九八七年)六二頁。
(28) 同上、六五頁。
(29) 和田博文『テクストのモダン都市』(風媒社、一九九九年)二一九―二四七頁。青野季吉ほか多くの論者が、ダンス・ホールの増加とそこに集う人々の群を、社会病理、不幸、厳しい規律からの逃避、近代都市生活への幻滅の兆候とみなした。
(30) 山本「社会生活の変化と大衆文化」三〇八頁。著者は、これをそのイデオロギー的意味において考察している。
(31) 佐藤毅「モダニズムとアメリカ文化――一九二〇年代を中心として」、南博編『日本モダニズムの研究』(ブレーン出版、一九八二年)二五頁。『中央公論』の特集、一九一八年九月参照。
(32) 南編『昭和文化』六六頁。
(33) 『平林初之輔文芸評論全集』中巻、四一一―四一四頁。南編『昭和文化』二〇九頁。
(34) 南編『昭和文化』六六頁。
(35) 同上。
(36) 南編『日本モダニズム』二四頁。
(37) 同上。
(38) 同上。
(39) 同上。
(40) Zizek, *Tarrying with the Negative*, p. 216.
(41) 南編『日本モダニズム』二六頁。
(42) 南編『昭和文化』二一〇頁。
(43) 同上、二一五―二一六頁。
(44) 同上、二一七頁。
(45) 『平林初之輔文芸評論全集』中巻、三八五頁。南編『昭和文化』二一八頁。
(46) 『平林初之輔文芸評論全集』中巻、三八九頁。
(47) 植田康夫「女性雑誌が見たモダニズム」、南編『日本モダニズムの研究』一二七頁。
(48) 山本「社会生活の変化と大衆文化」三二八頁。
(49) 同上、三三〇―三三一頁。
(50) 同上。
(51) 「性」南編『昭和文化』一二六―一五七頁。
(52) Claude Lefort, *The Political Forms of Modern Society* (Cambridge: MIT Press, 1988), pp. 149-151.
(53) 南編『昭和文化』一五九頁。
(54) 同上、一六九―一七一頁。

(55) Maurice Blanchot, "Everyday Speech," in *Everyday Life*, Yale French Studies, no. 74, ed. Alice Kaplan and Kristin Ross (New Haven : Yale University Press, 1987), p. 19.

第二章

(1) 現在流布している主要な論調は、竹内好の先駆的な戦後の論文「近代の超克」の導きに従っている。この論文は、さまざまな参加者の知的な系譜を分類し、彼らの性向を歴史的に位置づけたものであるが、同時に、多様な用語のくり返しで展開された座談会の記録の内容に関しては、分析を加えていない。竹内は、日本の近代があまりに高価な代償をともなってもたらされ、解決不可能なアポリアを帰結したという一般的な関心には共感をよせるものの、議論の多くを、空疎、「空虚なイデオロギー的サイン」としてあらわれたと断じた。この論文は、最初は「近代日本思想史講座」第七巻(筑摩書房、一九五九年)に発表され、ついで、河上徹太郎・竹内好編『近代の超克』(冨山房、一九七九年)に収録されている。

(2) 前掲、河上・竹内編『近代の超克』一六六頁。以後、本書からの引用は、本文中で(一六六)のように頁数のみを記す。

(3) 同上、二九四頁。

(4) 「現実」という用語は、その抽象性や外見との類似性が明らかであるにもかかわらず、戦間期における哲学的言説において、リアル、リアリティ、アクチュアルの意味をあらわすものとして広く用いられた。ある批評家にとって、この用語は、「偽りの現実」を意味した。

(5) Vattimo, *The End of Modernity*, p. 165.

(6) Ibid.

(7) 「『近代の超克』覚書」より。廣松渉『〈近代の超克〉論』(朝日出版社、一九八〇年)一八頁、二三一―二三五頁。

(8) 同上、一八頁。

(9) 同上、一九頁。

(10) 戦間期の時系列的な歴史、特に一九三〇年代のそれについては、Gordon Berger, "Politics and Mobilization in Japan, 1931-1945," pp. 97-153 ; Mark R. Peattie, "The Japanese Colonial Empire, 1895-1945," pp. 217-270 ; Ikuhiko Hata, "Continental Expansion, 1905-1941," pp. 271-314, in *The Cambridge History of Japan*. を参照せよ。より解釈的な説明としては、Andrew Gordon, *Labor and Imperial Democracy in Prewar Japan* (Berkeley and Los Angeles : University of California Press, 1991), pp. 123-342.

(11) 廣松『〈近代の超克〉論』二三一頁。

(12) 同上、二三一―二三五頁。

(13) 同上、一三六、一四五頁。

(14) 同上、八六頁。また、哲学的ファシズムを思考したこのシンポジウムの、浅薄で隠蔽的なごまかしとして、Horio Tsutomu, "The Chuo Koron Discussions, Their Background and Meaning," in *Rude Awakenings*, ed. James Heisig and John Maraldo (Honolulu: University of Hawaii Press, 1994), pp. 289-315.

(15) 廣松『〈近代の超克〉論』八六頁。

(16) 国体という用語は、"national body" (connoting a mystical body)、"national polity," などさまざまに訳されており、同時にそれが引き起こす日本の、皇室に関する神聖な倫理的な特質の本質主義化された概念をも意味する。こうした特質は、日本人の始まりとともに形成され、その確立以来不変であると主張される。この用語は、後期徳川時代に、さまざまなグループにより幕府を批判するための空虚な能記として用いられた。一九三〇年代後半に、政府は、『国体の本義』というテクストの作成を後援したが、それは古くさい神話に染まりきったイデオロギーを、国民動員のために提供することを意図していた。

(17) Vattimo, *The End of Modernity*, p. 165.

(18) 鈴木成高がアメリカ文化の形成をヨーロッパから切り離し、それを世界史的な意味の見地から、異なったひとつのあらわれと見なしたがっていたことは注意しなければならない。Ryoen Minamoto, "The Symposium on 'Overcoming Modernity,'" in *Rude Awakenings*, ed. Heisig and Maraldo, pp. 227-228.

(19) Louise Young, *Japan's Total Empire* (Berkeley and Los Angeles: University of California Press, 1988), pp. 55-114.

(20) Neil Larsen, *Modernism and Hegemony* (Minneapolis: University of Minnesota Press, 1990), p. xxiv.

(21) Ibid.

(22) 戸坂潤は、小林を、客観的な物質界を恐れる「パラドックシカルなおしゃべり」と呼んだ。吉田傑俊編『現代日本の思想』(梓出版社、一九八八年) 二二五頁。

(23) 吉田傑俊『戦後思想論』(青木書店、一九八五年) 一一〇—一一三頁。

(24) 小林は、そのいわゆる繰り返しを理由に、歴史を明白に拒絶した。しかしかれの歴史叙述に対する拒絶にもかかわらず、共通性の永続という彼自身の概念は、柳田の無時間性と繰り返しの理解と似ている。

(25) 数年が経過した戦後直後、京都学派の田辺元は、この非所有という属性を天皇に付与した。その結果、天皇のみが、真の主体としてあらわれることになった。

(26) ヴァルター・ベンヤミンによれば、ボードレールは、変わりゆく現在における古典の形式を、永遠の碇でありサインであると見なしていた。

(27) この歴史のおそるべきイロニーのひとつは、世界、とくに西洋が、当時においてそうした批判を聞く耳を持たず、その外部には、日本に関してもその言語に関しても知る人がほとんどいなかったので、それを知ることが不可能であったということである。おそらく、当時における日本に対する関心の欠如は、九鬼周造が一九二〇年代の滞欧中に憂鬱に記しているように、ひとつの歴史的情況のもっともいらだたしいあらわれであった。それこそが、日本を「閉じこめ」、その「囚人」たちに、みずからをみずから自身とその差異において統合するという不可能な幻想を約束する「脱出口」、すなわち超克を見いだすよう強いたものなのだ(こうした状況は今日も再生産されている)。この意味において、今日のポスト植民地主義の言説は、単に異なる歴史的状況における日本の経験の反復である。ヨーロッパの外部の見えない影が、植民地主義と帝国主義によって被った傷に対する報復をおこなうために還ってくる。日本人は、このことを最初に認識し、それを問題としたのであった。

第三章

(1) Leon Trotsky, *Problems of Everyday Life* (New York: Monad Press, 1979)。同じく、日常性のスペースを同定することに関心を寄せていたグラムシは、byt(トロツキーとボリス・アルバトフが、日常生活を意味するのに用いたロシア語)という観念に対して、鋭敏な関心を示した。こうした日常生活への関心は、同時代の「アメリカニズム」という現象への関心と結びついていた。アメリカニズムとは、一九二〇年代の工業化しつつある世界に於いて、普遍的にみられる比喩形象であり、伸縮自在の能記であった。Boris Arvatov, "Everyday Life and the Culture of the Thing," trans. Christina Kiaer, *October* 81 (Summer 1997): 119-128. 一九二〇年代にソヴィエト連邦で生み出されたバフチンのカーニヴァル論は、社会関係を物化する一方で、新しい可能性を生み出すことができるような商品のアナロジーとして読むことができる。別言すれば、階層的な権力とルーティンによって構成されてはいるが、瞬間的・爆発的に反転しうるような日常性のイメージである。こうした反転は、日常性の差異であり、それは、近代、すなわち蓄積の再生産としての資本主義によって隠されてはいるが、いつでも現実化しうるものでもある。そのことを、ベンヤミンも戸坂も、それぞれのやり方で、認識していた。

(2) 柴田周二『生活研究序説』(ナカニシヤ出版、一九九五年)一一頁。

(3) 寺出浩司『生活文化論への招待』(弘文堂、一九九四年)九二―九三頁。

(4) 五十殿利治『大正期新興美術運動の研究』(スカイドア、一九九五年)四五三―七〇四頁。

(5) 村山知義「構成派研究」、栗原幸夫編『芸術の革命と革命の芸術』(社会評論社、一九九〇年)五六頁。以下、村山に限らず本書からの引用の場合は、本文中に(五六)のように頁数のみを記す。

(6) 『日本プロレタリア文学評論集』第三巻(新日本出版社、一九九〇年)二四頁。『平林初之輔文芸評論全集』上巻、二三頁。

(7) 栗原編『芸術の革命と革命の芸術』七一頁。

(8) 『日本プロレタリア文学評論集』第三巻、一五頁、『平林初之輔文芸評論全集』上巻、一三頁。

(9) 『日本プロレタリア文学評論集』第三巻、一六頁、『平林初之輔文芸評論全集』上巻、一一五―一一六頁。

(10) 『日本プロレタリア文学評論集』第三巻、一七頁、『平林初之輔文芸評論全集』上巻、一一六頁。

(11) 『日本プロレタリア文学評論集』第三巻、一八頁、『平林初之輔文芸評論全集』上巻、一一八頁。

(12) 栗原編『芸術の革命と革命の芸術』七二頁。

(13) 鷲田小弥太『昭和思想全史』(三一書房、一九九一年)三三二頁。

(14) 同上、三三頁。

(15) 同上、二三〇頁。

(16) 同上、三五頁。

(17) 『平林初之輔文芸評論全集』下巻、二二二頁。

(18) 同上。『日本プロレタリア文学評論集』第三巻、一一三―一一六頁も参照。

(19) 『平林初之輔文芸評論全集』下巻、二二一―二二四頁。

(20) 同上、二二三頁。

(21) 鷲田『昭和思想全史』七六頁。

(22) Eugene Soviak, "Tsuchida Kyoson," in *Culture and Identity*, ed. Thomas Rimer (Princeton : Princeton University Press, 1990), pp. 83-98, especially 86.

(23) 『戸坂潤全集』(勁草書房、一九六六年)第四巻二七二―二八二頁。以下全集からの引用は、本文中に(四・二七三―二八二)のように、巻数・頁数のみを記す。

(24) Martin Heidegger, *Being and Time*, trans. John Macquarrie and Edward Robinson (New York : Harper San Francisco, 1962), p. 442.

(25) 「風俗としての社会時評」『戸坂潤選集』(伊藤書店、一九四八年)五三―六一頁も参照せよ。

(26) 戸坂潤『日本イデオロギー論』(岩波文庫、一九七七

年)六二—九二頁。H. Harootunian, "The Postwar Genealogy of Fascism and Tosaka Jun's Prewar Critique of Liberalism," *Journal of Pacific Asia* 2(1994): 95-112.

(27) V. N. Voloshinov, *Marxism and the Philosophy of Language*, trans. Ladislav Matejka and I. R. Titunik (New York and London: Seminar Press, 1973), p. 23.

(28) 吉見俊哉『都市のドラマトゥルギー』(弘文堂、一九八七年)四二頁。

(29) 同上。

(30) 同上、四三頁。

(31) 同上、四八—四九頁。

(32) Siegfried Kracauer, *The Mass Ornament*, trans. and ed. Thomas Levin (Cambridge: Harvard University Press, 1995), pp. 323-328.

(33) 『権田保之助著作集』第二巻、一九五頁。ここにおいて権田は、ピアノ奏者の例をつけ加えている。かれは生活のために弾くのであるが、「感興の湧くがままに心行くまでピアノを弾ずる場合」には、働きながらも快楽を感じている。マルクスもこの例を使っている。

(34) 安田常雄『暮らしの社会思想』(勁草書房、一九九一年)六四頁。また『権田保之助著作集』第一巻、三一頁も参照。

(35) 安田『暮らしの社会思想』、七〇頁。

(36) 同上、七二頁。

(37) 同上、七四頁より引用。

(38) 同上、七五頁。

(39) 井上俊「解説」(『権田保之助著作集』第二巻)四〇二頁。

(40) 安田『暮らしの社会思想』七六頁。

(41) 『権田保之助著作集』第四巻、六七頁。映画とエログロナンセンスに関して、さらにエロチックなものへの映画の優先が、どのようにアクション映画を置き換えていったのかについては、「一九三〇年の回顧「映画」」『権田保之助著作集』第四巻、二三一—二三三頁。

(42) 安田『暮らしの社会思想』八三—八四頁。『権田保之助著作集』第三巻、二三頁。

(43) 安田『暮らしの社会思想』八〇—八二頁。

(44) 同上、八三頁。『権田保之助著作集』第三巻、一三頁。

(45) 安田『暮らしの社会思想』八三頁。

(46) 『今和次郎集』第一巻(ドメス出版、一九七一年)二九三頁。今和次郎「現代風俗」(『日本風俗史講座』第三巻、雄山閣、一九二九年)三〇頁。以下、本論文からの引用は、本文中に(三〇)のように頁数のみを記す。

(47) 『今和次郎集』第一巻、三六—三七頁。以下、本著作集からの引用は、本文中に(一・三六)のように巻数と頁数のみを記す。

(48) Peter Osborne, *The Politics of Time* (London: Verso Books, 1995), pp. 116; 114-115. 同書においてオズボーンは、ベンヤミンの近代についての観念と歴史主義への批判に触れ、こうした歴史的なるものとの連続性をうち立てようとする努力を「まちがったモダニティ」と呼んだ。

(49) Ibid., pp. 116, 114.

(50) 川添登「今和次郎」『日本民俗文化大系』第七巻(講談社、一九七八年)二四五頁。

(51) 吉見『都市のドラマトゥルギー』六二頁。

(52) 「考現学とは何か」『今和次郎集』第一巻、一六頁。吉見『都市のドラマトゥルギー』六七頁。

(53) 『今和次郎集』第一巻、一六―一七頁。柴田『生活研究序説』二二頁。

(54) 今「現代風俗」六頁。『今和次郎集』第一巻、一五頁。

(55) 今「現代風俗」七頁。『今和次郎集』第一巻、一六頁。

(56) 『今和次郎集』第一巻、四二―四三頁。

(57) 川添「今和次郎」二四六頁。

(58) 柴田『生活研究序説』三一頁。

(59) 川添「今和次郎」二五二頁より引用。

(60) 同上、二四七―二四八頁。

(61) 同上、二四八―二四九頁。『今和次郎集』第九巻、二六五頁。

(62) 『今和次郎集』第九巻、二六八頁。

(63) 今和次郎『日本の民家』(岩波書店、一九八九年)三二頁。『今和次郎集』第二巻、一一四頁。

(64) 川添「今和次郎」二四八頁より引用。

(65) 柴田『生活研究序説』二四頁より引用。

(66) 同上、二五頁。

(67) 同上。

(68) 同上、三二八頁。

(69) 『今和次郎集』第九巻、二八二頁。

(70) 同上、二八二頁。

(71) 『今和次郎集』第五巻、一三―一四、一六一、四三二頁、第六巻、一〇四頁、一三二頁、第九巻、三九五頁。柴田『生活研究序説』二八―二九頁。

(72) 柴田『生活研究序説』一八頁。

(73) 同上、二二、三〇―三一頁。

(74) 同上、三三頁。

(75) 同書より引用、四一頁。『今和次郎集』第六巻、一一五頁。

H. ハルトゥーニアン(Harry Harootunian)
ニューヨーク大学教授．日本近代史・歴史理論専攻．主な著書に，*History's Disquiet: Modernity, Cultural Practice, and the Question of Everyday Life*, Columbia University Press, 2000; *Things Seen and Unseen: Discourse and Ideology in Tokugawa Nativism*, University of Chicago Press, 1988 などがある．

梅森直之
1985 年早稲田大学政治経済学部卒業．シカゴ大学 Ph.D. 早稲田大学政治経済学術院教授．日本政治思想史専攻．主な論著に，『帝国を撃て』(編著，論創社，2005 年)，「変奏する統治——20 世紀初頭における台湾と韓国の刑罰・治安機構」『岩波講座「帝国」日本の学知』第一巻，2006 年)，『ベネディクト・アンダーソン グローバリゼーションを語る』(編著，光文社，2007 年)などがある．

近代による超克(上)——戦間期日本の歴史・文化・共同体
ハリー・ハルトゥーニアン

2007 年 4 月 20 日　第 1 刷発行
2019 年 5 月 16 日　第 3 刷発行

訳　者　梅森直之《うめもりなおゆき》

発行者　岡本　厚

発行所　株式会社 岩波書店
〒101-8002 東京都千代田区一ツ橋 2-5-5
電話案内 03-5210-4000
http://www.iwanami.co.jp/

印刷・三陽社　カバー・半七印刷　製本・松岳社

ISBN 978-4-00-022557-1　　Printed in Japan